德国联邦法院典型判例研究丛书

德国联邦最高法院典型判例研究

破产法篇

HE Wangxiang | 何旺翔◎著

法律出版社
LAW PRESS·CHINA

丛书学术委员会

总　序

方小敏[*]　邵建东[**]

进入新世纪,随着我国立法工作的不断推进和法律体系的基本形成,加强和完善法律实施对于法治国家建设的重要意义与日俱增。为此,我们希望发挥南京大学-哥廷根大学中德法学研究所多年来在德国法领域的学术积累和人才培养优势,除了把德国的法律、法学专业论文、法学专著翻译引入中国,也很有必要将德国法律实施的情况介绍给中国法律人。裁判文书作为司法活动的重要载体,直接展示司法过程,体现司法结果,阐明法律事实的认定和法律适用的逻辑,是法律实施的重要呈现。中国和德国同属大陆法系国家,德国最高法院的裁判活动对中国的司法实践应当具有更强的亲和性。①而在我国当前深化司法改革的背景下,法院的裁判

---

* 方小敏,女,江苏无锡人,德国哥廷根大学法学博士,南京大学法学院暨中德法学研究所教授。

** 邵建东,男,江苏常熟人,德国哥廷根大学法学博士,南京大学法学院暨中德法学研究所教授。

① 参见苏力:《道路通向城市——转型中国的法治》,法律出版社2004年版,第219~221页。

文书在体现司法核心价值、推进司法公开、树立司法权威、提升司法公信力方面扮演着特别重要的角色。为此,2004 年南京大学中德法学研究所成立 15 周年之际正式启动的“德国联邦法院典型判例研究丛书”,在今天具有了更大的价值和意义。

我们设想的是一个覆盖法学全领域的、系统的翻译和研究项目。为了尽快有效地展开工作,判例研究丛书第一批五卷《民法总则》、《合同法》、《侵权法》、《物权法》和《公司法》主要由南京大学中德法学研究所成员担纲,集中对德国联邦最高法院(Bundesgerichtshof,BGH,又译为“联邦普通法院”)的民商事判例进行介绍和研究,由南京大学出版社出版。2011 年,我们开始在全国范围内约请作者承担“德国联邦法院典型判例研究丛书”第二批项目。第二批项目扩展至包括联邦宪法法院(Bundesverfassungsgericht,BVerfG)、联邦最高法院、联邦行政法院(Bundesverwaltungsgericht,BVerwG)、联邦财税法院(Bundesfinanzhof,BFH)、联邦劳动法院(Bundesarbeitsgericht,BAG)和联邦社会法院(Bundessozialgericht,BSG)在内的所有联邦法院的典型判例研究。这是一个开放性的研究项目,目前已经展开研究工作的有十多卷书,涉及宪法、劳动法、国际私法、民事诉讼法、破产法、家事法、竞争法等法域,后续还会有行政法、刑法、知识产权法等重要法域的项目研究成果不断跟进。

丛书通过将德国联邦法院系统的典型判例全文翻译,原样呈现德国法律实施的真实情况;并通过对这些判例主要从法律史、法体系和法比较角度进行分析和评价,对判例的实体意义和风格精神进行系统的概括和研究。每本单独成卷的判例研究作品以某一法域如“国际私法”,或某一法域的重要部分如“宪法——基本权利”为主题,选取该领域经典判例为研究对象,展现法律解释和适用的理念、技术和方法,反映司法判例在法律生长中的影响和作用,同时构织出实在法的精要图像。每卷书都致力于使读者既能对相关法域的法律体系、核心制度、法治思想及其形成发展作深入了解和思考,又能对法律解释、适用和发展的理论和实践有具体而系统的认识和理解,是实定法和方法论研究的有机统一。

德国联邦法院系统承担着保障德国自由、民主、联邦制和法治国家基本政体的政治任务,保障和监督法律的实施和公民自由权利的实现,维护德国司法和法制的统一。联邦法院系统通过对法律的解释和适用履行上述使命,并承担着"发展法律"的重要任务。即联邦法院通过法律解释、法律补充(又称制定法内的法律续造,praeterlegem)和法的发现(又称制定法外的法律续造,extremlegem)创造性地解释和适用法律,填补现行法律中的缺漏,在个案中保障当事人的权利并尽力达致社会正义。虽然传统上德国联邦法院法官的主要任务是适用法律,即根据现行法规定对具体案件作出恰当的判决,而"发展法律"即"造法"则属于立法机关的工作范围,但由于社会经济生活变化日新月异,"无法可依"现象出现得越发频繁,今天联邦法院系统的法官造法(Rechtsfortbildung,Richterrecht)已不再是"偶然"的现象。德国联邦法院审理的案件的特殊性、法官的专业性和独立性、裁判结果的终局性效力等因素,决定了法官认知法律、解释法律、补充法律和发现法律的权威性,因而裁判结果的妥当性也能够获得民众的普遍认同。所以,尽管从理论上来说,除联邦宪法法院以外的其他德国联邦法院的判决仅对其裁判的个案具有拘束力,但实际上,这些判决往往超越相关个案,对于类似案件以及未来相关案件的判决都具有某种事实上的拘束力。联邦法院裁判所引起的这种广泛的影响力,是有利于推动法的发展的。一项为联邦法院长期采纳从而相对固定的判例,往往会逐渐演变成习惯法,或者通过修法纳入成文法范围,成为德国现行法律的有机组成部分。联邦法院的经典判例由此对整个德国法制的建设和发展具有重大意义。

我们也能够通过对联邦法院典型判例的研读来领略其风格和精神。德国联邦法院判例最显著的风格是强调以"理"服人,这个理即是包含在法律规范、法律制度、法律原则和法的理念中的理性和规律。德国司法裁判重视裁判理由的说明(Begründung,又译为"法的证立"),即对法学判断经由逻辑严谨的涵摄推理步骤进行充分而完整的论证。

裁判的生命在于说理和论证。联邦法院的说理是翔实、周全、缜密又不失紧凑的。值得注意的是,联邦法院的审判庭在阐述自己立场和观点的过程中,既援引本审判庭以及本系统各级法院其他审判庭以往的相关判例,也经常引用其他联邦法院的相关判例。这种参引论证的好处在于,人们能够对有关司法机关就某类案件的裁判状况一目了然,并体认除法教义体系和法律方法之外,一以贯之的论证(过程)理性即解决问题的理性对法律的统一理解和适用的决定性影响。正是统一论证理性使我们达致"法"。② 此外,审判庭还大量援引现当代学术著作中的代表性观点。"从根本上,在潘德克吞法学的熏陶下培养出来的实务家们,由于对教授们怀着最大的敬意,较之判例,更热衷于频繁引用学说"。③ 联邦法院法官都是某一法域训练有素的法学家,他们撰写的判决书建立在深厚的法学理论基础之上,具有极高的体系性、抽象性和理论性,其内容可以与学术论文相媲美。

通过对德国联邦法院典型判例的关注,我们还可以对"以法律规范作为处理问题的核心"④的法教义学产生直接、生动、全面而准确的认识。一方面了解,德国法官确定法律、理解法律和运用法律的方法和技术;另一方面也体认,德国的法律早已不再是一个自在自为的封闭系统,坚持法教义学传统的同时,德国司法裁判并不排斥对社科知识与价值判断的运用。⑤

丛书各卷作者多是留学德国、对德国法及其相关领域有全面了解和深入研究的优秀的德国法学博士,或是多年从事德国法研究、成果丰硕的青年才俊。他们本着完善法治、实现公平正义的信念和理想,付出精力和心力,把艰深难懂的德国联邦法院裁判文书翻译和介绍给中国读者。他们是默默耕耘的理想主义者,在用自己的付出建设一个法治

---

② Josef Esser, Grundsatz und Norm in der richterlichen Fortbildung des Privatrechts, J. C. B. Mohr, 2., unveraenderte Aufl., 1964, S. 14ff.; Helmult Coing, Grundzüge der Rechtsphilosophie, 2. Aufl., 1969, S. 89 ff.

③ [日]大木雅夫:《比较法》,范愉译,朱景文校,法律出版社1999年版,第279、280页。

④ RalfDreier, Recht-Moral-Ideologie, Studien zur Rechtstheorie, 1981, S. 72f.

⑤ Manfred Rehbinder, Rechtssoziologie, C. H. Beck, 8. Aufl., 2014, S. 15f.

中国。在此向他们表示敬意和感谢。丛书得到包括我国最高人民法院、德国联邦宪法法院和联邦最高法院多位资深大法官在内的中德两国著名法学家的关心和指导，为此我们特别成立了丛书学术委员会，为丛书各卷判例的选定和研究工作的顺利开展提供学术支持，并体现中德两国法律人携手合作的权威性和良好文风。丛书出版得到法律出版社朱宁女士、刘文科博士、孙东育女士、王珊女士的大力支持，在此表示诚挚感谢。

由于德国联邦法院的裁判涉及广泛的社会领域和深厚的专业知识，系争案件的事实问题和法律问题往往相当复杂，判决书使用的表达方式也比较晦涩难懂，再加上我们的专业水平和语言水平有限，可以查考的资料也不尽齐全，因此本套丛书中的缺点和舛误之处在所难免，真诚欢迎读者批评指正。

2015 年 10 月 7 日

南京

目录

第一章　破产程序的启动

判例一　一时的支付困难与支付不能的区别

关键词:支付困难;支付不能;破产原因

案件编号:BGH,Urteil vom 24.05.2005-IX ZR 123/04

案件检索:NJW 2005,3062

相关法条:德国《破产法》第17条第2款,德国《有限责任公司法》原第64条第2款①

(一)判决要旨

1. 如若债务人只是在一般商事主体获得贷款所需期限内无法偿付债务,则其应被认定为一时的支付困难。就此期限而言,三个星期既为必要,亦是足够的。

2. 如若债务人在上述三个星期内无法偿付的债务占其到期应付债务总额的比例小于10%,则一般情况下应视其具备偿付能力,除非可以预料到这一比例将很快达到并超过10%。

---

① 即现行德国《有限责任公司法》第64条。——本书笔者注

全书脚注如无特别注明,均为本书笔者注。下文不再逐一标明。

3. 如若债务人不能偿付债务占到期应付债务总额的比例超过了10%，则可推定债务人陷入了支付不能，除非这一现金流缺口按照通常情形几乎肯定将能全部或几乎全部被填补，且根据个案情况可判定债权人对此应有所期待。

（二）案件事实

被告是J有限责任公司（以下称为债务人）的唯一经理及持有50%股份的股东。债务人受K有限责任公司委托为某汽车行业企业完成一建设工程项目，并将在首期获得198万德国马克的报酬。债务人其后将该业务分包给S有限责任公司及SW有限责任公司。在合同履行过程中，债务人与K有限责任公司产生法律纠纷，而后于1999年9月9日达成和解并约定："债务人必须在1999年9月14日之前履行完毕合同约定的建设项目，K有限责任公司必须至迟在1999年9月15日支付70万德国马克，并至迟在1999年9月30日再支付70万德国马克。如若K有限责任公司认为债务人所交付的工程项目不符合约定，且其异议获得了认可，则有权在支付第二笔70万德国马克时扣除40万德国马克，或要求返还40万德国马克。债务人放弃余下260万德国马克的报酬求偿权。"其后，K有限责任公司按照和解协议的约定就合同履行不符合约定提出异议，并只支付了100万德国马克，其中305,090.70德国马克直接支付给债务人的一债权人。

经对债务人的审计查明，于1999年9月9日债务人须偿还2,659,151.25德国马克的债务，而与此同时债务人所拥有的流动资金及可收回的债权金额共计为1,122,323.04德国马克，其中已包含K有限责任公司支付的100万德国马克。除上述可支配资金外，债务人尚有继续经营价值达到11,124德国马克的存货及设备。

其后，被告向债务人的债权人偿还了共计1,175,076.68德国马克的债务，并于1999年12月底以行将支付不能为由向法院提出破产申请。法院于2000年3月1日基于支付不能及资不抵债的破产原因正式启动了破产程序。本案原告被任命为破产管理人。

原告认为：基于债务人与K有限责任公司达成的极其不利的和解

协议,被告及债务人理应意识到债务人将陷入支付不能和资不抵债的境地。基于此,原告依据德国《有限责任公司法》第 64 条的规定要求被告支付 600,807.17 欧元(相当于 1,175,076.68 德国马克)的损害赔偿金。州法院及州高等法院均支持了原告上述诉讼请求。被告就上述判决向联邦最高法院提出上诉。

(三)判决理由

Ⅰ.

作为上诉法院的州高等法院认为,债务人在与 K 有限责任公司于 1999 年 9 月 9 日达成和解后即陷入了支付不能的境地。其可支配的流动资金为 1,282,323.04 德国马克。此笔资金包含 K 有限责任公司向其支付的 100 万德国马克。根据被告的陈述,与债务人所能支配的资金相对应的是 1,411,627.33 德国马克的债务。由此,即产生了 129,304.29 德国马克的债务差额,而这占债务人当期债务总额的比例为 9.2%。这一比例并非微不足道。

Ⅱ.

本案合议庭认为:

1. 德国《有限责任公司法》第 64 条中所指的"支付不能"与德国《破产法》第 17 条所规定的"支付不能"的含义并无不同。德国《有限责任公司法》第 64 条中所规定的"经理支付行为禁止"的开始时点即是破产法所规定的破产原因产生之时(BGHZ 143, 184, 185; Lutter/Hommelhoff/Kleindiek, GmbHG, 16. Aufl., § 64, Rn. 1)。

a)依据旧《破产法》(Konkursordung)第 102 条的规定,只有当债务人持续不能清偿其债务,且不能清偿债务的比例达到显著性标准时,才构成支付不能(RG, JW 1934, 841; BGHZ 118, 171, 174; BGH, Urt. v. 22. 11. 1990, ZIP 1991, 39, 40; BGH, Urt. v. 11. 7. 1991, ZIP 1991, 1014)。在此判断过程中,债务人所能支配的资金将与其到期债务总额进行对比,并分析不能履行债务已变为常态还是只是个案(Jaeger/Henckel, KO, 9. Aufl., § 30, Rn. 28; Kuhn/Uhlenbruck, KO, 11. Aufl., § 102, Rn. 2a)。根据相关文献的表述,如若到期债务的 10%~25% 无

法得到履行，则可判定债务人陷入支付不能（Kuhn/Uhlenbruck，KO，11. Aufl.，§ 102，Rn. 2a）。

b）1999 年《破产法》（Insolvenzordnung）第 17 条第 2 款第 1 句则规定："当债务人不能履行到期债务，其为支付不能。"立法者在 1999 年《破产法》对支付不能的定义中放弃了"持续性"和"显著性"的相关表述，其立法理由在于："一时的支付困难显然并非破产法意义上的支付不能，这是不言而喻的，而无须在立法规定中作出专门性的表述。另一方面，过分强调不能清偿债务的持续性要件是不切实际的，并会造成立法对某些观点加以确认的误解。学术界有观点认为，应严格限定支付不能的认定范围，并应将数周乃至数月持续的不能清偿视为法律意义上并不严重的一时的支付困难。然而，这一观点显然将严重危及及时启动破产程序的修法目标。进一步而言，极小额度的不能清偿并不构成支付不能，但这并不意味着，只有当确认债务人根本无法清偿占其到期债务总额一定比例的债务时，才认定债务人陷入支付不能。"（Begr. zu § 20 und § 21 RegE，BT-Drucks. 12/2443，S. 114.）

c）综上所述，所谓支付不能应是指，债务人客观上基于短期内无法消除的障碍而无法偿付其到期债务。对支付不能的判定，应以债务到期日为基准日，将债务人当时所能支配的和其短期内可获取的资金之和与该基准日到期待履行的债务进行对比（Harz ZInsO 2001，193，196；MünchKomm - InsO/Eilenberger，§ 17，Rn. 10；HK - InsO/Kirchhof，3. Aufl.，§ 17，Rn. 24；Gottwald/Huber，aaO，§ 47，Rn. 10）。依此判断标准，即使债务人只有一个债权人，只要其无法偿付该债权，亦会构成支付不能（HK - InsO/Kirchhof，aaO，§ 17，Rn. 19；Nerlich/Römermann/Mönning，InsO，§ 17，Rn. 17；BGHZ 149，178，185）。于学术界，部分学者完全拒绝为判定支付不能设定不能清偿比例（Temme，Die Eröffnungsgründe der Insolvenzordnung，1997，S. 35 ff；Niesert，ZInsO 2001，738 f.；MünchKomm - InsO/Eilenberger，§ 17，Rn. 15，22；Uhlenbruck，InsO，12. Aufl.，§ 17，Rn. 10；Kübler/Prütting/Pape，InsO，§ 17，Rn. 13；FK - InsO/Schmerbach，3. Aufl.，§ 17，Rn. 21；Braun/Kind，InsO，2. Aufl.，

§ 17, Rn. 11)。而另一些学者及实务界人士则认为,如若不能清偿的比例低于5%,则将被视为"极小比例"的不能清偿,从而不构成支付不能(AG Köln NZI 2000, 89, 91; Hess/Weis/Wienberg, InsO, 2. Aufl., § 17, Rn. 17; Smid, Grundzüge des Insolvenzrechts, 4. Aufl, S. 71; Nerlich/Römermann/Mönning, aaO, § 17, Rn. 18)。《汉堡破产法评论》中将这一比例设定为10%(HK-InsO/Kirchhof, § 17, Rn. 20)。亦有部分学者认为这一比例"低于20%"更为妥当(Haarmeyer/Wutzke/Förster, Handbuch zur Insolvenzordnung, 3. Aufl., Kap. 1, Rn. 85)。而更为宽松的解释是"低于25%"(LG Augsburg, DZWIR 2003, 304; Harz, ZInsO 2001, 193)。极少数的传统派学者认为应重拾德国旧《破产法》中对支付不能的认定标准(Himmelsbach/Thonfeld, aaO, S. 15)。对此问题,联邦最高法院一直未有合适的机会表达自己的观点。

2. 本案合议庭认为,如若可预料到,债务人将在短期内恢复履行能力,则不应被认定为支付不能,而只是一时的支付困难,从而不构成破产原因(Uhlenbruck, aaO, § 17, Rn. 9; Kübler/Prütting/Pape, aaO, § 17, Rn. 11; HK-InsO/Kirchhof, § 17, Rn. 18; Hess/Weis/Wienberg, aaO, § 17, Rn. 2; Scholz/K. Schmidt, GmbHG, 9. Aufl., § 64, Rn. 11 f.; Rowedder/Schmidt-Leithoff, GmbHG, 6. Aufl., § 63, Rn. 26)。

a)对于消除停止支付障碍的期限,在旧《破产法》下被限定为约1个月(BGHZ 149, 100, 108; BGH, Urt. v. 3. 12. 1998, WM 1999, 12, 14; v. 4. 10. 2001, WM 2001, 2181, 2182)。1999年《破产法》的立法者意欲缩短这一期限。基于此,对于一时支付困难的认定应是债务人在一定期限内缺乏清偿资金,而这一期限不得超过正常商事主体获得贷款的通常期限(HK-InsO/Kirchhof, aaO, § 17, Rn. 18; FK-InsO/Schmerbach, aaO, § 17, Rn. 17)。保留一个月期限的主张(Gottwald/Huber, aaO, § 47, Rn. 9),甚至设定三个月期限的观点(Harz, ZInsO 2001, 193, 197)显然是过长了。另一方面,亦有观点认为这一期限应为1~2个星期(Haarmeyer/Wutzke/Förster, aaO, Kap. 1, Rn. 86)。而这又显得过短。为了获取贷款,2~3个星期的期限应为必要,亦是足够的(LG Bonn ZIP

2001,346;Burger/Schellberg,BB 1995,261,262;Temme,aaO,S. 30;Uhlenbruck,aaO,§17,Rn. 9,18;Kübler/Prütting/Pape,aaO,§17,Rn. 11;HK-InsO/Kirchhof,aaO,§17,Rn. 18;FK-InsO/Schmerbach,aaO,§17,Rn. 17;Rowedder/Schmidt-Leithoff,§63,Rn. 27)。《有限责任公司法》第64条的规定亦显现出,法律一方面认可恢复履行能力的不确定性,但另一方面只能容忍最长三个星期的期限(Baumbach/Hueck/Schulze-Osterloh,GmbHG,17. Aufl.,§64 Rn. 5;Niesert,ZInsO 2001,735,738 f.)。尽管上述建议期限相较《民法典》第286条第3款规定的期限过短,从而引发了体系协调的担忧(Himmelsbach/Thonfeld,NZI 2001,11,13;相反观点:Braun/Kind,aaO,§17,Rn. 16),但此时涉及的债务人不是仅仅处于迟延履行状态的债务人,而是陷入支付不能危机的债务人,且债权人随时可提出破产申请。并且,如若债务人为有限责任公司,则其经理亦须承担《有限责任公司法》第64条第1款规定的破产申请义务。因此,上述担忧显然是过虑了。而且在现实世界中,债权人亦通常不会在其债权到期后的30日内即提出破产申请。此外,《民法典》第286条第3款亦明确了迟延履行认定的最迟时点,并对通过催告来缩短迟延履行认定期限作出了规定,上述规定亦不会受到上述建议的影响。对于有限责任公司的经理而言,尽管其已确认公司的资金缺口无法在短期内得到填补,但其仍应审查是否可履行特定债务。而于此情况下,有关其债务履行是否已陷入迟延的问题就意义不大了。

b)对于是一时的支付困难,还是最终的支付不能的判定必须基于案件的客观情况(HK-InsO/Kirchhof,aaO,§17,Rn. 19;Nerlich/Römermann/Mönning,aaO,§17,Rn. 30)。而对于公司经理是否应在出现支付不能的情况下对其履行债务的行为承担损害赔偿责任的问题,则应依其主观过错而定。于此至关重要的是,在经理履行相应债务时,其是否按照一般商人所应有的注意义务审查债务人是否陷入破产境地。公司经理对此应承担举证责任(BGHZ 143,184,185;BGH,Urt. v. 1. 3. 1993,WM 1994,1030,1031)。如若经理意识到,有限责任公司在特定期日无法完全履行到期债务,但经审慎审查可以确认,在一时的支付困难转变为真正的支付不能之前,或者说在3个星期的破产申请义务期限内,其可恢复履行能力,则公司经理可在此期限内向债权人履行债务而不用承担损害赔偿责任。但这一责任的免除亦以其尽到了一般商人应尽的注意义务为前提,且其并未在履行前发现其原先观点是错误的。如若公司经理不履行相应债务,而待至公司履行能力完全恢复,则这一行为显然会损害公司与相关债权人的业务合作关系,乃至危及企业的后续经营。并且如若停止支付,则公司经理显然是在挑战债权人,因为债权人可提出破产申请。如若公司的履行能力在上述期限内并未得到恢复,则此时债务人的支付将不能被确认。但公司经理于此时仍可履行能确保企业继续经营的相关债务,只要这些债务的履行是必要的,且不会造成破产财产的减少(Michalski/Nerlich, GmbHG,2002,§64,Rn.46)。

经理在公司每笔支付过程中都应审查是否存在资金履行的缺口,且其一旦发现存在履行不能,则应考虑相应的具体情况,特别是债务人未偿付的贷款,债务人的债务人的履行能力,债务人的贷款获取能力,所处行业的状况以及债务人到期债务的类型等,从而对债务人是否会陷入支付不能作出预测判断(Burger/Schellberg, BB 1995,261,263; Kübler/Prütting/Pape, aaO, §17, Rn. 11; FK – InsO/Schmerbach, aaO, §17,Rn.17)。

3. 有观点认为,只要债务人在破产申请义务的三个星期期限内无法足额清偿其债务,其就应被认定为支付不能。这一观点显然令人难以接受。

a)上述观点认为,这一严格化的解决方案可使支付不能的概念更加清晰,并有利于法律的安全性。尤其是公司的经理可以根据现金流报表(Liquiditätsbilanz)以及其所作出的前景预测明确依照破产申请义务提出破产申请的时点,也即于存在持续超过三个星期无法偿还的债务之时,即便此无法清偿的金额很小。此外,如若小额度的支付不能即刻阻止支付不能的判定,那么此小额度支付不能所涉及的债权人就受到了不公平的对待,因为其无权提出破产申请。并且实际上,如若一个企业长期无法偿还较小额度的债务,则似乎亦不值得再继续经营。

b)本庭认为,不宜将不能偿付小额度债务的债务人认定为支付不能的理由更为充分。

aa)首先,立法者亦认为在存在极小资金缺口的情况下,不宜认定债务人为支付不能。就此可以推测,立法者此时所指的资金缺口不仅是指时间上一时的支付困难,亦涉及资金缺口的额度。

bb)破产程序启动的必要性源自执行程序不再能真正发挥作用,也即当债权人的受偿出现"先到先得,后到落空"情况之时。无法受偿的债权额度越小,债权人更应意识到其理应期待债务人能恢复履行能力。商业经营往往就是变幻莫测,时好时坏。尤其对于自有资本较少的中小企业,例如手工业,其经常是货到付款。如若出现大额货款未付的情况,则将会引发企业的支付危机。资金偿付的缺口越小,对债务人在短时间内恢复履行能力的期待就愈加合理。债务人一旦再恢复正常经营活动,其就将获得新的流动资金,进而通过与债权人的妥当约定恢复其履行能力(Burger/Schellberg, BB 1995, 261, 263; FK-InsO/Schmerbach, aaO, § 17, Rn. 2; Scholz/K. Schmidt, § 64, Rn. 13)。在此情况下,破产程序的启动无法给债权人带来好处,尤其无法使债权人更快受偿更高金额(Himmelsbach/Thonfeld, aaO, S. 15)。有观点认为,如若债务人连小额度的债权都无法清偿,那么更无从谈及偿付更大额度的债权了(Uhlenbruck, aaO, § 17, Rn. 10; Pape/Uhlenbruck, Insolvenzrecht, 2002, Rn. 300; Beck/Depré, Praxis der Insolvenz, 2003, S. 216)。这一观点并不正确。对于一个偿付能力在90%以上的债务人而言,其当然更有希望清偿债务。

cc)为了债务人的利益,亦不应在极小额度资金缺口情况下认定债务人支付不能。如若债务人经营情况良好,并可在短期内获得资金来源,那么即便债务人存在极小额度的,且无法在三个星期内加以消除的资金缺口,亦不宜要求债务人提出破产申请。于上述情况下介入债务人的相关基本权利,如《基本法》第12条所明确的职业自由以及第14条所涉及的财产权保护,从适当性角度而言显然是存在问题的(Himmelsbach/Thonfeld,aaO,S.15)。

dd)从整体经济角度考量,亦可得出上述结论。在特定行业中往往存在季节性萧条,而且可能会长达数月(Himmelsbach/Thonfeld,aaO,S.11)。举例而言,在建筑业、旅游业及季节性产品(如游泳装备、冬季运动服装及设备)行业即存在上述情况。上述行业的经营者往往不得不面临资金"瓶颈",但他们通常可以预料到在时节到来之时将重回经营常态。如若他们一旦超过了特定的停止支付的额度界限,就必须提出破产申请,那么这显然将导致某些行业领域的巨大困境。

4.然而,为了使实务界能够明确何谓"极小额度的资金缺口",亦不得不对此进行数值化的表述。

a)尽管立法者告诫,不应在债务人不能支付其一定比例的债务后方才认定其支付不能,但这仅仅意味着不能僵化规定特定数值比例作为认定支付不能的标准。立法者固然可以设定一个僵化的数值门槛,但其显然不愿意这么做,而是想保留法律适用的灵活性。假设规定低于一定比例的不能偿付即不被视为支付不能,达到此比例则构成支付不能,那么这样的评价方式显然忽略了现实经济生活中债务人偿付能力评价的各种复杂因素。同一比例的不能偿付,分别对于经营状况良好且有盈利前景的企业以及经营状况不断恶化的企业而言,其意义显然是不尽相同的。因此,只有当特定比例门槛的设定有助于合理推测支付不能时,其才是值得考虑的。

b)合议庭认为,上述门槛比例设定为10%较为合理。一方面,更高比例的门槛设定显然有违立法者降低支付不能认定标准的本意。另一方面,更低比例的门槛,例如5%,则似乎过于严苛,且近似于"零容忍原则"(Null-Toleranz-Prinzip),而使得这一门槛设定的实际意义不大。如若债务人不能偿付债务占总债务的比例低于10%,则可推定债务人未陷入支付不能。而如若欲在此情况下证明债务人已陷入支付不能,则必须提供其他充分证据证明这一主张,例如债务人企业的经营正在不断恶化。如若相关主体已经提交破产申请,则破产法院在破产启动程序中必须依据《破产法》第5条第1款第1句对相关情况予以查明。如若涉及《有限责任公司法》第64条规定的经理责任,则债务人企业或破产管理人必须对上述情况加以查明,并举证证明。如若债务人企业不能偿付的比例超过了10%,则将推定债务人陷入支付不能。而债务人企业的经理如若认为企业仍未陷入支付不能,则应提交相关证据加以证明。在上述情况下,经理必须提交具体证据证明几乎肯定可以期待债务人将在一定时间范围内恢复履行能力,而如若这一时间少于三个星期则构成上述“一时的支付困难”。如若债权人已经提出破产申请,则债务人必须承担上述举证责任,破产法院亦负有《破产法》第5条第1款第1句所规定的审查义务。超出上述比例的额度越小,则上述所需举证事实的要求就越低;反之,超出上述比例的额度越高,则上述所需举证事实的要求就越高。

5. 综上所述,作为上诉法院的州高等法院的裁定无可指摘。债务人不低于9.2%的偿付缺口,以及经营恶化的不争事实,加之其于1999年9月9日达成的极为不利的和解协议,足以推定债务人陷入支付不能。这亦为被告所意识到,至少其并未提供证据证明相反情况的存在。

a) 债务人的经营前景早在1999年9月9日即令人担忧。在上诉中,被告提交的证据只是其对债务人企业继续经营可能性的自我预测,且只涉及了对资不低债的判定,而并未提供上述应该提交的证据来证明债务人的偿付能力。上诉法院亦未支持被告的主张。原告则认为被告实际上根本未提交任何实质性的继续经营可能性的预测。于此值得注意的是,被告在1999年9月底曾威胁债务人企业的商业伙伴,如若债权人不与债务人企业达成减债35%的协议,则被告将关闭债务人企业并申请破产清算。就此而言,债务人企业经营状况的恶化实际上在1999年9月9日即存在,或者说至少是可预见到的,而并非自被告在1999年12月提出破产申请之时才发生。

b) 在债务人企业负债方面,根据上诉法院的估算,债务人存在约9.2%的偿付缺口,且其仍须向其分包商SW有限责任公司偿还相应债务。债务人在其于1999年8月31日制作的余债清单中亦列明该笔债务。并且被告在于1999年9月14日向另一股东所发出的审查请求信中亦指明,债务人将用现有可支配资金的2/3向SW有限责任公司偿付,1/3向S有限责任公司偿付。时至2000年1月,也即在被告提交破产申请之后,被告亦明确表示,SW有限责任公司所享有的债权至少为35万德国马克。在作为原告的管理人所列的债权表中,SW有限责任公司所享有的债权额为80万德国马克。此外,亦可预料到S有限责任公司不会放弃其享有的债权。而债权表中对其债权的确定额为约95万3千德国马克。

c)作为原告的管理人亦指出,债务人在可预见的期间内亦无法取得足够的偿付资金。进而,上诉法院查明,于1999年9月9日亦无法期待,K有限责任公司将会在1999年9月30日向债务人再偿付40万德国马克。对此事实本案合议庭并无不同意见。此外,本案合议庭亦无法确认,如若将预期时间延展至1999年9月30日之后,债务人即可获得该笔40万德国马克。这一预测显然过于乐观。

被告主张,其将通过与V企业于1999年8月22日及9月22日所签订的合同获得140万德国马克的资金。就此主张,本案合议庭认为,这只是签订了框架性的协议,而债务人是否将通过履行获得相应款项尚无定论。对此被告亦未提供证据加以证明。故此,本案合议庭对此主张不予认可。

被告亦主张,1999年9月9日至12月31日,债务人账户始终处于存有余额的状态,且其间收入大于支出,亦并非通过银行贷款实现上述状态。对此,本案合议庭认为,这一主张并不能促成对债务人将通过资金获取而恢复履行能力的合理预期。被告亦未举证证明,其在破产申请提出前已尽力获取贷款支持。此外,被告亦将与K有限责任公司的合同履行过程称为"灾难性的"。通过上述事实可认定,在上述情况下债务人实际上已无法正常获得贷款。

被告亦主张,由于债务人与K有限责任公司达成的和解协议,债务人将获得34.5万德国马克的退税。此主张尚无法得到证实。且这一主张的成立以40万德国马克的应付款入账及已支付相关税款为前提。对此被告亦未加以证明。

综上所述,本庭驳回上诉,维持原判。

判例二　对于资不抵债的认定

关键词:资不抵债;继续经营可能性;破产原因

案件编号:BGH,Urteil vom 18.10.2010-II ZR 151/09

案件检索:ZIP 2010,2400

相关法条:德国《破产法》第19条,德国《有限责任公司法》第64条第2款②

(一)判决要旨

1. 破产管理人如若主张债务人公司已陷入资不抵债而要求公司经理承担《有限责任公司法》第64条的损害赔偿责任,则只需要依据债务人企业的清算价值证明存在资产总额小于负债总额的情况即可。对于债务人企业存在继续经营可能性,因而应以继续经营价值来评定资不抵债的举证责任则应由公司经理来承担。

2. 只有当返还租赁押金的请求权构成可实现的财产价值,才能将其纳入资不抵债评价中的债务人资产。

(二)案件事实

D有限责任公司(以下称为债务人)于2007年9月28日提出破产申请,破产程序于2007年10月24日正式启动。原告是债务人破产案件的管理人。被告是债务人的唯一股东及公司经理。原告主张,被告在债务人出现资不抵债的情况下,也即2007年7月1日至9月13日,从债务人的经营性账户(Geschäftskonto)支出29,258.72欧元,并从债务人的财务账户(Kassenbeständen)支出89,021.29欧元,上述资金及利息共计118,280.01欧元。对此,原告要求被告依据《有限责任公司法》第64条的规定承担损害赔偿责任。州法院支持了原告的诉讼

② 即现行德国《有限责任公司法》第64条。

请求,但州高等法院驳回了原告的诉讼请求。原告对此向本院提出上诉。

本案原被告双方均确认债务人于2007年7月1日已负债60,967.13欧元。而双方争议的焦点在于,债务人是否于2007年7月1日即已处于资不抵债的状态。此外,双方对债务人所签订的一长期租赁合同所负债务是否应该(部分)被列为负债存有争议。还有无法达成一致的是,债务人履行合同后所应享有的债权数额,以及债务人经营账户上存有的2436欧元和支付的9400欧元押金是否应被计入债务人企业所拥有的资产。

(三)判决理由

Ⅰ.

作为上诉法院的州高等法院的判决理由是:原告并未就债务人于2007年7月1日已陷入资不抵债提供充分证据。并且对于被告所主张的债务人于2007年7月1日拥有39,361.15欧元的债权,原告亦无法进行充分反驳。此外,亦应认可债务人经营账户上存有的2436欧元,上述金额加上债务人拥有的现金和企业运营的实体资产使得债务人净资产为负1169.98欧元。这一总体负债是否能通过债务人所支付的9400欧元租赁押金所填补,尚无定论。但无论如何,被告可将该笔押金金额(至少部分)列为债务人资产。亦为关键的是,由于原告并未举证证明债务人于2007年7月1日时已不再具有继续经营可能性,因此不排除债务人可通过其后盈利来支付租金,将支付的租金也不应被列入其负债表。

Ⅱ.

本案合议庭对上述判决理由并不认同,尤其是州高等法院对于资不抵债的认定以及举证责任的分配。

1.对于州高等法院认为原告未举证证明债务人于2007年7月1日存在资不抵债的论断,本案合议庭并不赞同。

a)根据《破产法》第19条第2款的规定,当债务人资产小于现存所有债务,则构成资不抵债。但如果依据特定情况可以确定,继续经营企业具有极大的可能性，则在评估债务人财产时应考虑企业继续经营的价值。就《破产法》第 19 条第 2 款的表述结构来看，在资不抵债评价时，以第 1 句中规定的企业清算价值进行判定应是通常情形，而依据第 2 句在企业具有继续经营可能性情况下按照企业继续经营价值进行判定则应是例外情形。在依据《有限责任公司法》第 64 条要求公司经理对禁止支付款项承担损害赔偿责任的诉讼中，则需要在必要情况下举证证明债务人企业的继续经营可能性，从而对有疑问的禁止支付时段加以明确（BGH, Beschluss vom 9. Oktober 2006 – II ZR 303/05, ZIP 2006, 2171 Rn. 3）。

b）从上述角度来看，州高等法院显然将债务人继续经营可能性的举证责任错误地分配给了原告。其在判决理由的开始即明确问题的出发点应是对企业继续经营可能性的判定，以及待履行合同——如本案中的租赁合同——所涉及的债权债务是否应列入资不抵债评价范围（K. Schmidt/Bitter in Scholz/K. Schmidt, GmbHG, 10. Aufl., Vor § 64 Rn. 43; Uhlenbruck/Uhlenbruck, InsO, 13. Aufl., § 19 Rn. 125, Temme, Die Eröffnungsgründe der Insolvenzordnung, 1997, S. 173 f; Hachenburg/Ulmer, GmbHG, 8. Aufl., § 63 Rn. 45）。上述分析问题的出发点是正确的，但州高等法院对于正在履行的租赁合同所会产生的将来待支付的 196,800 欧元的债务是否应被列入债务人负债的分析，只简单指出原告未提供证据证明债务人于 2007 年 7 月 1 日不存在继续经营可能性。这一分析结论是错误的，且并未进行更为详尽的分析来解答本案所涉及的上述关键性问题。

c）应负有举证责任的被告至今未提供足够证据证明，其于 2007 年 7 月 1 日仍具有继续经营可能性。被告提交的证据材料亦无法明确其主观上存在继续经营企业的意愿，客观上亦未制定未来一定时间范围内切实可行的企业运营规划，特别是盈利及财务规划（BGH, Beschluss vom 9. Oktober 2006 – II ZR 303/05, ZIP 2006, 2171 Rn. 3; Haas in Baumbach/Hueck, GmbHG, 19. Aufl., § 64 Rn. 44 ff.）。此外，亦无显而易见或由证据材料加以证明的事实表明对企业继续经营可能性可作出积极性预测。更确切地说，根据原告提供的证据，债务人在此期间仅仅能说是"勉强糊口"。换言之，其获得的微少收入不得不立即用于购买货物或偿付紧急的债务。债务人既没有企业运营的财务规划，亦没有收支表，更没有重整方案。并且债务人并未开展相关重整工作，重整前景黯淡。对上述事实，被告不仅未提供有力证据进行反驳，而且默认没有重整方案，甚至明确表示其未开始重整工作，且交由财务顾问制定重整方案通常至少需要 1 万到 2 万欧元，所以其在三个星期的破产申请义务期限内根本没有考虑这一问题。此外，被告只是含糊其辞地表示，其在债务人于 8 月中旬陷入经营困难的情况下曾与债权人就债务偿还的问题进行谈判，但对谈判的细节并未进行描述。被告亦表示，如若债权人同意减免部分债权，则其将从其家人处获得 3 万欧元的资金。然而值得注意的是，被告在二审庭审中曾表示，其在 5 月或 6 月已明确无法与大债权人达成和解。在债权人 G 公司的信函中亦只能明确，该债权人仅愿意至 2007 年 10 月 1 日就和解问题达成协议。

2. 对于债务人于 2007 年 7 月 1 日存在的账面上无法偿付的 1169. 98 欧元的债务是否能通过上述租赁押金得以偿付的问题，州高等法院亦未加以明确。其只是认为："被告在 2007 年 7 月 1 日并未预料到，债务人将来会因为营业状况不佳而无可避免地陷入破产境地，而于此情况下租赁押金亦会被抵偿为租金从而消耗殆尽。因此，被告将其支付的 9400 欧元押金（部分）列为债务人资产的做法无可指摘。"这一分析显然又再次错误地分配了举证责任。《有限责任公司法》第 64 条规定的经理损害赔偿责任只要求经理主观上认识到债务人存在破产原因，且此时推定其存在主观过错（BGH, Urteil vom 20. November 1999 - II ZR 273/98, BGHZ 143, 184, 185; BGH, Urteil vom 14. Mai 2007-II ZR 48/06, ZIP 2007, 1265 Rn. 15）。而对于这种主观过错推定的反驳，州高等法院并未涉及。更确切地说，州高等法院的判决是基于其对法条的错误理解，也即作为原告的破产管理人必须举证证明，债务人将会因经营状况不佳而不可避免地陷入破产境地，且不存在继续经营的可能。

Ⅲ.

基于原判决认定事实不清，适用法律错误，因此依据《民事诉讼法》第 562 条第 1 款、第 563 条第 1 款撤销原判决，发回重审。在重审中，法院应在双方当事人进行补充性陈述后，查明债务人继续经营可能、债务人的资产与负债、被告的过错以及双方存有争议的 694.45 欧元的资金支付。此外，本案合议庭认为在重审程序中应注意以下几点问题：

1. 对于可被返还的租赁押金问题，本案合议庭认为，将债权作为资产纳入债务人资产负债表的前提是该债权能构成可实现的财产价值（Uhlenbruck/Uhlenbruck, InsO, 13. Aufl., § 19 Rn. 77, 80）。如若债务人不存在继续经营可能性，则如同州高等法院所意识到的那样，于此时不应将此押金债权列为债务人的资产。而对于债务人继续经营可能性的问题，如上所述，被告并未加以举证证明。

2. 如若在重审程序中以债务人不具有继续经营可能为出发点，则存在疑问的是，将来到期的租金债务应在多大额度上被列为债务人的负债。与之相关联，州高等法院应在重审中明确，由租赁合同产生的债务是至其履行期限届满（2011 年 6 月 30 日）的所有租金债务，还是如同作为破产管理人的原告所主张的数额待明确的负债额。例如，管理人认为债务人不具有继续经营可能性，而依据《破产法》第 109 条第 1 款第 1 句赋予的合同履行选择权拒绝履行该租赁合同，则此时就涉及出租方所享有的损害赔偿请求权，并导致将上述租金债务调整为损害赔偿金。而此损害赔偿数额又涉及出租方是否能找到另一承租方（Uhlenbruck/Wegener, InsO, 13. Aufl., § 109 Rn. 11）。

3. 州高等法院是基于由被告提供的手写债权表来认定债务人的债权现状的。对债务人资不抵债承担举证责任的管理人应进一步审阅债务人营业资料，并对被告的陈述进行细节审查。被告亦多次陈述，其债权表是以债务人账户往来交易为基础制作的。对此，州高等法院亦进行了确认。由此，原告应审阅上述债务人的营业资料并进行分析明确，哪些由被告列出的债权在债务人营业资料中是毫无根据的。

4. 州高等法院正确意识到，基于对《有限责任公司法》第 64 条中

"支付"概念的目的性修正，此处所指的"支付"应为在破产申请延迟状况下的债务人财产与这一状况结束时债务人财产的差额。但须提请注意的是，如若公司经理所为的支付获得了相应的对价，并使债务人受益，则此时即不存在债务人财产的减少，亦不成立损害赔偿请求权（BGH, Urteil vom 31. März 2003-II ZR 150/02, ZIP 2003, 1005, 1006）。于此须提请注意的是，上述前提条件，特别是使债务人受益，在本案中并不存在。

判例三　违反破产申请义务的法律责任

关键词：破产申请义务；法律责任

案件编号：BGH, Urteil vom 25. 07. 2005-II ZR 390/03

案件检索：NJW 2005, 3137

相关法条：德国《民法典》第823条第2款，第826条，第830条第2款；德国《有限责任公司法》第13条第2款，第64条第1款[3]，第84条第1款第2项[4]；德国《刑法典》第27条

（一）判决要旨

1. 如若有限责任公司经理违反破产申请义务，而相关交易伙伴作为新债权人向有限责任公司提供了贷款或先履行了相关义务，则其可依据《民法典》第823条第2款、《有限责任公司法》第64条第1款向有限责任公司经理主张其由此遭受的信赖利益损失，也即其债权无法完全受偿的损失。

2. 尽管相关主体对破产申请迟延亦负有一定责任，但如若新债权人所遭受的损失是由有限责任公司经理的犯罪行为（于本案中即欺诈性的债券二次转让）所致，且上述主体对此并不知情，则其对此损失不承担法律责任。

③　现为德国《破产法》第15a条第1款第1句。

④　现为德国《破产法》第15a条第4款。

3.本判决亦明确了协助拖延破产申请成立的主客观要件。

4.如若在破产程序中发现存在有限责任公司股东侵占挪用公司资产而危及公司生存的情况,则其责任追究只能由破产管理人主张,而非由个别债权人主张。

(二)案件事实

上诉人曾于1973年起成为G有限责任公司的唯一股东及经理。该公司注册资本50万德国马克,主要从事所在地区贷款及债券交易的中介服务,并赚取长期贷款较高利率与短期贷款较低利率之间的利差。1988年3月,上诉人将其所持有的G公司的70%的股权以1480万德国马克的价款转让给当时的公司主要代理人S,并聘任其为唯一的公司经理。S首先通过获得的银行贷款支付了股权转让价款,又于10日后通过从G公司获得的贷款偿还了银行贷款。上诉人则移居L,但与G公司签订了向其提供咨询的合同,且之后时常出现在G公司。

自1989年起,由于G公司获取资金的借款利率高于贷款利率,其陷入亏损的境地。根据审计机构H于1992年4月7日所出具的财务报表,G公司在1990年12月31日的亏损高达约4550万德国马克;最终的审计报告亦指出G公司将来营业状况堪忧,且如若违反破产申请义务将导致刑事责任的承担。尽管如此,按照S的证人证言,上诉人与其达成一致,基于可期待的利率有利变化,以及由此使得G公司1991年及1992年财务状况改善,其无须提出破产申请。然而,根据1992年9月11日提交的财务报表,G公司1991年度已陷入资不抵债,其净资产约为负6300万德国马克。而根据1994年7月27日出具的G公司1992年年度财务报表,其净资产约为负5800万德国马克。除此以外,G公司的经理S并未提交公司接下来年度的财务报表。

1994年11月,S在上诉人不知情的情况下通过欺诈的方式将其持有的债券进行了二次转让,且其向第二受让人出具的证据为债券的照片复印件。据查明,G公司在1994年11月转让了总额达到1亿7500万德国马克的债券,其中大部分已经转让给了R银行。1995年8月31日,本案被上诉人(某能源企业)通过G公司的中介服务受让了实际上早已有效出让的债券,并支付了1亿8300万德国马克。在此欺诈交易行为被揭露后,G公司陷入资不抵债,并于1996年10月进入破产程序,其当时的净资产约为负2亿3100万德国马克。

在本案中,被上诉人要求上诉人基于G公司的欺诈交易行为赔偿其部分损失1000万德国马克。其后被上诉人将诉讼请求涉及的损害赔偿金额调至7000万德国马克,并将上诉人因侵占挪用公司资产而应承担的连带责任以及因协助拖延破产申请而应承担的责任作为其诉讼请求的法律依据。一审法院驳回了上诉人应基于协助拖延破产申请而承担损害赔偿责任的诉讼请求,二审法院则改判支持了此诉讼请求。就此,上诉人向本院提出上诉。

(三)判决理由

Ⅰ.

二审法院认为,根据联邦最高法院1994年6月6日判决(BGHZ 126,181 ff.)所确立的标准,进而依据《民法典》第823条、第830条第2款以及《有限责任公司法》第64条第1款、第84条第1款第2项认定上诉人须对公司经理S延迟提交破产申请负责,并赔偿被上诉人的相应损失。二审法院亦认定,G公司早已存在破产原因,且此状况在进行欺诈性交易的时段也一直存在。而如若G公司及时提交破产申请,则将不会与被上诉人达成交易。审计机构H在1992年4月7日提交的G公司1990年的审计报告中即指出其净资产为负4550万德国马克,于此时即产生了破产申请义务。根据S的证言,上诉人根据B博士出具的法律意见书即已明确,只有当企业存在较大继续经营可能时,相关义务主体才可在资产小于负债的情况下不被认定为破产法意义上的资不抵债,而无须承担破产申请义务。尽管上诉人和S并无确切依据可确定G公司将通过利率有利变化改变亏损的不利状况,但两人却达成一致决定不提交破产申请。并且根据S的证言,尽管这一协议只对1991年及1992年两个财务年度有效,但上诉人拒绝在审计人H于1992年9月11日提交的1991年度财务报告,以及于1994年7月27日提交的1992年度财务报告上签名确认,其后上诉人及S均违反了《有限责任公司法》第 42a 条第 2 款规定的义务,也即未就年度财务报表制作和提交的相关事项采取适当行动。换言之,上述协议其后仍通过默示的方式继续存在。此外,二审法院认定,上诉人与 S 的上述行为实际上共同导致了破产申请提交的一再延迟,或者说至少是默示同意的。而审计人于 1994 年 7 月 27 日提交的针对 1992 年会计年度的审计报告也只是推测 G 公司的财务状况在 1993 年度有可能改善,而基于刑事调查程序中对 1993 年度财务审计所出具的报告,上述推测亦在事后被证明是错误的。对于 S 为了支付股权收购价款而于 1988 年向 G 公司借贷的资金及利息共计超过 2300 万德国马克,S 于 1993 年通过银行贷款进行了偿还,但此笔银行贷款以 G 公司存款账户的 2100 万德国马克进行了质押担保。其后由于 S 缺乏还贷能力,G 公司存款账户的资金被用于抵偿 S 的银行贷款,由此亦导致了 G 公司的资不抵债。于此尚未考虑 G 公司由于"债券二卖"欺诈交易须承担的损害赔偿责任。尽管上述"债券二卖"的欺诈交易不可归责于上诉人,但其无疑共同导致了破产程序启动的迟延,而被上诉人作为破产程序启动迟延期间的新债权人,其由于破产程序启动迟延所遭受的损失应得到赔偿,也即上诉人应赔偿被上诉人在破产程序中未足额受偿的部分,共计 1000 万德国马克。

Ⅱ.

本案合议庭认为,上述判决缺乏法律依据。

1. 二审法院正确之处在于:首先,G 公司于 1990 年即存在破产原因;其次,尽管依据 S 的证言,其与上诉人于 1992 年 4 月达成了在 1991 年及 1992 年两个会计年度不提交破产申请的协议,但此协议及 G 公司于 1990 年即存在破产原因的两项基本事实并不足以在主客观上将被上诉人所遭受的损失归责于上诉人。然而,因果关系的界定应以所涉及条款或被违反义务的保护目的作为应有之界限(BGHZ 27,137;BGH,Urt. v. 6. 5. 1999 – III ZR 89/97,NJW 1999,3203)。更确切地说,违反破产申请义务而拖延破产程序启动的行为应为一种持续性的侵权行为,其主客观要件必须在交易的整个过程中始终存在,于此情况下相关主体才应对由此交易而产生的损失承担损害赔偿责任。由此，二审法院的判决理由存在以下错漏之处：

a)首先，且不论G公司在1994年净资产为166万德国马克，二审法院认定G公司存在持续性资不抵债的重要理由之一在于：S无法偿还银行贷款而使得G公司须以约2100万德国马克的固定存款承担担保责任。然而，另一方面，在1988年3月股权交易之时，作为唯一股东及公司经理的上诉人及其顾问建议S通过向G公司借款来支付股权受让款。根据1987年12月31日提交的财务报表，此时G公司的注册资本已处于被消耗的状态。由此，G公司依据《有限责任公司法》第30条的规定不得向其股东支付任何资金或交付任何财产。在本案中，G公司即可依据《有限责任公司法》第31条的规定要求上诉人返还其从公司所获得的资金，或基于《有限责任公司法》第43条的规定要求赔偿包括本金和利息在内的相应损失。相应法律依据亦可为《民法典》第778条规定的委托贷款。且此请求权由于上诉人的"恶意行为"而并未超过《有限责任公司法》第31条第5款以及《有限责任公司法》第43条第4款规定的诉讼时效。由此，上述请求权应在G公司1994年及1995年的资产负债表中作为公司应有资产加以列明。

b)其次，二审法院依据1995年12月31日基于刑事调查程序出具的财务报表认定G公司1995年净资产为负126万德国马克，但并未详细论证G公司在与被上诉人交易的整个期间是否始终存在资不抵债的情况，且其对此交易结束的时间认定前后矛盾，时而为1995年8月，时而为1995年12月31日，抑或1996年1月22日。

c)此外，二审法院对于上诉人协助拖延破产申请行为的主客观要件认定亦存在错漏之处。

aa)尽管本案上诉人并非有限责任公司经理，而无须承担《有限责任公司法》第64、84条所规定的法律责任，但却可构成《民法典》第830条第2款意义上的共同侵权行为。这一前提条件的满足亦可参照刑法的相关规则加以确定(BGHZ 137,89,102)。依据《刑法典》第27条第1款的规定，帮助犯为故意向实行犯提供帮助，从而便于其实施犯罪行为的主体。尽管帮助行为客观上不必直接导致犯罪后果,但其为犯罪行为的实施提供了资助或便利,或者其促成了实行犯作出实施犯罪行为的决定(Tröndle/Fischer, StGB 52. Aufl. § 27 Rdn. 2 ff.)。就《有限责任公司法》第 64 条所涉及的法律责任而言,行为人必须至少在主观上意识到其行为帮助或促成了有限责任公司经理不履行破产申请义务。

bb)尽管根据 S 的证言,不履行破产申请义务符合其与上诉人的利益,但这一协议是否促成了 S 作出不履行破产申请义务仍待进一步查明。此协议只涉及 G 公司 1991 年及 1992 年的财务状况。而在 1993 年及 1994 年 G 公司的资不抵债状况却有所改善,而 S 亦就此认为 G 公司存在继续经营的较大可能性。尽管二审法院指责 S 仅仅是"抽屉式记账"(Schubladenbuchführung),并未制作详细的财务报表,亦未提供详细的企业资产清单,但这并不代表 G 公司一直存在破产原因,亦无法证明 S 及上诉人拖延破产申请的故意。并且 G 公司在 1994 年还拥有 166 万德国马克的净资产,而这意味着其在客观上并不存在破产原因。根据上诉人及 S 的陈述,其依据 G 公司的营业状况及他们的"抽屉账簿"就已经可以确定 G 公司财务状况的显著改善。基于上述情况,并不能认定上诉人主观上意识到 G 公司在 1994 年及 1995 年持续存在破产原因,亦不能基于上诉人放任 1992 年协议继续有效就认定其存在故意协助拖延破产申请的行为。

上诉人的其后行为仅是一种单纯的不作为,而由于上诉人作为小股东缺乏监管保护人的法律地位而并不会导致责任的承担。并且二审法院曲解了上诉人在 1994 年 7 月 27 日拒绝签署 1992 年财务报表时的矛盾心理。准确而言,G 公司的财务报表须首先由 S 签署,而上诉人拒绝签署财务报表并不意味着其同意或支持拖延破产申请。有限责任公司的经理有义务并有能力对破产申请义务进行独立评估。与二审法院的观点相反,本案合议庭认为有限责任公司的股东无义务对此进行协助,且亦无法从《有限责任公司法》第 42a 条第 2 款的规定中推导出此协助义务。《有限责任公司法》第 42a 条第 2 款的规定与《有限责任公司法》第 64 条所设定的保护目的无关,而涉及的是《商法典》第 325

条及以下条款规定的信息公示(Scholz/Crezelius,GmbHG 9. Aufl. § 42 a Rdn. 40)。

2. 进一步而言,被上诉人所遭受的损失不可归责于上诉人,亦非其对拖延破产申请的协助所导致。

a)与刑事程序中相关调查结果相一致,二审法院认定上诉人对S“债券二卖”欺诈交易并不知情,且此欺诈交易亦不可归责于上诉人。而上诉人既无须承担《刑法典》第27条规定的帮助犯的刑事责任,亦无须承担《民法典》第830条第2款的共同侵权的民事责任。二审法院认为,如若履行了破产申请义务则不会有欺诈交易情况发生,而正是由于上诉人与S共同拖延破产申请造成了被上诉人的损失。这一观点显然是错误的。

b)德国联邦最高法院在1958年4月22日的判决中即指出,立法之目的在于风险控制,而只有当损害处于所违反法条的风险控制领域时,其才可以得到赔偿(BGHZ 27,137,140)。因此,关键之处在于义务违反与损害之间的内在必然关联性,而不仅仅是其偶发性的外在联系(BGHZ 57,137,142;BGH, Urt. v. 14. März 1985 – IX ZR 26/84, NJW 1986,1329,1332;Urt. v. 13. Februar 2003 – IX ZR 62/02, ZIP 2003, 806)。本案合议庭在1994年6月6日的判决中亦明确指出(BGHZ 126,181 ff.),破产申请义务的立法目的在于,使承担有限责任的公司因出现了破产原因而与商事交易相隔离,从而避免损害或危及债权人的利益。此处所指的对债权人造成的损害必须与公司存在破产原因这一事实存在内在关联。通过破产申请义务,商事交易伙伴将避免与存在破产原因的企业进一步交易,特别是先履行其义务,如提供贷款(Roth/Altmeppen,GmbHG 5. Aufl. § 64 Rdn. 68,71;Wiedemann,EWiR 1993,584)。由此,对违反破产申请义务所应赔偿的损失应为信赖利益损失,也即新债权人因向存在破产原因的公司先履行,而无法得到相应履行所遭受的损失。

c)然而,本案并非上述情况。在本案中,如二审法院所确认的,G公司为所在地区债券交易中间商。被上诉人在其上诉答辩以及于

2003年10月22日进行的庭审笔录中均明确表示,其并非从G公司,而是通过G公司的中介服务从R银行处购买了其自认为有效存在的债券,并支付了153,256,197.3德国马克的价款。就此,二审法院并未查明G公司与被上诉人之间是否存在合同关系,对此亦有待进一步查明确认。但可以明确的是,于此涉及的并非G公司与被上诉人之间的合同,而是由G公司提供中介服务的债券交易。如若债券未被二次转让,则被上诉人将可有效获得上述债券。由此,被上诉人所遭受的损失并非是由于破产程序申请迟延所致,而是基于"债券二卖"的欺诈交易犯罪行为。如上所述,此犯罪行为并不可归责于上诉人。并且被上诉人进行上述交易是基于对S的信任,而非基于G公司的偿付能力。因此,应由S根据《民法典》第823条第2款、《刑法典》第263条对被上诉人承担责任,而非由上诉人基于协助拖延破产申请对被上诉人承担责任。尽管被上诉人基于侵权或违约而对G公司享有债权,且此债权在G公司破产情况下将无法得到足额受偿,但这并不会改变上述基本出发点。在本案中公司经理及相关主体将依据相关法条对被上诉人损失承担赔偿责任,但不是基于破产程序申请迟延承担责任。简言之,即便上诉人存在协助拖延破产申请的行为,其在本案中亦不应对被上诉人遭受的损失承担赔偿责任。

Ⅲ.

综上所述,本案合议庭撤销二审判决,发回重审。由于被上诉人在答辩中提出其将依据其他请求权基础要求损害赔偿,且本案中部分事实仍待二审法院进一步查明认定,所以尚无法对本案作出判决,但本案合议庭做出如下几点补充说明:

1.被上诉人认为,由于上诉人对G公司财产存在不法侵占挪用的情况,因此上诉人应对G公司的债务承担连带责任。依据本案合议庭相关最新判决(BGHZ 149,10;150,61;151,181;Urt. v. 13. Dezember 2004-II ZR 206/02,ZIP 2005,117;v. 13. Dezember 2004-II ZR 256/02,ZIP 2005,250),债权人只能在破产程序之外,而非在破产程序进行过程中主张股东由于侵占挪用公司资产而危及公司生存的相关责任

(Ansprüche gegen einen Gesellschafter wegen " existenzvernichtender Eingriffe",BGHZ 151,181,187)。因此,这一诉讼请求将无法获得支持。在破产程序进行中,由于上述行为涉及债权人的整体利益,所以上述请求权应由破产管理人来行使。而在本案中,由于G公司的破产程序正在进行中,且并无终止或终结的迹象,所以被上诉人提出此损害赔偿请求权缺乏法律依据。

2. 可能的请求权基础是《民法典》第826条,也即基于G公司注册资本与其从事交易的风险不相适应,而可依此条规定认定存在以违反善良风俗的投机交易行为方式损害债权人利益的情况(BGHZ 122,333,336;Urt. v. 30. November 1978－II ZR 204/76,NJW 1979,2104;v. 16. März 1992－II ZR 152/91,WM 1992,735 f.)。如若被上诉人主张此请求权,则须对损害行为的故意,以及违反善良风俗行为与其在破产程序中未获足额清偿所遭受的损失之间的因果关系承担举证责任。

3. 最后,基于上诉人未获金融业务许可而通过G公司从事相关金融业务,被上诉人可基于《民法典》第823条第2款,《金融事业管理法》第32、54条要求其承担损害赔偿责任。

评析

一、支付不能的"持续性"和"显著性"标准

一直以来德国立法者、学术界和司法界对"支付不能"(Zahlungsunfähigkeit)和"一时的支付困难"(Zahlungsstockung)的区别并无疑义,尤其是强调支付不能应具有"持续性"和"显著性"。然而,在1999年德国《破产法》立法过程中,草案首先取消了支付不能定义中的"显著性"标准,但保留了"持续性"标准,同时也允许债权人基于行将支付不能的破产原因提出破产申请。然而,德国立法者最终在支付不能的定义中也取消了"持续性"标准,但同时也取消了债权人在行将支付不能情况下提出破产申请的权利。由此可见,德国立法者也试图在债权

人和债务人之间进行利益协调,实现利益平衡。另外,也正如德国联邦最高法院2005年判决中所提及的那样,德国立法者仍认为支付不能应具有“持续性”和“显著性”,但其想确保法律适用的灵活性。这种“立法留白”在德国《破产法》中并不鲜见,而这亦需要司法的审慎解读。

1999年德国《破产法》第17条规定,一般的破产原因为支付不能(第1款)。在此基础上,该条第2款规定:“当债务人不能清偿其到期债务时,其为支付不能。当债务人停止支付的,其将被推定为支付不能。”尽管德国《破产法》第17条的规定对传统意义上支付不能应具有的“持续性”和“显著性”标准未作任何表述,但即便在1999年《破产法》生效后,司法实践中对支付不能的认定仍遵循上述两大标准。于学术界及司法界,存在争议的是对上述两大标准具体如何认定,并主要分为严格化和宽松化两派。严格化的观点认为,从债权人利益保护角度出发,应严格化支付不能的认定。其理由在于:首先,通过严格化支付不能认定,可以尽早启动破产程序,从而确保有尽可能多的破产财产去清偿债务。其次,对于健康的企业而言,其可通过信用等方式获取偿付债务的资金来源,债务人无法清偿债务已表明其已用尽了所有的清偿手段,如贷款等。甚至可以通过取消“显著性”标准来发挥一种预防性功能,且亦可由此减轻举证责任。⑤ 德国著名破产法学者Braun和Uhlenbruck亦认为,如果企业连极少的债务额都无法清偿,那就更别谈偿付更大额度的债务了。⑥ 与上述观点相类似,德国科隆地方法院在1999年的一份判决中指出,如果债务人在两个星期内无法偿付债务占其到期债务的比例达到5%,其就可以被推定为支付不能。⑦

反对严格化支付不能认定的学者们则认为:首先,银行贷款的发放需要一个长时间的审查过程,陷入危机的企业更无法在较短时间内获得银行的贷款。其次,某些企业可能只是暂时的缺乏支付能力,其完全可能在这之后恢复清偿能力。而这种无区别的做法显然会使某些本来

---

⑤ 对上述观点的综述可参见Penzlin,NZG 1999,1203,1206 f。

⑥ Braun/Uhlenbruck,Unternehmensinsolvenz,S. 282.

⑦ AG Köln,NZI 2000,89,91.

能继续生存下去的企业陷于破产境地。再次,细微的支付不能在实践中是很难准确界定的。最后,申请债务人破产并不是在任何情况下都对债权人有利的,如高额的破产费用,由破产给债务人经营带来的种种不便(贷款的暂停发放,客户关系的终止,员工的跳槽等)。更为关键的是,这种严格化的破产原因会为债权人所滥用。⑧ 此外,有学者同时指出,对于一些行业,如圣诞节和复活节产品的生产企业,往往要熬过长期的季节性不景气,而企业也会面临不可预见的市场变化,这都有可能导致企业的暂时性支付不能,由此对于支付不能的定义不能过于严苛。并且令人怀疑的是,立法者或法院试图通过这样的手段“化解”支付不能和一时支付困难之间区分的困难。⑨

德国联邦最高法院 2005 年 5 月的判决犹如一场及时雨,一定程度化解了学界的相关争议,且其对相关数值性标准的采用既于理有据,亦保有了一定的灵活性,堪称经典。于立法目的角度而言,显然是以保护债权人利益为首要目标,试图通过相对于旧法严格化支付不能的定义来使破产程序可以尽早进行,从而确保有尽量多的破产财产来清偿债权。而德国联邦最高法院的上述判决则通过对立法理由的进一步阐释分析,以“10%”与“3 个星期”的门槛设定来推定债务人支付不能。这一举措可谓两全其美:既适度使对支付不能的认定严格化,亦防止过于严格的认定标准导致破产案件的激增。实际上,德国《破产法》第 17 条第 2 款第 2 句的规定即是债务人停止支付情况下支付不能的推定,只不过德国联邦最高法院的上述判决设定了相应数值标准,从而增加了法律适用的明确性,但其亦意识到个案中判定的复杂性,并强调,其是不得不对此进行数值化的表述,而个案中亦可通过具体证据来推翻此推定,例如债务人可举证证明其具有偿付能力。

据笔者观察,其后德国法院的判决也多以德国联邦最高法院的上述判决为基准。但值得一提的是,德国联邦最高法院在 2012 年 10 月的一份判决又指出,如若债务人只是用短期内可获得的偿债资金偿付

⑧ 对上述观点的综述可参见 Penzlin, NZG 1999, 1203, 1207 f。

⑨ Himmelsbach/Thonfeld, NZI 2001, 11 ff.

已到期的债务,则不能认定债务人恢复了履行能力。[10] 此外,在2012年12月的一份判决中,德国联邦最高法院认为,如若债务人与债权人达成了债务延期清偿的协议,则在判断支付不能时可忽略该笔债务。但如若延期清偿协议中约定了分期支付,而债务人无法偿付到期的分期额,则亦有可能构成支付不能。[11] 毫无疑问,个案中对支付不能的判定仍然纷繁复杂,而上述门槛界限的设定只是为法院设定了一对照样本,个案中支付不能的认定仍有赖于具体案情及承办法官的审慎调查和分析。并且笔者认为,尤其应对"显著性"标准从严掌握。

视线转回我国《企业破产法》。该法第2条第1款规定,企业法人不能清偿到期债务,并且资产不足以清偿全部债务或者明显缺乏清偿能力的,依照本法规定清理债务。该条第2款规定,企业法人有前款规定情形,或者有明显丧失清偿能力可能的,可以依照本法规定进行重整。同时,该法第7条规定,债务人有本法第2条规定的情形,可以向人民法院提出重整、和解或者破产清算申请。债务人不能清偿到期债务,债权人可以向人民法院提出对债务人进行重整或者破产清算的申请。在《中华人民共和国企业破产法释义》中,"明显缺乏清偿能力"是指,如果企业实际上已经丧失清偿能力,即使其资产负债表上的资产可能还略大于负债,也可以启动破产程序清理债务,不一定要等其继续亏损到资不抵债时再宣告破产,这对债权人和债务人都更为有利。[12] 笔者认为,我国《破产法》第2条第1款所规定的"明显缺乏清偿能力"实际上就是德国《破产法》第17条规定的"支付不能"。

值得注意的是,《中华人民共和国企业破产法释义》将"企业法人不能清偿到期债务"解释为"企业法人债务的清偿期限已经届至,债权人要求清偿,但作为债务人的企业无力清偿。"[13]显然,"不能清偿"和"不清偿"是有区别的,"不能清偿"是债务人清偿债务的客观能力,而

---

⑩ BGH v. 25. 10. 2012, NZI 2012, 963.

⑪ BGH v. 06. 12. 2012, NZI 2013, 140.

⑫ 参见安建主编:《中华人民共和国企业破产法释义》,法律出版社2006年版,第14页。

⑬ 安建主编:《中华人民共和国企业破产法释义》,法律出版社2006年版,第13页。

“不清偿”是债务人清偿债务的主观意愿并具体表现为客观不清偿债务的行为。债务人不清偿到期债务不等于债务人不能清偿到期债务。债权人只能知道现实的原因，即债务人对于已经到期的债务没有清偿；如果让债权人来证明债务人的资产状况，是否资不抵债，是否已明显缺乏清偿能力，则对于债权人而言很难做到，也是不公平的，不利于对债权人合法权益的保护。[14] 由此，应通过推定来减轻债权人的举证难度。实际上，如同德国法，持续性的“停止支付”在我国也被推定为“不能清偿到期债务”。2002 年我国最高人民法院《关于审理企业破产案件若干问题的规定》第 31 条第 2 款即规定，债务人停止清偿到期债务并呈连续状态，如无相反证据，可推定为“不能清偿到期债务”。2011 年最高人民法院《关于适用〈中华人民共和国企业破产法〉若干问题的规定（一）》（以下简称《破产法若干问题的规定（一）》）第 2 条进一步明确规定，下列情形同时存在的，人民法院应当认定债务人不能清偿到期债务：（1）债权债务关系依法成立；（2）债务履行期限已经届满；（3）债务人未完全清偿债务。《破产法若干问题的规定（一）》第 4 条第 3 项同时规定，债务人账面资产虽大于负债，但经人民法院强制执行，无法清偿债务，人民法院应当认定其明显缺乏清偿能力。

综上所述，可以发现，停止清偿到期债务并呈连续状态可推定为“不能清偿到期债务”，进而结合“显著性”和“持续性”标准可认定该债务人明显缺乏清偿能力。一定情况下，持续性的“停止支付”可推定债务人达到破产界限。于此仍须提请注意的是，“停止支付”并不是独立的破产原因，而只是在此持续性情况下推定债务人企业“明显缺乏清偿能力”，其是为了减轻债权人证明债务人缺乏清偿能力的难度而设定的。但笔者想建议的是，应将《企业破产法》第 7 条第 2 款修改为：“债务人不清偿到期债务处于连续状态的，债权人可以向人民法院提出对债务人进行重整或者破产清算的申请。”就此仍值得一提的是，根据德国联邦最高法院 2012 年 3 月的一份判决，停止支付尽管会源自于债务人的支付意愿，但单纯的不愿意支付并不满足破产法意义上的停

---

⑭　参见安建主编：《中华人民共和国企业破产法释义》，法律出版社 2006 年版，第 20 页。

止支付。要构成德国《破产法》第 17 条第 2 款第 2 句意义上的停止支付,并推定为支付不能,仍需要对债务人的偿债能力进行相应举证。[15]

二、资不抵债作为独立的企业法人破产原因

依据德国《破产法》第 19 条第 1 款的规定,资不抵债亦是法人的破产原因。然而,德国企业,特别是中小企业,其经营在很大程度上都依赖银行贷款。德国过去对于资不抵债的确定也只是简单地将企业现有资产和现存债务进行比较,但这就造成某些具有支付能力的健康企业也陷入破产境地。德国学界亦意识到,不能仅仅因为某个企业主要以信用贷款运作就将这一健康的企业从市场清除出去。单纯计算企业的清算价值(Liquidationswert)很容易导致企业资不抵债,但计算企业的继续经营价值(Fortführungswert)往往不宜导致企业资不抵债。[16] 由此,1999 年德国《破产法》第 19 条第 2 款(2008 年 10 月 17 日《金融市场稳定法》修订前版本)规定:"当债务人资产小于其现存所有债务,则构成资不抵债。但如果依据特定情况可以确定,继续经营企业具有极大的可能性,则在评估债务人资产时,应考虑企业继续经营价值。"显而易见,德国破产法意义上的资不抵债不同于通常意义上的资不抵债。上述德国《破产法》第 19 条第 2 款对资不抵债的评价方式考虑到了一定情况下企业的继续经营价值。据此规定,对于资不抵债的确定采取的是三步分析法:首先确定企业的清算价值,在消极结果(即企业的清算价值小于企业现存债务)的情况下再确定企业是否有继续经营的极大可能性,在积极结果的情况下再确定企业的继续经营价值,并和企业现存债务进行比较。其后,部分德国学者将此三步分析法简化为两步分析法,也即传统的两步分析法(herkömmlich zweistufiger Überschuldungsbegriff),依此分析法:首先,预测企业是否有继续经营的可能性。在此基础上,如果企业无继续经营可能性,则以企业的清算价值和企业现存债务进行比较,确定是否资不抵债;如果企业继续经营的可能性较大,则以企业继续经营价值和企业现存债务进行比较,确定是

---

⑮ BGH v. 15. 3. 2012, NZI 2012, 416.

⑯ Foerste, Insolvenzrecht, 7. Auflage, S. 69, Rdnr. 117.

否资不抵债。[17]

另一方面，德国著名法学家施密特教授早在1978年即创设了一种修正的两步分析法（modifiziert zweistufiger Überschuldungsbegriff）：如若企业可以继续经营下去，那么就可以否决资不抵债的存在，而无须再计算企业继续经营价值；如果对企业继续经营的预测被否决，则依企业的清算价值来确定企业是否资不抵债。支持修正的两步分析法的理由在于：尽管对企业继续经营的预测具有很大的不确定性，但实际上对于企业继续经营价值的估算也存在巨大不确定性。并且将来对债权人的满足并不取决于企业的继续经营价值，而是取决于企业将来的支付能力，这通过企业的财务规划即可查明。并且两种资不抵债的评价方式虽在理论上存在巨大差异，但在实践中两种评价的结果往往是相同的。[18] 这一修正的两步分析法也在1999年《破产法》生效前被德国联邦最高法院多次采纳。[19]

然而，2008年《金融市场稳定法》修订前的德国《破产法》版本显然并未采纳此种修正的两步分析法。德国1999年《破产法》政府提案本中即指出，传统的两步分析法可防止由于预测错误导致的对债权人利益的极大不利，并可以避免与行将支付不能的混淆。[20] 直至2008年受金融危机的影响，德国出现了企业破产浪潮，立法者才通过2008年10月17日的《金融市场稳定法》（德文全称为：Gesetz zur Umsetzung eines Maßnahmenpakets zur Stabilisierung des Finanzmarktes，简称为：Finanzmarktstabilisierungsgesetz）第5条修订了资不抵债的认定标准，从而避免使一些危机企业陷入破产境地，并承担破产申请义务。依据该法第5条的规定，德国《破产法》第19条第2款被修订为："当债务人财产不能满足现存所有债务时，则构成资不抵债，但企业继续经营具有极大可能性的除外。"其后，曾至2008年3月担任德国联邦最高法院破产

---

[17] Altmeppen, ZIP 1997, 1175; Auler, DB 1976, 2170; Blumers, BB 1976, 1442; Deutler, GmbHR 1977, 38 f.

[18] K. Schmidt, AG 1978, 337 ff.

[19] BGHZ 119, 213 f.; 125, 148; 126, 199; 129, 136; BGH, NJW 1998, 3201.

[20] Begr. zum RegE InsO, BT-Drucks. 12/2443, S. 115.

庭庭长的Fischer大法官于2016年撰文表示支持施密特教授的修正的两步分析法,并认为司法及实务界众多人士亦对此表示赞同。[21]

上述德国联邦最高法院于2010年10月18日所作出的判决由于适用了2008年修订前德国《破产法》第19条的旧规定,而实际上是采用了传统两步分析法,也即对于企业继续经营可能性的确定并不能证明企业并未陷入破产境地,而只能作为是以清算价值还是以继续经营价值来判定资不抵债的前提条件。并且依据清算价值判定资不抵债应为通常情形,而在确定企业有继续经营可能性的情况下,通过继续经营价值判定资不抵债则属于例外情形。如若破产管理人在破产程序中主张公司经理承担德国《有限责任公司法》第64条意义上的损害赔偿责任,则其只要举证证明企业清算价值低于企业债务即可,而由公司经理对公司具有继续经营可能性及继续经营价值承担举证责任。尽管如此,这一判决也可视为对传统两步分析法的进一步修正,也即通过举证责任的分配来进一步消除潜在的风险。毕竟,一方面,只有公司高管更了解自己的企业,更能明确企业是否具有继续经营可能性;另一方面,管理人在刚刚接手破产案件时,其不仅很难对企业(之前的)继续经营可能性作出准确判断,亦很难明确企业的继续经营价值。

然而,可以确定的是,德国学界对于"资不抵债"提出的不同意见,并非对于"资不抵债"作为破产原因的反对,而是对其具体确定方式的不同见解。实际上,无论是传统的两步分析法还是修正的两步分析法,都以企业继续经营可能性的预测为核心。修正的两步分析法简化了传统的两步分析法的分析步骤,无须再评估很难准确确定的企业继续经营价值,从一定程度上人为缩小了资不抵债的范围。然而,另一方面,有德国学者指出,修正的两步分析法有可能造成破产程序启动的迟延,损害债权人的利益。依据德国学者Groth的调查结果,在依修正的两步分析法确定企业可以继续经营的情况下,其中超过一半的德国企业的继续经营价值小于企业的现存债务。[22] 并且如若采用修正的两

㉑ Fischer, NZI 2016, 665 f.

㉒ Groth, Überschuldung und eigenkapitalersetzende Darlehen, 1995, S. 113 ff.

步分析法，则将以企业法人将来的支付能力为核心评价标准，并导致行将支付不能和资不抵债之间存在相互重叠的地方，那么就有必要将两种破产原因进行一定程度的整合。㉓

笔者认为，德国学界和司法界一方面担心由于对资不抵债判定得不准确而导致健康的企业被迫退出市场，从而主张考虑企业继续经营可能性；另一方面对于企业继续经营可能性或继续经营价值的确定又会造成一定的不确定性，从而有可能对债权人的利益造成损害。相比之下，传统两步分析法尽管烦琐，但却更为谨慎。于我国而言，《企业破产法》第2条中只规定：企业法人不能清偿到期债务，并且资产不足以清偿全部债务或者明显缺乏清偿能力的，依照本法规定清理债务。显而易见，我国《企业破产法》对"资不抵债"这一破产原因的适用更为谨慎，以"企业法人不能清偿到期债务"为前提。但与此同时，《企业破产法》第7条第3款规定，企业法人已解散但未清算或者未清算完毕，资产不足以清偿债务的，依法负有清算责任的人应当向人民法院申请破产清算。尽管如此，我国《企业破产法》仍应在适当的时候将资不抵债作为独立的企业法人破产原因，具体理由如下：企业在资不抵债的情况下，如果没有到期需清偿的债务或对于到期债务可以清偿（如有资金清偿少部分到期债务或通过贷款偿还），也就不会陷入"企业法人不能清偿到期债务"的境地，但可能实际上债务人企业已无经营的必要或前景，即无法再赢利。在此情况下，企业显然已无法通过清算程序解决所有问题，而又无法直接申请破产，只能先进入清算程序，再依据我国《企业破产法》第7条第3款规定转入破产程序。上述规定无形中增加了许多不必要的环节和金钱上的花费。在债务人资不抵债的情况下，实际上已无法公平清偿所有债权人的债权，而只能通过破产程序来解决。并且破产程序在资产价值最大化和相关主体责任追究方面的功能是传统清算程序所无法企及的。即使债务人符合行将支付不能的条件，按照我国《企业破产法》也只能申请重整，但可能实际上该企业并无重整的可能，重整计划也不一定能表决通过。因此，从某种角度而

㉓ Penzlin, NZG 2000, 464, 468 f.

言,不将“资不抵债”作为破产原因实际上剥夺了债务人企业的选择权,即选择通过破产清算程序终止企业的权利。另一方面,不允许企业法人在此情况下申请破产实际上也不利于对债权人利益的保护。因为如果任由企业再行举债或拖延消耗,只会使企业债务情况进一步恶化;并且债务人在此时对债权人的清偿实际上也违背了债权人公平受偿的基本原则,并可能在以后启动的破产程序中依据我国《企业破产法》第31、32条的规定被撤销。但不得不承认的是,债务人的资不抵债可能只是暂时的,由于其将来的盈利能力,其实际上是一个健康的企业,而不应被列入破产企业行列。由此,在资不抵债作为独立破产原因的情况下,应由债务人独享破产(重整)申请权。毕竟一方面,对于资不抵债很难从外部准确判断;另一方面,债务人独享破产申请权亦可防止债权人滥用资不抵债这一破产原因。

在资不抵债具体判定上,德国《破产法》第19条第2款第1句的规定以及德国联邦最高法院2010年10月18日判决对举证责任的分配于我国而言具有极大的借鉴意义。于此仍值得一提的是,通过德国2008年10月23日的《公司法现代化和防止滥用法》(Gesetz zur Modernisierung des GmbH-Rechts und zur Bekämpfung von Missbräuchen)的修改,德国《破产法》第19条第2款最后增加一句,该句规定:“如果股东给债务人企业提供的贷款按照债务人企业和债权人(即股东)的约定,在偿还顺序上被置于本法第39条第1款规定的后顺位债权之后,则这一债权在确定债务人企业是否资不抵债的时候将不被考虑在内。”由此,债务人企业的股东可通过这一方式从一定程度上化解债务人企业陷入资不抵债境地的危机。实际上,这一修订亦是建构在德国联邦最高法院2007年2月5日判决的基础上的。依此判决,仅仅作为后位受偿债权的股东贷款在评价资不抵债时仍应被考虑在内,因为其仍然被德国《破产法》第39条第1款第5项列为破产债权。而德国《破产法》第39条第1款第5项之所以将股东贷款列为后位受偿债权,是因为企业股东在企业出现危机的情况下可能会通过提供贷款的方式来拯救自己的企业,而这从一定程度上会损害企业其他债权人的利益,即债权人受清偿的额度会由此降低。由此,德国立法者在 2008 年《现代化法》的立法理由中亦强调指出,修改后的德国《破产法》第 19 条第 2 款第 2 句的规定并不会对债权人利益造成损害。[24] 根据德国联邦最高法院 2012 年的一份判决,如若作为债务人企业的股东与债务人企业达成协议,降低股东所享有债权的受偿顺位,且这一约定符合相应要求,则在判定债务人企业是否构成破产法意义上的资不抵债时将不考虑上述股东所享有的债权。[25] 通常情况下,股东考虑到德国《破产法》第 225 条第 1 款规定的后位受偿债权的自动免除,以及后位受偿债权通常零受偿,往往愿意与债务人企业达成债权再居次的协议。

三、破产申请义务

德国的破产申请义务原本规定在《有限责任公司法》和《股份有限公司法》中。通过德国 2008 年《现代化法》的修改,原德国《有限责任公司法》第 64 条第 1 款和德国《股份公司法》第 92 条第 2 款中关于破产申请义务的规定被整合到了修改后的德国《破产法》第 15a 条中。德国立法者在立法理由中指出,破产申请义务的规定放置于德国《破产法》中更符合体系上的要求,并可与德国《破产法》第 15 条规定的破产申请权利相呼应。[26] 显然,这一修订的主要目的在于体系上的合理化调整以及对法人企业破产申请义务进行统一规定,而在法条规定内容上基本沿袭了旧法的规定。依据德国《破产法》第 15a 条第 1 款的规定,在法人出现支付不能或资不抵债的情况下,法人经营管理机构应毫不迟延地在支付不能或资不抵债情况出现后的三个星期内提出破产申请。德国联邦最高法院 2005 年 7 月 25 日判决的核心问题即在于破产申请义务的履行及拖延破产申请情况下的法律责任,并明确了协助拖延破产申请成立的主客观要件。由于破产申请义务规定的内容基本沿袭了旧法的规定,因此这一判决内容在 2008 年《现代化法》修订后仍具有重要指导意义。

---

[24] Begr. RegE zum MoMiG, BT-Drucks. 16/6140, S. 56.

[25] BGH v. 21. 2. 2013, NZI 2013, 434.

[26] Begr. RegE zum MoMiG, BT-Drucks. 16/6140, S. 55.

准确而言,2008 年《现代化法》对破产申请义务修订的亮点在于确立了公司相关领导机构缺乏情况下相关人员的破产申请义务。新增的德国《破产法》第 15a 条第 3 款规定,在公司相关领导机构失能情况下,有限责任公司的股东或股份有限公司监事会成员承担相应的破产申请义务,除非上述人员不知存在支付不能及资不抵债或公司缺乏领导机构的情况。德国立法者在立法理由中明确指出:“该款规定是以防止规避破产申请义务,保护债权人利益为目的。并且基于相关人员破产申请义务的从属特性,也可促使相关人员在公司领导机构失能的情况下及时任命新的公司领导机构。另一方面,该款新规定并未要求股东或监事会成员承担过重的调查义务。但在公司出现破产原因的情况下,其必然有义务去查明为何公司领导机构未提出破产申请,也即是否存在领导机构失能的情况;而在公司出现领导机构失能的情况下,其亦应了解公司的财产状况,也即是否出现了破产原因。但对于持股比例较小的股东,上述查明义务则相应予以放宽。如果相关人员提供证据证明其不知破产原因或公司领导机构失能的情况存在,则其将不必承担破产申请义务。此外,需要明确的是,如果只是公司经理缺乏行动意愿,或者无法与公司经理取得联系,则将不会被认定为公司领导机构失能。”[27]尽管德国联邦最高法院 2005 年 7 月 25 日判决案件并不涉及公司领导机构失能情况下有限责任公司股东承担破产申请义务的问题,但在新增德国《破产法》第 15a 条第 3 款规定的情况下,相信对(协助)拖延破产申请的认定将更趋于严格。

更为关键的是,德国联邦最高法院 2005 年 7 月 25 日判决明确了违反破产申请义务情况下损害赔偿责任承担的一些模糊或存有争议的问题。在相关主体违反破产申请义务的情况下,其将对债权人造成的损害承担赔偿责任。但正如德国联邦最高法院在判决中所指出的,由于破产申请义务的立法目的在于使承担有限责任的公司在出现破产原因情况下与商事交易相隔离,从而避免损害或危及债权人的利益,所以此处所指的对债权人造成的损害必须与公司存在破产原因这一事实存

㉗ Begr. RegE zum MoMiG, BT-Drucks. 16/6140, S. 55.

在内在关联,并且拖延破产程序启动的行为应为一种持续性的侵权行为,其主客观要件必须在交易的整个过程中始终存在,于此情况下相关主体才应对由此交易而产生的损失承担损害赔偿责任。并且对违反破产申请义务所应赔偿的损失应为信赖利益损失,也即债权人因向存在破产原因的公司先履行,而无法得到相应履行所遭受的损失。此外,德国《破产法》第 15a 条第 4 款还规定,如若相关主体违反破产申请义务未提出,或未及时提出,抑或未正确提出破产申请,则可对其处以 3 年以下的有期徒刑或罚金。该条第 5 款同时规定,如若相关主体是基于过失违反破产申请义务,则可处以 1 年以下有期徒刑或罚金。毫无疑问,破产申请义务规定能真正发挥作用的关键亦在于适当的法律责任设定。

于此值得一提的是,德国立法者还在公司法中设置相应规定来约束公司高管的行为,也即在本章案例中被多次提到的《有限责任公司法》第 64 条的规定:“在公司出现支付不能或资不抵债的情况下,公司经理须对所为的支付行为承担赔偿责任。但如果公司经理已尽到一般商人的注意谨慎义务,则其无须对所为支付行为承担前句规定的责任。”更进一步,以严格化公司经理责任为目的,2008 年《现代化法》在第 64 条中新增加一句作为第 3 句,引入了破产导致责任(Insolvenzverursachungshaftung)。此句规定:“公司经理向公司股东所为的支付行为如果导致了公司的支付不能,则其也必须承担相应赔偿责任;如果公司经理在尽到本条第 2 句规定的注意谨慎义务情况下仍无法预见到此支付行为会导致支付不能,则无须承担该支付赔偿责任。”德国立法者指出,这一新规定是对德国《有限责任公司法》第 30 条第 1 款规定的资本维持原则以及破产撤销权制度的有益补充,从而进一步加强了对债权人利益的保护。[28] 并且德国立法者还通过 2008 年《现代化法》的修订在德国《股份公司法》第 92 条第 2 款第 3 句中作出了相应的规定。此外,2008 年《现代化法》还对德国有限责任公司经理的任职资格进行了严格化处理,扩大了禁止担任公司经理人员的范围,其中即包括“因拖延破产程序启动而受刑事处罚者”(德国《有限责

---

[28] Begr. RegE zum MoMiG, BT-Drucks. 16/6140, S. 46.

任公司法》第6条第2款第2句第3a项)。

于我国而言,当下破产法律实践面临的难题之一即破产程序启动难。其根源在于相关主体破产申请动因不足,尤其是债务人和债权人的自利或避险考量。[29] 例如,对于股东和高管而言,其通常不会主动启动破产程序,以避免控制权丧失或其从事的不法行为被发现。又如,对于债权人而言,其自利心理往往使其申请积极性不高,而更倾向于个案解决。固然破产程序启动难情况的改变首先有赖于文化理念的转变,但文化理念塑造必须配合制度设计促进。2017年1月20日,最高人民法院发布了《关于执行案件移送破产审查若干问题的指导意见》。该指导意见第2部分明确规定:"执行法院在执行程序中应加强对执行案件移送破产审查有关事宜的告知和征询工作。执行法院采取财产调查措施后,发现作为被执行人的企业法人符合破产法第二条规定的,应当及时询问申请执行人、被执行人是否同意将案件移送破产审查。"尽管《关于执行案件移送破产审查若干问题的指导意见》对"执转破"程序进行了详细规定,但执行部门与受移送部门对破产原因的二次审查显然会造成程序迟延问题,且无疑会增加司法负担和司法资源浪费。亦值得注意的是,当事人"同意移送"的前提条件设置显然会影响"执转破"效用的发挥。更为关键的是,"执转破"机制的确立并无法完全解决破产申请动因不足的问题。这一问题的解决有赖于破产申请义务制度的构建,亦只有公司内部人才更明确公司是否已出现了破产原因。我国最高人民法院法官即指出:"考虑到公司董事、高管人员等实际控制公司的人对公司利益承担信义义务,现代企业理论认为债权人利益也是公司利益组成部分,所以为维护全体债权人利益,在公司符合破产的情形下该类人应承担提出破产申请的义务。"[30]

---

[29] 参见韩长印、何欢:《破产界限的立法功能问题——兼评〈企业破产法〉司法解释〈规定(一)〉的实际功效》,载《政治与法律》2013年第2期,第3~4页。

[30] 杜军:《公司资本制度的原理、演进与司法新课题》,载《法律适用》2014年第11期,第12页。

第二章　破产清算热点问题

判例一　破产管理人合同履行选择权的行使

关键词:合同履行选择权;建设工程合同;损害赔偿

案件编号:BGH,Urteil vom 19.11.2015-IX ZR 198/14

案件检索:NJW 2016,711

相关法条:德国《破产法》第 103 条

(一)判决要旨

作为建筑承揽企业的破产管理人,如若其拒绝履行与分包商双方均未履行完毕的分包施工合同,则其不能主张基于替代履行的损害赔偿。

(二)案件事实

债务人企业 L(以下称为债务人企业)的破产程序于 2010 年 7 月 1 日正式启动,原告被指定为破产管理人。债务人企业与 G 企业签订了建设工程施工合同,合同金额为 72.5 万欧元。债务人企业其后将部分工程分包给 I 有限责任公司(以下称为分包商)。该项建设工程于 2010 年 6 月 8 日通过验收,且债务人企业于当日提交了项目竣工结算报告。在此之前，分包商于 2010 年 6 月 7 日提交了其负责施工部分的结算报告，涉及金额 78，686.76 欧元。债务人企业是否对此施工部分进行了验收存有争议，且亦未支付分包商的施工报酬。在债务人企业进入破产程序后，分包商申报了债权。破产管理人于 2011 年 7 月 22 日的信函中对该笔债权提出了疑义，但在 7 月 28 日又致信分包商确认了该笔债权。

2011 年 4 月 21 日，原告（破产管理人）起诉 G 企业，要求支付拖欠的 155，513.88 欧元的工程款。G 企业于 2011 年 5 月 12 日回复律师函，指出工程施工存在的瑕疵（此部分由分包商负责施工），为修复此瑕疵将产生约 21.6 万欧元的修复费用，并由此提议进行和解。2011 年 6 月 20 日，原告与 G 企业达成和解，放弃要求 G 企业支付拖欠工程款，而 G 企业放弃就修复费用进行求偿并申报债权。之后，原告起诉分包商，要求赔偿因其施工不当造成其损失的工程款 155，513.88 欧元及其利息和相关费用，上述金额共计 174，809.55 欧元。其认为，由分包商再进行施工瑕疵修复不可接受，因此无必要再设定期限要求修复履行。州法院判决驳回了原告的诉讼请求，原告遂向上诉法院提出上诉。分包商其后亦进入破产程序，法院于 2014 年 11 月 27 日在破产启动程序中颁布了针对分包商的处分禁令，上述上诉程序因此中止。在破产程序正式启动后，被告被指定为分包商的破产管理人，并对原告就上述诉争的损害赔偿债权申报提出了异议。原告则依据《破产法》第 182 条第 2 款的规定重新启动上述诉讼程序，并由此变更为债权确认之诉。

（三）判决理由

Ⅰ.

上诉法院在判决中指出，尽管在本案中债务人企业并未对分包商的施工依照合同约定进行正式验收，但其验收应可通过双方行为加以推定，也即在分包商于 2010 年 6 月 7 日提交结算报告后，双方均未要求依照合同进行验收，且 G 企业亦于 2010 年 6 月验收了债务人企业交付的施工，并投入正式运营，直至 2011 年 1 月发现分包商所进行的施工存在瑕疵。通过此推定的验收亦使得债务人企业与分包商之间的合同履行完毕，从而不存在尚未履行完毕的合同问题，亦无法产生依据《破产法》第 103 条第 1 款行使合同履行选择权的问题。根据债务人企业与分包商合同中相关条款的规定，只有在指定瑕疵修复期限经过后，或无须指定瑕疵修复期限的情况下，债务人才可主张相关的瑕疵修复费用赔偿。尽管分包商愿意进行相关瑕疵修复，但原告并未向分包商指定修复期限。这一修复期限亦非如其所言因不可接受而无须指定。在本案中，G 企业并未在债务人企业破产程序中就其所享有的请求权申报债权，而是将其所享有的损害赔偿请求权与其拖欠债务人企业的施工报酬进行了抵销，因此，本案情况显然不同于联邦最高法院 2006 年 8 月 10 日判决所涉及之案情（BGH，Urteil vom 10. August 2006-IX ZR 28/05，BGHZ 169，43）。由此，对于本案原告而言，其本应与 G 企业达成相应的瑕疵修复协议，而无须承担相应的损害赔偿责任。由于上述本应与 G 企业达成的瑕疵修复协议将有利于破产财团，因此亦不会构成对 G 企业或分包商的非法优待。

Ⅱ.

1. 依据《破产法》第 87 条的规定，债权人在破产程序中只可依《破产法》之规定进行债权求偿。尽管存在未决诉讼，债权人亦应首先依据《破产法》第 174 条的规定申报债权，其所申报债权将依据《破产法》第 176、177 条的规定于审查期日（Prüfungstermin）或通过书面审查方式被审核。如若破产管理人或某债权人对此笔债权提出异议，则该债权人将可继续进行涉及此笔债权的诉讼，以达到确认债权数额的目的（BGH，Urteil vom 3. Juli 2014-IX ZR 261/12，ZIP 2014，1503 Rn. 9）。这一诉讼的恢复进行亦包括上诉程序（BGH，Beschluss vom 29. April 2004-IX ZR 265/03，ZVI 2004，530；vom 27. März 2013-III ZR 367/12，ZInsO 2013，1102 Rn. 8）。由于破产程序的正式启动，被告将变更为相关债务人企业的破产管理人。

2. 本合议庭认为，债务人企业与分包商均未履行完毕双方所签订的施工合同。分包商所提交的结算报告虽为原告所确认并列入债权表,但并未依照合同支付报酬,列入债权表并不意味着履行清偿。另一方面,分包商亦未完全履行其合同。尽管分包商施工存在瑕疵的范围及程度尚存争议,但无疑存在履行瑕疵。并且由于原告并未要求修复瑕疵,因此分包商亦未获得机会消除此瑕疵。继续履行请求权(Nacherfüllungsanspruch)实乃原初合同履行请求权的变体(BGH, Urteil vom 6. Februar 1958 - VII ZR 39/57, BGHZ 26, 337, 340; vom 4. Juli 1996-VII ZR 24/95, WM 1996, 2062; vom 14. Januar 1999-IX ZR 140/98, ZIP 1999, 394, 397)。在本案中,无论是否存在工程验收,由于存在的瑕疵是可被消除的,所以债务人企业与分包商之间的合同尚未达到《破产法》第103条意义上的履行完毕。

3. 在债务人企业破产程序正式启动后,由于分包商的履行存在瑕疵,且其依据合同规定有义务进行瑕疵修复,而债务人亦未履行其价款支付义务,因此《破产法》第103条所规定的合同履行选择权就适用于债务人企业与分包商签订的合同(Flöther/Wehner in Ahrens/Gehrlein/Ringstmeier, InsO, 2. Aufl., § 103 Rn. 23; Schmidt/Ringstmeier, InsO, 18. Aufl., § 103 Rn. 17; Graf - Schlicker/Breitenbücher, InsO, 4. Aufl., § 103 Rn. 7)。而破产管理人合同履行选择权的存在亦使得原本的合同双方在破产程序中实际上无法请求继续履行合同(BGH, Urteil vom 25. April 2002 - IX ZR 313/99, BGHZ 150, 353, 359; vom 7. Februar 2013-IX ZR 218/11, BGHZ 196, 160 Rn. 8 ff.)。

4. 如若破产管理人拒绝继续履行合同,则相关合同将仍处于破产程序启动之时的法律状态。在本案中,如若作为破产管理人的原告要求继续履行合同,也即依照合同约定进行瑕疵修复,则其就亦可在满足相应前提条件的情况下主张由此产生的损失。

a)上诉法院的判决及上诉请求中均援引了本案合议庭2006年8月10日的判决(IX ZR 28/05, BGHZ 169, 43)。在此案中,建设单位就工程瑕疵而于施工单位破产程序中申报了债权。施工单位业已履行了其对分包商的价款支付义务,而只是在相当长时间之后才发现了工程瑕疵。由此,施工单位破产管理人并未要求分包商继续履行,而是要求减少合同价款。基于上述情况,《破产法》第 103 条规定的合同履行选择权并无法适用于此案中施工单位与分包商之间的合同,所以此案合议庭支持了破产管理人的上述诉讼请求。

b)在本案中,作为破产管理人的原告并未要求继续履行合同,就其行为而言亦无法推断其欲要求继续履行合同,而是直接主张了损害赔偿。这或许可被理解为破产管理人的合同履行请求,毕竟损害赔偿请求权以合同履行请求权的行使为前提。然而这一推断并无法成立。如若破产管理人要求了分包商继续履行合同,则分包商所享有的合同价款债权将成为破产财团债权(BGH, Urteil vom 25. April 2002, aaO)。而这显然并非原告的本意。原告已将分包商所享有的合同价款债权列入普通债权申报表。此外,原告在诉讼中亦申明其不会就与分包商之间的合同行使合同履行选择权。

c)即便原告行使了合同履行选择权而使债务人企业与分包商之间的合同待履行,但由于分包商亦正式进入了破产程序,所以债务人企业与分包商之间的合同再次陷入了《破产法》第 103 条规定的合同履行选择权行使的问题。于此情况下,这一合同是否继续履行又取决于作为分包商破产管理人的被告是否选择继续履行。

5. 同样尤待回答的问题是,如若作为债务人企业破产管理人的原告拒绝履行合同,而作为分包商破产管理人的被告申报损害赔偿债权,则会产生何种法律后果?这样的不履行而导致的损害赔偿请求权亦从未被分包商所主张。更确切地说,分包商一直以为其已完全履行了合同约定的义务,并通过提交结算报告申请清偿,亦于债务人企业正式进入破产程序后申报了破产债权,并为作为破产管理人的原告所确认。由此,分包商应并未主张《破产法》第 103 条第 2 款所规定的拒绝履行合同情况下的损害赔偿请求权。

综上所述,在本案中,原告并未要求分包商继续履行合同进行瑕疵修复,而是拒绝了继续履行合同,因此其无权就其所主张的损失在分包商破产程序中申报债权。由此,本案合议庭驳回上诉,维持原判。

判例二　破产撤销权的行使

关键词:破产撤销;偏颇清偿;知情推定

案件编号:BGH,Urteil vom 14.06.2018-IX ZR 22/15

案件检索:NZI 2018,840

相关法条:德国《破产法》第133条第1款

(一)判决要旨

1. 如若债权人知悉债务人存在(行将)支付不能并由此被推定为知悉"债务人存有偏颇清偿"的故意,则其可举证证明其乃基于确凿可信的重整方案而获得债务人支付,从而推翻此"知情推定"。

2. 只有当债权人获知了重整方案的关键性基本内容,如企业危机的原因及应对措施,企业的积极经营前景等,其才能主张重整方案是确凿可信的。

3. 如若债权人部分放弃债权,且其亦相信其他债权人会部分放弃债权,则只有当企业危机仅仅是财务危机的情况下,其才可信赖企业重整可通过这一单一措施获得成功。

4. 债权人无义务对债务人的重整方案进行专业性审查。只要其无确切事实依据相信其被欺骗,或重整方案不具有实施前景,则其可信赖债务人或其委托的重整顾问就重整前景所作出的表述。

5. 债务人的庭外重整方案不必完全符合相关专业机构或协会提出的具体形式要求。

(二)案件事实

在本案中,债务人企业S(以下称为债务人)自行提交了破产申请。该破产程序于2012年3月21日正式启动,原告被任命为破产管理人。本案被告为债务人企业的债权人。2010年2月,债务人向被告发出律师函,告知其缺乏支付能力。其间,债务人亦与其债权人进行了庭外的债务清理程序,其中即规定了被告放弃部分债权。2011年2月11日,被告致函表示同意上述庭外债务清理方案,但以清偿目前须履行的债务以及其他大部分债权人亦同意此方案为前提。最终，于 2011 年 9 月 16 日，被告放弃了其享有的部分债权。作为破产管理人的原告依据《破产法》第 133 条第 1 款、第 143 条的规定起诉要求撤销债务人于 2010 年 5 月至 2012 年 2 月向被告所为的清偿，并要求被告返还相应金额。州法院支持了原告的诉讼请求。上诉法院撤销州法院判决，并驳回原告诉讼请求。原告遂向本院提出上诉。

（三）裁定理由

Ⅰ.

上诉法院认为，基于当时的债务清理方案，债务人于 2011 年 2 月 11 日及之后所为的清偿并无偏颇清偿的意图，且被告亦不知存在此意图。尽管被告基于 2010 年 2 月进行的协商已获知债务人处于支付不能的境地，但其通过债务人的债务清理方案已可认定债务人不具有偏颇清偿的意图。尽管原告主张债务人提交的债务清理方案不具有可行性，但一方面债务人提交的债务清理方案的内容可反驳这一主张，另一方面，此债务清理方案实际上亦获得了 102 位债权人中 86 位债权人的同意。此外，尽管大债权人 A 银行未明确表示同意，但其债权已基于担保得以确保清偿。而对于 2011 年 2 月 11 日之前债务人所为的清偿，由于债务人已通过与相关债权人达成了部分清偿、部分放弃或分期清偿的协议，因此亦不存在《破产法》第 129 条意义上的债权人利益受损。

Ⅱ.

由于本案所涉及的破产程序是于 2017 年 4 月 5 日前正式启动的，所以本案适用 2017 年 4 月 5 日前的《破产法》版本。

1. 上诉法院认为，由于缺乏偏颇清偿的故意以及本案被告的知情，因此债务人于 2011 年 2 月 11 日及其后所为的支付无法被撤销。这一观点显然与事实不符。本案合议庭早在 2016 年 5 月 2 日的一判决中即对庭外重整方案提出了一些基本要求（BGH, Urteil vom 12. Mai 2016 IX ZR 65/14, BGHZ 210, 249），而这些要求并未为上诉法院所虑及。

a)依据《破产法》第 133 条第 1 款第 1 句的规定,如若债务人在破产申请前 10 年或在申请后故意进行损害债权人整体利益的行为,且行为相对人于行为发生时亦对此知情,则债务人的上述行为即可在破产程序中被撤销。《破产法》第 133 条第 1 款第 2 句又规定,如若行为相对人知道债务人存在(行将)支付不能的情况以及行为会造成债权人整体利益受损,则可推定行为相对人对债务人的故意知情。依据本案合议庭曾经的判决,行为相对人对债务人(行将)支付不能的知情可作为其知悉债务人故意的证据表象(Beweisanzeichen)。但如若债务人的清偿行为是庭外重整的组成部分,则即便此庭外重整最终失败,亦不能依据前句的证据表象认定行为相对人知悉债务人的故意(BGH,Urteil vom 12. Mai 2016,aaO Rn. 14)。于此需加以区分的是债务人的故意与破产撤销相对人的知情(BGH,Urteil vom 12. Mai 2016,aaO Rn. 15 ff,Rn. 24 ff.)。于上述情况下,破产撤销相对人需举证证明,其基于债务人的重整尝试而有理由相信债务人的行为不存在故意。

b)然而,为了否定债务人损害债权人整体利益故意的存在,上述所言的债务人重整方案虽无须在形式上符合德国经济审计师协会制定的"IDW S6"重整方案标准化模板,或企业重整标准化研究中心制定的"ISU"重整方案标准化模板所提出的最低要求,但至少应存在具体确凿的,已开始付诸实施的,且具有一定成功前景的重整方案。也只有这样方能推翻《破产法》第 133 条第 1 款第 2 句的"知情推定"。而单纯的重整意愿并不能排除对故意的认定(BGH,Urteil vom 12. Mai 2016,aaO Rn. 15)。上述对重整方案及其可行性的认定均应以独立的、经验丰富的专业人士的评价为准,且亦须以向相关专业人士提交了企业相关经营及财务资料为前提。亦为必要的是,对于企业运营亏损的原因分析及将来的应对措施,对企业重整前景和将来营利的预估以及消除企业破产危机的具体措施。此外,对于重整和解而言,应至少查明企业所负债务的数额及种类,确定债权人人数及所持债权的类型,以及为了实现重整应免除的债务数额。由于通常无法实现债权人的一致同意,因此亦应明确应获得的同意比例,并可对债权人进行分组,进而规定如何清偿未被放弃的债权。甚至在一定情况下可说明重整资金的来源、种类及数额(BGH,Urteil vom 12. Mai 2016,aaO Rn. 18)。

在本案中,上诉法院并未结合案情就上述要求进行具体分析,因此无法获知在债务人进行相应支付行为时是否存在符合要求的重整方案,特别是如何清偿债务及维系企业营业。就上诉法院认定的事实和提供的材料,本案合议庭并无法查明本案涉及的重整方案的具体情况,例如重整方案的基础依据以及独立的、经验丰富的专业人士所提供的对债权受偿的客观分析。此外,如若考虑到重整需要一定的前期费用及持续性的资金支持,则于本案中亦无法确定上述资金的来源。亦值得注意的是,即便庭外重整方案不要求涵盖所有债权人(BGH,Urteil vom 8. Dezember 2011 IX ZR 156/09,NZI 2012,142 Rn. 13),但上诉法院判决亦未明确,未纳入本案庭外重整方案的银行大债权人所持债权数额及该如何受偿。综上所述,就上诉法院查明的情况而言,其并不能认定债务人不存在损害债权人整体利益的故意。

c)另一方面,上诉法院认定的事实亦无法推翻对本案被告知悉债务人故意的认定。在被告于 2010 年年初与债务人展开谈判之时,其已获知债务人至少存在行将支付不能。基于此,《破产法》第 133 条第 1 款第 2 句的推定性规定即得以适用。在债权人知悉债务人存在(行将)支付不能,并被推定知悉故意的情况下,其就应举证证明其基于一确凿可信的重整方案而获得债务人的支付(BGH,Urteil vom 3. April 2014 IX ZR 201/13,NZI 2014,650 Rn. 40;Urteil vom 21. Januar 2016 IX ZR 84/13,NZI 2016,355 Rn. 8;vom 12. Mai 2016,aaO Rn. 23)。而这一确凿可信重整方案的存在排除了债权人对债务人存有故意的知情(BGH,Urteil vom 12. Mai 2016,aaO Rn. 23)。只要破产撤销相对人无确切事实依据确信其被欺骗,或明确重整方案不具有可行性,其就有理由相信债务人及其委托的重整顾问的表述(BGH,Urteil vom 12. Mai 2016,aaO Rn. 27)。然而,在本案中,上诉法院判决并未指明本案被告于何时从何处获得了上述信息。于此尤为重要的是被告所获得的每一笔支付对应的时间点。

2. 而对于 2011 年 2 月 11 日之前债务人所为的支付,亦无法基于具有实施成功可能性的重整方案而否定存在《破产法》第 129 条第 1 款意义上的债权人利益受损。此条意义上的债权人利益受损是指,债务人的相关行为或增加了其负债,或减少了其资产,从而使债务清偿不能,或清偿难度加大,或清偿迟延,并由此导致了债权人受偿利益的减损(BGH, Urteil vom 19. Dezember 2013 IX ZR 127/11, NJW 2014, 1239 Rn. 7)。如若债务人财产可足额清偿所有债务,则不会存在债权人利益受损之问题。而就《破产法》第 133 条第 1 款规定而言,存在"债权人利益间接受损"即可(BGH, Urteil vom 13. Mai 2004 IX ZR 190/03, NZI 2005, 692, 693; MünchKomm – InsO/Kayser, 3. Aufl., § 133 Rn. 11)。所谓"债权人利益间接受损"是指应被撤销的债务人行为与相关事实结合共同导致了债权人利益受损的结果。而这一相关事实只要在破产撤销诉讼法庭辩论结束前发生即可(BGH, Urteil vom 9. Dezember 1999 IX ZR 102/97, BGHZ 143, 246, 253 f.)。由此,在本案中,虽然债务人的行为发生于庭外重整过程中,但最终未能避免债务人陷入破产,则亦会将此行为认定为造成债权人利益受损(MünchKomm-InsO/Kayser, aaO § 129 Rn. 122)。

综上所述,上诉法院的判决显然存在错误之处,亦不能就此否认原告享有撤销权。本案合议庭撤销上诉法院判决,但鉴于上诉法院未查明相关事实,因此本案合议庭难以作出裁决,而将本案发回上诉法院重审。

判例三　破产程序中的抵销权行使

关键词:破产抵销;禁止抵销事由

案件编号:BGH, Urteil vom 29. 06. 2004–IX ZR 147/03

案件检索:ZIP 2004, 1608

相关法条:德国《破产法》第 95 条第 1 款,第 96 条第 1 款第 1 项

（一）判决要旨

1. 依据《破产法》第 95 条第 1 款的规定，不仅附条件或附期限的债权可于条件成就或期限届满时被抵销，而且可依法定条件成就而自动产生的债权亦可被抵销。但如若这一债权的产生以特定意思表示为前提，则不符合上述依法定条件自动产生之要求。

2. 股东的股款返还请求权于入股合同签订之时即已存在，且只要其可依相关规定自动产生，而无须特定主体为意思表示，则其就属于《破产法》第 95 条第 1 款第 1 句意义上的可被抵销债权。

（二）案件事实

M 有限责任公司（以下称为债务人）的破产程序于 1999 年 4 月 27 日正式启动，原告为此破产程序的管理人。债务人为本案被告 G 合作社（以下称为被告）的股东，并持有 15,000 德国马克的股份。并且被告亦是债务人的供货商，于债务人破产程序正式启动时持有到期债权 10 万德国马克。原告于 1999 年 5 月 7 日及 10 日两次致信被告，告知其将于 2000 年 12 月 31 日正式退出合作社，并要求办理退股手续，返还 15,000 德国马克。被告则在扣除此 15,000 德国马克的退股金额后向原告申报了债权。2001 年 5 月 14 日，被告又致信原告，告知其债务人于 2000 年获得分红 541.14 德国马克，并请求原告在债权申报表中扣除此金额后重新确认其债权。其后，原告起诉要求被告支付应返还的 15,000 德国马克股款及 541.14 德国马克的分红，被告则抗辩可行使抵销权。原告的诉讼请求在一审、二审中均未获得支持，遂向本院提起上诉。

（三）裁定理由

Ⅰ.

上诉法院认为，本案被告所为之抵销并不违背《破产法》第 96 条第 1 款第 1 项的规定，并依据《破产法》第 95 条第 1 款的规定被例外允许。联邦最高法院针对旧《破产法》第 54 条第 1 款所作出的判决即已指出：如若被抵销的债权于抵销时已存在，则即便其真正产生还须依托于特定法律前提，其仍可于条件成就时被抵销。本案所涉及的退还股款债权即是上述情况,其以股权为本,并在缔结入股合同时就已得到确保。现行《破产法》第 95 条第 1 款的规定与旧《破产法》第 54 条的规定并无本质上的区别,因此上述判决要旨亦可适用于本案。于此并不重要的是,股款返还请求权是基于破产程序正式启动而自动产生,还是依托于一方当事人的行为。上述规则亦同样适用于分红抵销的问题。

Ⅱ.

1. 本案合议庭认为,被告可依据《破产法》第 95 条第 1 款第 1 句的规定就其享有的货款债权与债务人所享有的股款返还请求权进行抵销。于本案中,《破产法》第 95 条第 1 款的适用并不会与第 96 条第 1 款第 1 项的规定形成冲突。尽管被告于破产程序正式启动后才负有义务向破产财团返还股款,但《破产法》第 95 条第 1 款第 1 句规定的目的即在于简化抵销,且其相较于《破产法》第 96 条第 1 款第 1 项的规定具有优先性。具体而言,在本案中,于破产程序正式启动时,股款返还请求权的产生仍以债务人企业退股为法定前提条件,因此破产财团所享有的涉及股款返还的债权应被视为附期限或附条件的债权。

2. 在旧《破产法》第 54 条第 1 款规定的框架下,破产抵销并不会因被抵销债权被附加了期限或条件而被排除。正如上诉法院所言,联邦最高法院一直对旧《破产法》第 54 条进行宽泛的解释。即便被抵销债权真正产生依托于特定法律前提,其仍可被抵销(BGHZ 71,380,384 f;BGH, Urt. v. 6. November 1989 - II ZR 62/89, ZIP 1990,53,54 f.;v. 24. März 1994-IX ZR 149/93,ZIP 1994,714;v. 9. März 2000-IX ZR 355/98,ZIP 2000,757,758)。这一法律前提亦被等同视为旧《破产法》第 54 条规定意义上的条件,从而使抵销权限得以扩展。股东退股情况下的股款返还请求权即属于旧《破产法》第 54 条所允许的被抵销债权的范围。尽管其涉及的是将来产生的债权,但其法律基础已于入股合同生效之时就被奠定。这一法律基础使股东获得了一种被确保可取得特定请求权的法律地位,其无须额外努力即可将此法律地位转变为实际的请求权(BGH, Urt. v. 11. Juli 1988 aaO; v. 9. März 2000 aaO

S. 758 f.)。

3. 诚如上诉法院所言，上述判决要旨亦可适用于对现行《破产法》第 95 条第 1 款第 1 句的解读。

a) 原告在上诉中指出，旧《破产法》第 54 条的规定并未被完全照搬引入现行《破产法》。实际上，这一修订的原因在于：相比《民法典》第 387 条规定的抵销，旧《破产法》第 54 条的规定赋予了债权人更广的抵销权限，从而在一定情况下会造成对特定债权人的优待而有违破产法债权人公平受偿的基本原则，因此须加以适当调整。《破产法》第 41 条对未到期债权的到期拟制以及第 45 条对非现金债权于破产程序正式启动时的折算于破产抵销的情况下并不能适用。并且《破产法》第 95 条第 1 款第 3 句还规定，如若破产财团之债权于可进行抵销之前即已到期且未附条件，则不可进行抵销。

b) 进一步而言，债权人于破产程序中所享有的抵销权不得因特定法律前提而被复杂化。如若在破产程序正式启动后这一法律障碍得以消除，而相关债权正式产生并可供抵销，则原则上不应排除抵销权的行使。正如立法者所言，如若债权人在破产程序正式启动前即有理由相信（将）可行使抵销权，则破产程序的正式启动不应为抵销的行使增加不可预期的难度（Amtliche Begründung zum Gesetzentwurf der Bundesregierung zu § 107 Abs. 1 InsO, BT - Drucks. 12/2443, S. 141，此立法解释对应的是现行《破产法》第 95 条第 1 款）。具体就本案涉及的法律关系而言，现行《破产法》第 95 条第 1 款对旧《破产法》第 54 条的修订并未有所改变，而是一如既往地保护债权人对可行使抵销权的信赖利益（MünchKomm - InsO/Brandes, § 95 Rn. 4; Kübler/Prütting/Lüke, InsO § 95 Rn. 2; Uhlenbruck, InsO 12. Aufl. § 95 Rn. 1）。

c) 尽管本案抵销基础是源自债务人企业的破产，但这亦不会影响债权人对可为抵销的信赖。企业的解散或消灭会有种种原因，破产即是一种，而这亦将导致其成员或股东资格的丧失。

4. 学界存有这样一种观点，《破产法》第 95 条第 1 款第 3 句规定的禁止抵销的情形亦包括虽附条件，但条件已成就的破产财团所享有的债权(Kübler/Prütting/Lüke,aaO § 95 Rn. 15)。本案合议庭并不赞同此观点。尽管于条件成就之前不可为抵销,但于条件成就时,只要存在抵销基础,则可进行抵销。《破产法》第 95 条第 1 款第 3 句的规定与此并不冲突(MünchKomm-InsO/Brandes,aaO § 95 Rn. 8)。

5. 进一步而言,原告所主张的股款返还请求权实乃基于法律条件的成就而自动产生,而非基于破产管理人的退出意思表示。在本院迄今接触到的案例中,公司章程均规定其股东破产情况下即当然退出公司。由此,在原告股款返还请求权自动产生的情况下,抵销的前提条件亦得以满足。于此情况下,并非是基于企业破产的原因而人为创造了抵销可能。《破产法》第 96 条第 1 款所禁止的应是人为创造抵销可能性(BGH,Urt. v. 6. November 1989 aaO S. 55)。

6. 于本案中,G 合作社章程第 8 条规定,企业的解散亦是成员资格终止的事由,这一成员资格终止自终止事由发生当年年底生效。并且这一规定亦符合《合作社法》第 77a 条的规定。由此,在本案中,伴随着法院正式启动破产程序的裁定生效即产生了成员资格终止事由,而债务人企业也自动于 1999 年年底丧失在 G 合作社中的成员资格,这一成员资格丧失时间要早于破产管理人发出退股意思表示之时。股款返还请求权也随之产生,而作为债权人的 G 合作社亦可基于此行使抵销权。简言之,本案中所涉及的股款返还请求权于破产程序正式启动前即已存在,而只是以相关法律条件为前提。

7. 然而,对于本案涉及的分红则应另当别论。由于债务人企业理论上已于 1999 年年底丧失了 G 合作社的成员资格,因此其本不应获得 2000 年营业年度的分红。由此,本案合议庭认为,分红请求权并非基于法律或章程规定自动产生,而是基于合作社 2001 年度大会的决议而产生,因此基于《破产法》第 96 条第 1 款第 1 项的规定不可被抵销。

综上所述,原告的诉讼请求中只有 2000 年度分红部分获得本案合议庭的支持。

判例四　破产管理人出售担保物情况下的告知义务

关键词:担保物变价;告知义务;破产管理人

案件编号:BGH,Beschluss vom 22.04.2010-IX ZR 208/08

案件检索:NJW 2010,8

相关法条:德国《破产法》第60条第1款,第168条第1款

(一)判决要旨

在破产管理人告知担保债权人其欲出售担保物之后,即便担保债权人表达了购买担保物的意愿,但如若第三人报价更高,则破产管理人通常无须再次履行告知义务。

(二)案件事实

本案原告对债务人企业的一批存货享有担保权,被告为债务人企业的破产管理人。在破产管理人告知原告其欲将该批作为担保物的存货出售给第三人后,原告表达了欲购买该批存货的意愿,但其报价只是略高于第三人报价。其后,破产管理人在第三人提供更高报价的情况下将该批存货出售给第三人,但并未就此出售情况再次告知原告。由此,原告起诉要求破产管理人承担其所主张的可实现出售价格与其实际就担保物获得受偿额之间差额的损害赔偿责任。该诉讼请求并未获得原审支持,原告遂向本院提出上诉。

(三)裁定理由

本案所涉及的关键性问题在于,在破产管理人已依据《破产法》第168条第1款告知了担保债权人其欲出售担保物,而担保债权人依据《破产法》第168条第3款表达其购买意愿的情况下,如若破产管理人基于更高报价向第三人出售担保物,却未就此事再次告知担保债权人,则破产管理人是否须基于《破产法》第60条第1款的规定承担损害赔偿责任?对此问题,司法界及实务界几乎一致认为无须再次履行告知义务(LG Neubrandenburg ZIP 2006,1143;MünchKomm-InsO/Lwowski/Tetzlaff,2. Aufl. §168 Rn. 20 und 39)。

《破产法》第168条第1款第1句规定的告知义务的目的在于,在由破产管理人依据《破产法》第166条行使担保物变价权的情况下,防止担保物被低价出售,确保以尽可能高的价格出售担保物,进而充分实现担保债权人的利益。这一告知义务的履行并不是为了使担保债权人可与第三人进行竞价,甚至是可使担保债权人以较优惠价格获得担保物。并且这样的往返竞价无疑会导致程序的迟延,而《破产法》第168条的规定本来就是想避免程序迟延问题的产生。对于担保债权人而言,在破产管理人告知其欲出售担保物的情况下,其本应提供适当的报价,而非进行试探性的报价。

综上所述,破产管理人通常只要履行一次告知即可。在破产管理人已依据《破产法》第168条第1款第1句规定履行告知义务的情况下,亦不会产生承担所谓差价损害赔偿的问题。由此,本案合议庭驳回上诉,维持原判。

判例五　托收保付情况下取回权的行使

关键词:托收保付;所有权保留;取回权

案件编号:BGH,Urteil vom 08.05.2014-IX ZR 128/12

案件检索:NJW 2014,2358

相关法条:德国《破产法》第47条,第51条第1项

(一)判决要旨

在卖方与破产债务人企业签订所有权保留买卖合同,亦与保理商签订真正的托收保付合同的情况下,如若破产债务人企业未足额支付买卖合同价款,而保理商行使合同解除权,则保理商可主张《破产法》第47条的取回权要求返还相应标的物。

(二)案件事实

原告与作为供货商的M有限责任公司于2002年签订了相应的托收保付合同(Factoringvertrag),约定M有限责任公司将现存及将来销

售合同所产生的应收账款债权转让给原告，转让价款为相关应收账款债权额扣除相应管理费用，相应保付风险由原告承担。并且M有限责任公司保证其所转让的应收账款债权及附属权利可转让，并不存在权利瑕疵或抗辩理由。与此同时，M有限责任公司与其客户签订了汽车销售合同，并约定在支付全部价款前其保留对相应车辆的所有权，且如若车辆买方出现了迟延支付、支付不能或进入破产程序的情况，则相应汽车销售合同即告终止，M有限责任公司或相应保理商有权取回相应车辆。基于上述合同约定，原告亦取得了现存及将来M有限责任公司所出售车辆的相应所有权。2009年2月2日，M有限责任公司的一客户A有限责任公司正式进入了破产程序，本案被告被任命为破产管理人。早在破产启动程序中，原告即于2009年1月7日向时任临时破产管理人的被告发出了解除合同的通知，并要求返还已交付的十辆汽车。并且双方就此达成协议，由原告负责出售此十辆汽车，并向被告转账4%的评估费用、2.5%的变价费用及19%的营业税。在出售此十辆汽车后，原告向被告如约转账了33,078.44欧元。其后，原告起诉要求返还此笔金额，获得上诉法院支持，被告遂向本院提出上诉。

（三）裁定理由

Ⅰ.

上诉法院认为，原告基于相关所有权保留买卖合同及托收保付合同而依据《破产法》第47条对相关车辆享有取回权，因此，被告并无权要求其支付相应的评估和变价费用以及营业税。通过应收账款债权的让与原告即成为了相应价款支付请求权人，并获得了相应的合同解除权。在此情况下，相应的所有权保留实乃实物借贷实现的确保机制，而非贷款债权的担保。

Ⅱ.

本案合议庭认为：

1.在本案中，原告成了上述十辆汽车的所有权人。

a）首先，作为供货商的M有限责任公司原本为该十辆汽车的所有权人，并通过汽车销售合同将此十辆汽车交付给A有限责任公司，但所有权的转移却以A有限责任公司支付全部价款为前提。而原告向M有限责任公司支付的相应金额是购买债权的价款,而非购买汽车的价款,因此这一行为无法导致汽车买卖合同价款债权的消灭。

b)M有限责任公司不仅与原告达成了《民法典》第929条第1句规定的物权转让合意,而且亦依据《民法典》第931条的规定转让了针对第三人的返还请求权。这一返还请求权是基于行使所有权保留情况下合同解除权而产生的(BGH, Urteil vom 27. März 2008-IX ZR 220/05, BGHZ 176, 86 Rn. 16 ff.)。而如若合同未被解除,则A公司仍可基于《民法典》第986条第2款的规定占有上述车辆,但这些车辆将处于所有权保留的状态。

2. 进一步而言,上诉法院将原告所享有的请求权认定为《破产法》第47条规定的取回权,而非《破产法》第51条第1项规定的别除权,这一观点亦是正确的。

a)原则上,在所有权保留买卖合同情况下,如若买方进入破产程序,且未足额支付买卖价款,则卖方可依据《破产法》第47条主张取回权(BGH, Urteil vom 27. März 2008, aaO Rn. 24)。卖方在上述情况下所享有的取回权亦是立法者有意为之(RegE BT-Drucks. 12/2443 S. 125 zu § 58),并在1999年《破产法》生效之前已为实务界及学术界所公认(BGH, Urteil vom 10. Februar 1971-VIII ZR 188/69, NJW 1971, 799; Kilger/K. Schmidt, KO, 17. Aufl., § 43 Rn. 3; Kuhn/Uhlenbruck, KO, 11. Aufl., § 43 Rn. 28)。对于未获足额价款支付的所有权保留买卖合同中的卖方而言,其显然相较于享有担保权的贷方更值得保护。[①] 但这种取回权仅为所有权保留者享有,并严格区别于让与担保(RegE BT-Drucks. 12/2443 S. 125 zu § 58)。

b)依照上述观点及立法本意,如若保留之所有权被用作买方获得价款支付贷款的担保,则将发生性质上的转变,而等同于物权担保,并使得这一资金贷方无法基于《破产法》第47条的规定主张取回权

---

① 德国法将前者称为"实物贷方"(Warenkreditgeber),后者称为"资金贷方"(Geldkreditgeber)。

（BGH Urteil vom 27. März 2008，aaO Rn. 23 ff.）。于此情况下，所有权保留买卖合同中的卖方仍独享在合同解除情况下的相应标的物的返还请求权。而向买方提供价款支付贷款的贷方并未介入买卖合同中，亦无法行使相应的合同解除权（BGH，Urteil vom 27. März 2008，aaO Rn. 29 f.）。相应所有权只是为了担保贷款偿还请求权的实现。在上述资金贷方可行使担保权的情况下，其也只是就相应担保物优先受偿（BGH，Urteil vom 27. März 2008，aaO Rn. 33 ff.）。

c）然而，在本案托收保付的情况下，并不存在上述性质上的转变。真正的托收保付合同现如今已成为十分重要的融资工具（Martinek in Schimansky/Bunte/Lwowski，Bankrechts - Handbuch，4. Aufl.，§102 Rn. 2；Staudinger/Busche，BGB，2012，Einl. zu §§398 Rn. 146；Brink in Hagenmüller/Sommer/Brink，Factoring-Handbuch，3. Aufl.，S. 195）。其并非一种贷款合同，而更确切地说是一债权受让合同（BGH，Urteil vom 19. September 1977-VIII ZR 169/76，BGHZ 69，254，257；vom 15. April 1987-VIII ZR 97/86，BGHZ 100，353，358）。相应买卖合同价款债权并未因托收保付合同中的支付而消灭，而是为保理商，也即本案原告所取得。并且本案中的原告亦由此获得了买卖合同赋予的解除权。基于此，原本为卖方所享有的所有权保留亦于此情况下为保理商所享有，也即为本案原告提供合同解除情况下返还请求权实现的保护。相关标的物的返还请求权亦被附加了合同解除这一延缓生效条件。本案原告即于 2009 年 1 月 7 日以信函的方式行使了合同解除权，并要求返还相应车辆。由于此时保留的相关标的物所有权仍发挥着确保返还请求权实现的功能，因此，本案原告即可基于《破产法》第 47 条的规定主张取回权。

综上所述，上诉法院的判决认定事实清楚，适用法律正确。上诉未获得本案合议庭的支持。由于原告向被告所为给付并无相应法律基础，因此其有权基于《民法典》第 812 条第 1 款第 1 句的规定要求返还不当得利。

判例六　无效债权人会议决议的处理

关键词:债权人会议决议;无效;可撤销

案件编号:BGH,Beschluss vom 21.07.2011-IX ZB 128/10

案件检索:ZIP 2011,1626

相关法条:德国《破产法》第 78 条第 1 款、第 2 款第 3 句

(一)判决要旨

《破产法》第 78 条有关撤销债权人会议决议的规定不适用于无效债权人会议决议。

(二)案件事实

2010 年 2 月 1 日,破产法院正式启动了债务人企业的破产程序,并向程序参与人发出了于报告期日参加债权人会议的邀请,此次债权人会议主要就可能的破产管理人更换、债权人委员会设立以及《破产法》第 66、100、149、157、160、162、233 条规定的事项作出相应决议。2010 年 3 月 10 日,上述债权人会议召开,并依据《破产法》第 160、162 条的规定就出售企业营业实体作出了决议。B1-3 亦参加了此次债权人会议,但由于破产管理人将其持有的债权认定为《破产法》第 39 条第 1 款第 5 项规定的后位债权,且债权人会议亦未对其可享有的表决权形成决议,所以 B1-3 未获得表决资格。2010 年 3 月 23 日,B1-3 申请确认其债权,并主张上述债权人会议决议及就其表决权确认的决议无效。破产法院驳回了 B1-3 确认相关决议无效的请求,并告知 B1-3 应提起债权确认之诉。随后,B1-3 向州法院提出上诉,州法院亦驳回了其上诉申请。B1-3 遂向本院提出上诉,要求确认上述债权人会议决议及就其表决权确认的决议无效。

(三)裁定理由

1.《破产法》并未规定债权人会议无效确认机制及其法律救济途径,而《破产法》第 78 条规定的是撤销已有效成立的债权人会议决议,因此该规定于此亦无法适用。无效的债权人会议决议无须被撤

销，而是当然无效(Jaeger/Gerhardt, InsO, §78 Rn. 3; Kübler in Kübler/Prütting/Bork, InsO, 2006, §78 Rn. 5; MünchKomm - InsO/Ehricke, 2. Aufl., §78 Rn. 10; Nerlich/Römermann/Delhaes, InsO, 2008, §78 Rn. 3; Uhlenbruck, InsO, 13. Aufl., §78 Rn. 8; FK - InsO/Schmitt, 6. Aufl., §78 Rn. 10)。由于本案所涉及的2010年3月10日的债权人会议决议的会议议程并未依法就涉及《破产法》第160、162条的事项进行事前告知，因此有关的决议是无效决议。本案合议庭曾经的裁决已指出，会议议程事前告知应至少以关键词的形式对决议事项进行告知，而在本案中破产法院只以列举法条的方式进行了告知，这显然不满足本案合议庭相关判决的要求。由于这一会议议程告知的形式上的缺陷，所以就《破产法》第160、162条所形成的决议为无效决议(BGH, Beschluss vom 20. März 2008 - IX ZB 104/07, NZI 2008, 430 Rn. 3)。

2.《破产法》第78条无法类推适用于无效的债权人会议决议。

a)学术界及司法界有观点认为，就现行法而言，无效的债权人会议决议与可撤销的有效成立的债权人会议决议之间的界限是模糊不清的，因此破产法院可参照《破产法》第78条的规定来确认债权人会议决议无效(Jaeger/Gerhardt, InsO, §78 Rn. 3; MünchKomm - InsO/Ehricke, 2. Aufl., §78 Rn. 10; Uhlenbruck InsO, 13. Aufl., §78 Rn. 8)。尽管无效的债权人会议决议当然无效，且因此无须被撤销，但无效性的确认可明确相关法律状态，所以不仅应被允许，而且应被提倡(LG Cottbus, Beschluss vom 16. März 2007, 7 T 484/06, juris Rn. 20, 35; AG Duisburg, NZI 2010, 303 f.; Kübler in Kübler/Prütting/Bork, InsO, 2006, §78 Rn. 14; MünchKomm-InsO/Ehricke, 2. Aufl., §78 Rn. 10)。也正是基于此，相关主体不仅可参照适用《破产法》第78条提起无效确认之诉，而且亦可依据《破产法》第78条第2款第2、3句的规定就法院的相关裁决拥有相应的法律救济途径(Uhlenbruck, InsO, 13. Aufl., §78 Rn. 8; Kübler in Kübler/Prütting/Bork, InsO, 2006, §78 Rn. 14)。

另一方面,亦有观点认为,法院无权对无效的债权人会议决议进行确认,其不必也无权基于支持或反驳决议无效的实体论据进行裁判(Kirchhof, ZInsO 2007, 1196, 1197; Blank, EWiR 2008, 373, 374; Pape,ZInsO 2000,469,474)。由此,《破产法》第 78 条的规定无法(参照)适用于无效的债权人会议决议,相关主体亦无法基于《破产法》第 78 条第 2 款的规定获得相应的法律救济途径。并且基于《破产法》第 6 条第 1 款的规定,如本法无明确规定法律救济途径,则法院的裁决即为最终裁决。

b)本院曾在 2008 年 3 月 20 日的一裁决中基于《民事诉讼法》第 574 条第 2 款的规定认为针对无效债权人会议决议的上诉不被法律允许,且《破产法》第 78 条的规定无法直接适用于无效债权人会议决议之情形(IX ZB 104/07,NZI 2008,430)。而在 2010 年 5 月 20 日的裁决中,本院虽确认了相关债权人会议决议的无效,但并未就《破产法》第 78 条参照适用的问题进行阐释,而只是指出依据《破产法》第 6 条第 1 款的规定相关主体不享有法律救济途径(BGH,Beschluss vom 20. Mai 2010-IX ZB 223/07,NZI 2010,648 Rn. 6)。就本案而言,本案合议庭认为并不存在参照适用《破产法》第 78 条规定的可能,而《破产法》第 6 条亦明确了相关主体只有在法律明确规定的情况下才享有法律救济途径。这一规定的目的在于,确保破产程序犹如执行程序那样高效运转(Uhlenbruck/Pape,InsO,13. Aufl. § 6 Rn. 2)。而通过参照适用扩大相关主体享有法律救济途径的范围显然有违此目的。无效的债权人会议决议可为任何人于任何时刻所主张(Jaeger/Gerhardt,InsO, § 78 Rn. 3; Kübler in Kübler/Prütting/Bork, InsO, 2006, § 78 InsO Rn. 14)。因此,拒绝相关主体在破产程序中就债权人会议决议提起无效确认之诉并不会对相关主体权利保护造成不利影响。综上所述,本案相关主体所提出的复议不为法律所允许。

判例七　债权人委员会成员的责任

关键词：债权人委员会；监督；责任

案件编号：BGH, Urteil vom 09. 10. 2014-IX ZR 140/11

案件检索：NJW 2015, 64

相关法条：德国《破产法》第 69、71、92、149 条

（一）判决要旨

1. 就债权人委员会对资金往来及保管的审查义务而言，其可审慎选择值得信赖的人员负责此事，并对其加以监督。

2. 债权人委员会对资金往来及保管的审查应自其任职之时即开始，其审查的频次实乃法官在个案中结合具体事实情况进行司法评估的结果。

3. 债权人委员会对资金往来及保管审查的目的在于实现对破产管理人相关行为的准确评价。

4. 如若债权人会议明确确定了资金的保管账户及经营账户，则债权人委员会与破产管理人必须依此行事，不得有任何违背。

5.《破产法》第 71 条的规定只是为了保护担保债权人及普通债权人的利益，而非对破产财团债权人及取回权人进行保护。

6. 在破产管理人依据《破产法》第 71 条向债权人委员会成员请求损害赔偿并胜诉的情况下，其应在扣除相关必要费用后将胜诉资金分配给相关担保债权人及普通债权人。

（二）案件事实

M 股份有限公司的破产程序于 1999 年 8 月 13 日正式启动。2005 年 6 月 30 日，破产法院解除了原破产管理人（以下称为不称职的 X）的职务，并任命本案原告为该企业的破产管理人。不称职的 X 在破产程序中以非法手段侵占了数百万欧元的资金，并因此被判处 8 年有期徒刑。

在第一次债权人会议召开之前，破产法院任命 B1、B3、B4 为债权

人委员会成员。在 1999 年 8 月 23 日召开的债权人委员会会议上，B3 被指定负责审查企业账户。1999 年 9 月 28 日，该破产案件第一次债权人会议召开，并追加任命 B2 及 B5 为债权人委员会成员。此次债权人会议亦决议继续使用由不称职的 X 开立的资金存放账户及经营账户，不称职的 X 亦被授权可独立支配上述账户。在此破产程序中，债权人委员会第一次依据《破产法》第 69 条的规定进行账户审查的日期为 2000 年 11 月 1 日。基于此，原告亦指责债权人委员会对资金账户的审查并不及时。在进行第一次资金账户审查后的两个星期，不称职的 X 开始将破产财团资金存放账户中的资金划转至其个人在另一银行开设的私人账户。第一笔资金划转发生于 2000 年 11 月 16 日，涉及金额 600 万德国马克，其后亦分别于 2000 年 12 月 13 日划转 550 万德国马克，2001 年 3 月 16 日划转 110 万德国马克，2001 年 4 月 20 日划转 110 万德国马克，2001 年 8 月 29 日划转 160 万德国马克，2001 年 11 月 23 日划转 22 万德国马克，2002 年 10 月 28 日划转 10 万德国马克。上述涉及资金中的少部分，也即 1,790,787.20 德国马克其后又转回了破产财团的资金存放账户，而大部分被不称职的 X 及其家庭成员转入其共同设立的投资公司账户，并由此造成了破产财团的损失。作为负责审查资金账户的债权人委员会成员，B3 分别于 2001 年 3 月 29 日、2002 年 8 月 15 日、2003 年 6 月 5 日、2004 年 6 月 1 日及 2005 年 3 月 31 日对破产财团的资金账户进行了审查，但并未发现上述资金转移行为。实际上，上述资金转移行为是在不称职的 X 于 2005 年 6 月接受检察机关调查时，由其自行交代的。基于上述情况，原告指责债权人委员会成员未及时，亦未定期、审慎地对破产财团资金账户进行审查，并认为如若存在及时、定期、审慎的资金账户审查将不会使破产财团蒙受损失，至少可减少损失，因此主张要求债权人委员会成员赔偿破产财团损失共计 1,437,993.82 欧元。州法院判决债权人委员会成员承担部分损失的赔偿责任，也即 120 万欧元，原被告其后均提起上诉，上诉法院维持原判。原告再次向本院提起上诉。

（三）裁定理由

Ⅰ.

上诉法院认为，本案被告B3并未进行每3个月一次的定期账户审查，而由于其是被债权人委员会指定负责审查资金账户的，因此其义务违反行为亦归责于债权人委员会全体成员。然而，并非所有破产财团遭受的损失均是由于上述义务违反行为所造成的。不称职的X的资金转移行为发生于第一次账户审查之后，即便在进行定期、审慎账户审查的情况下，亦难以完全避免此种非法行为。尽管如此，在不称职的X于2001年4月20日进行的110万德国马克的划转行为中出现了一个陌生账户。这一情况本应引起账户审查负责人的关注，并就此展开调查，从而避免之后的非法资金划转行为。由此，损失起算时点应从2001年夏天开始，且应扣除不称职X重新转回破产财团账户的金额。

Ⅱ.

本庭认为：

1. 在本案中，债权人委员会成员多次以不同方式违反了《破产法》第69条规定的监督义务，且存在过错。

a）债权人委员会是破产程序中法定的独立组织机构。债权人委员会的设立将确保债权人对破产程序的进程进行持续性的掌控，从而实现其利益（BGH, Beschluss vom 1. März 2007 - IX ZB 47/06, ZInsO 2007, 444 Rn. 15）。依据《破产法》第69条第1句的规定，债权人委员会成员应对破产管理人的履职提供支持，并进行监督。进而，《破产法》第69条第2句亦列举了债权人委员会成员的若干具体义务，如查明债务人营业状况，查阅债务人的会计账簿及商业文件，审查资金往来及存放情况。上述义务的实际履行者并非债权人委员会，而是债权人委员会的成员（BGH, Beschluss vom 1. März 2007, aaO Rn. 11; vom 29. November 2007-IX ZB 231/06, ZInsO 2008, 105 Rn. 6）。如若债权人委员会成员违反上述义务，则将依据《破产法》第71条承担损害赔偿责任。而这一责任的实际承担者亦是债权人委员会成员。

b）上述义务中，《破产法》第69条第2句列举的资金往来及存放审查义务在破产程序中尤为重要。对于这些义务该如何适当履行,联邦最高法院一直没有机会加以阐释,借此机会明确以下几个基本原则:

aa)债权人委员会成员对资金往来及存放的审查义务并非必须由其本人亲自进行。债权人委员会既可使其成员亲自负责审查资金往来及存放,亦可授权第三人审查资金往来从而实现义务的履行(MünchKomm-InsO/Schmid-Burgk, 3. Aufl., §69 Rn. 18; Schmidt/Jungmann, InsO, 18. Aufl., §69 Rn. 21 ff.)。债权人委员会完全可以审慎选择值得信赖的人员负责审查资金往来及存放,并对其加以监督(Pape in Pape/Uhländer, InsO, §69 Rn. 10)。于选任第三人进行审查的情况下,债权人委员会亦无须依据《民法典》第278条的规定对第三人的过错负责(HmbKomm-InsO/Frind, 4. Aufl., §71 Rn. 4; FK-InsO/Schmitt, 7. Aufl., §71 Rn. 6; aA MünchKomm-InsO/Schmid-Burgk, aaO §71 Rn. 16; Schmidt/Jungmann, InsO, aaO §71 Rn. 15 f.; Kübler in Kübler/Prütting/Bork, InsO, 2013, §71 Rn. 15 f.; Ganter in Festschrift Fischer, aaO S. 132 ff.)。重点在于债权人委员会将资金往来及存放审查付诸实施,并关注其结果。换言之,其须首先及时审慎地选择进行资金往来及存放审查的主体,并确保其适当定期进行资金往来及存放审查(Pape in Pape/Uhländer, aaO)。在此基础上,债权人委员会应及时获悉相应审查结果,并确保审查符合类似审查的具体要求(BGH, Urteil vom 27. April 1978-VII ZR 31/76, BGHZ 71, 253, 256 f.)。上述主张源自立法过程及立法理由中立法者的相关表述。上述义务的履行方式亦可实现债权人委员会成员责任承担风险的合理化。

(1)在1999年《破产法》生效之前,旧《破产法》第88条第2款第2句规定,债权人委员会应至少每月一次交由其中一名成员对资金账户进行审查。在由其中一名成员负责审查的情况下,债权人委员会的其他成员只须关注审查的付诸实施及其结果(Kilger/Schmidt, KO, 17. Aufl., §88 unter Ziff. 2; Jaeger/Weber, KO, 8. Aufl., §88 Rn. 4; Kuhn/Uhlenbruck, aaO)。被指定负责的这位债权人委员会成员须向全体债权人委员会成员报告审查结果,而债权人委员会其他成员则只须确保审查报告符合类似审查的具体要求（BGH, Urteil vom 27. April 1978, aaO; Kilger/Schmidt, aaO, § 89 unter Ziff. 1; Jaeger/Weber, aaO § 88 Rn. 4; Kuhn/Uhlenbruck, aaO）。债权人委员会其他成员责任的承担则始终以其违反了上述应尽义务为前提（RGZ 150, aaO; BGH, Urteil vom 27. April 1978, aaO）。并且负责具体实施审查的债权人委员会成员于实施此审查方面存有的过错亦不可依据《民法典》第 278 条的规定归责于其他债权人委员会成员。然而，旧《破产法》第 88 条第 2 款第 2 句的规定及相关联邦最高法院的判决直至其最后生效之时仍遭受了非议。尤其有鉴于企业财务领域于现今的发展状况，特别是对大企业破产而言，即便是由多名债权人委员会成员负责资金往来及存放审查，亦很难确保实现适当有效的监督。更确切地说，在个案中甚至有必要由破产财团支付费用聘请外部专业审计人或审计机构（Kuhn/Uhlenbruck, aaO Rn. 2 b）。

（2）现行《破产法》第 69 条第 2 句的规定既源于旧《破产法》第 88 条第 2 款第 2 句的规定，亦针对各界的批评由立法者进行了适当修订。根据当初 1999 年《破产法》政府草案本第 80 条第 3 款的规定，债权人委员会应至少每季度审查一次管理人运营破产财团账户的情况（BT-Drucks. 12/2443 S. 21）。由此，账户审查更加灵活，而非如旧《破产法》那样每月一次；并且这一账户审查亦无须由债权人委员会成员亲自进行，而可委托专业的第三人或机构进行。在此背景下，旧《破产法》于实践中所暴露出来的问题即可得以避免（BT-Drucks. 12/2443 S. 132）。就此而言，债权人委员会成员的义务并非被扩大了，而是在义务履行方式上获得了更多的自由。债权人委员会成员无须亲自审查账户，而是让账户被审查。立法者显然有鉴于企业财务会计方面的发展现状，意识到债权人委员会成员于旧法下在账户审计方面，尤其是在大型企业破产的情况下，被过分苛求了。也正是基于这一原因，立法者允许债权人委员会引入第三方专业人员或机构来协助其履行此义务。政府草案本的上述建议规定亦基本被保留在《破产法》第 69 条第 2 句的规定中，而只是在其后的立法程序中删除了“每季度一次”的表述，以便实现个案中操作的灵活性(BT-Drucks. 12/7302 S. 163)。简言之,在现行《破产法》的规定下,债权人委员会既可委托部分债权人委员会成员进行账户审查,亦可委托第三方进行账户审查。而在委托部分债权人委员会成员进行账户审查的情况下,受委托的债权人委员会成员须依据《破产法》第71条的规定对其账户审查中的错误承担责任,而其他债权人委员会成员则只需对选任及监督中存有的过错负责。

(3)上述对不负责资金往来及存放审查的债权人委员会成员的责任限制亦是公平合理的。对于破产管理人的有效监督有利于债权人利益的实现。法院的监督职责并非持续性或预防性的监督,并且其往往实际上无法对整个程序的合法性进行常态化监督,因此法院监督亦无法完全实现对债权人利益的有效保护(Ganter in Festschrift Fischer, 2008, S. 121; Uhlenbruck, InsO, 13. Aufl., § 58 Rn. 5; Hmb-Komm-InsO/Frind, 4. Aufl., § 71 Rn. 2)。在此背景下,对于破产管理人的监督必须辅之以债权人委员会的监督。然而,与此同时,应将债权人委员会成员监督的责任风险限制在合理范围内,从而避免降低债权人担任此职务的积极性。而如若将负责审查的债权人委员会成员或第三方的过错归责于并非具体负责审查的债权人委员会成员,则显然会导致责任风险的不当扩大。《破产法》第71条规定的责任只是为了促使债权人委员会成员审慎履行其职责,而非使其成为不忠实勤勉破产管理人履职损失的担保人(Ganter in Festschrift Fischer, aaO S. 122)。

bb)在多长时间范围内审查负责人须进行一次资金往来及保管的审查取决于个案的具体情况,并由法官在个案中加以确定(MünchKomm-InsO/Schmid-Burgk, 3. Aufl., § 69 Rn. 18; Pape in Pape/Uhländer, InsO, § 69 Rn. 15; Kübler in Kübler/Prütting/Bork, InsO, 2012, § 69 Rn. 26; Graf-Schlicker/Pöhlmann/Kubusch, 4. Aufl., § 69 Rn. 16; Schmidt/Jungmann, InsO, 18. Aufl., § 69 Rn. 23; Ganter in Festschrift Fischer, aaO S. 125; Gundlach/Frenzel/Jahn, ZInsO 2009, 1095, 1098)。对破产管理人的监督应贯穿于破产程序的始终,因此债权人委员会的监督亦应于其任职之时立即开始(Kübler in Kübler/Prütting/Bork, aaO

§ 69 Rn. 28; Pape/Uhländer, aaO § 69 Rn. 14; Schmidt/Jungmann, aaO § 69 Rn. 23; Lind in Ahrens/Gehrlein/Ringstmeier, InsO, 2. Aufl., § 69 Rn. 6)。在以后的程序进程中，审查的频次可依据账户往来的次数、企业运营的状况等加以确定（Ganter in Festschrift Fischer, aaO; Gundlach/Frenzel/Jahn, ZInsO 2009, 902, 905）。如若出现了异常情况，则审查的时间间隔应适当缩短（Pape in Pape/Uhländer, InsO, § 69 Rn. 16）。尽管如此，对于资金往来及保管的审查完全可不依赖于上述情况的出现而随时进行，从而有效防止破产财团资金被非法侵占（Gundlach/Frenzel/Jahn, ZInsO 2009, 1095, 1098）。

cc）审查义务的履行亦对审查的深度有所要求。也只有当对资金往来及保管的审查可实现对破产管理人行为的有效评估，才能真正实现对破产管理人的监督。由此，实为必要的是对账户的每笔交易和其交易事由，以及相关凭据进行审查（MünchKomm-InsO/Schmid/Burgk, aaO § 69 Rn. 18; Pape in Pape/Uhländer, aaO § 69 Rn. 14 ff.; Ganter in Festschrift Fischer, aaO S. 124 ff.）。尤其当相关凭据是破产管理人自行签发的凭据时，债权人委员会应通过适当措施对该凭据的真实性进行审查（HmbKomm-InsO/Frind, 4. Aufl., § 69 Rn. 4）。负责审查的人员不能仅仅相信破产管理人的一面之词（BGH, Urteil vom 27. April 1978 - VII ZR 31/76, BGHZ 71, 253, 256; Graf-Schlicker/Pöhlmann/Kubusch, aaO § 69 Rn. 12; Kübler in Kübler/Prütting/Bork, aaO § 69 Rn. 18）。如若凭据审查中发现疑问，尤其是针对破产管理人自行签发的凭据，或者资金流向存在疑点，则债权人委员会成员应立即展开后续调查，并进行全面细致的资金往来审查（OLG Celle, ZInsO 2010, 1233, 1237; Kübler in Kübler/Prütting/Bork, aaO § 69 Rn. 28）。必要时亦可请求相关金融机构对账户审查提供协助支持。如若破产管理人同时管理多起破产案件，并将资金存入相关资金池账户，且无法区分资金归属哪一个破产程序，则债权人委员会成员应毫不迟延地予以介入（BGH, Beschluss vom 21. März 2013-IX ZR 109/10, ZInsO 2013, 986 Rn. 3）。当然，审查的广度及深度应依个案具体情况加以确定，亦可能依个案具体情况有所缩减。尽管个案中巨量财务票据使得毫无漏洞的监督似乎强人所难,但鉴于可借助于第三方进行资金往来和保管的审查,因此理应采取较为严格的审查标准(Pape in Pape/Uhländer, aaO § 69 Rn. 15;Ganter in Festschrift Fischer, aaO S. 126)。

dd)如若发现管理人存在违反规定的行为,则所有债权人委员会成员均须立即采取适当措施,而非仅仅负责审查的第三方。准确而言,第三方的职责在于向债权人委员会报告审查结果及必要信息。如若只存在轻微的违反规定行为,且并不足以导致对破产管理人完全丧失信赖,则应向破产管理人指出其存在的问题,并要求采取补救措施。如若补救措施无法在短期内实现,则告知破产管理人其违反规定情况即可(BGH, Beschluss vom 21. März 2013, aaO),但同时应立即向破产法院报告这一情况。

c)在本案中,由B3作为账户审查人所展开的审查活动并不满足上述要求,并且债权人委员会的其他成员亦未履行其应尽的义务。

aa)首先,B3在进行账户审查的时间间隔方面已违反了其应尽的义务。其进行的第一次账户审查已是在其被选任负责此工作的一年之后,这显然并不符合上述“毫不迟延”的要求。并且B3所进行的第一次账户审查亦未覆盖到此审查之前所有时间段的账户交易行为。此次审查前4个月的账户交易行为完全为B3所忽视。而其后的账户审查行为的时间间隔亦是介于4个月至16个月不等。这显然未达到上诉法院根据此案情况确定的3个月审查间隔的要求。与此同时,债权人委员会的其他成员在本案中亦违反了其应尽的义务。其理应确保B3在适当时间间隔内进行账户审查,并应在必要情况下不再让B3负责账户审查,而另行指定人员负责此事。

bb)在B3于2001年3月29日进行的第二次账户审查中,其发现1150万德国马克的资金被划入了一个陌生账户,该账户既非债权人会议批准的资金存放账户,亦非债权人会议批准的运营账户。针对这一违反《破产法》第149条第1款第1句规定的行为,B3及其他债权人委员会成员理应毫不迟延地采取适当应对措施(BGH, Beschluss vom

21. März 2013, aaO)。这一不作为亦再次导致了债权人委员会成员的义务违反,且此不作为亦不能被推断为允许破产管理人将资金存入另一资金存放账户。准确而言,在债权人会议已依据《破产法》第149条第2款对资金使用提出明确要求的情况下,债权人委员会成员即再无权就相关事项依据《破产法》第149条第1款第1句的规定进行授权(MünchKomm-InsO/Füchsl/Weishäupl/Jaffé, 3. Aufl., § 149 Rn. 10; Lind in Ahrens/Gehrlein/Ringstmeier, InsO, 2. Aufl., § 149 Rn. 11 f.)。

cc)进一步而言,B3于2002年8月15日进行的第三次账户审查则明显未尽到审查注意义务。相关财务资料本显示破产财团在某银行存有650万欧元,但该笔资金已不知去向。实际上,早在2001年6月,上述账户中的资金即被用于清偿了与破产程序无关的一笔金额约为1000万德国马克的循环信贷贷款,剩余资金中的160万德国马克又被不称职的X于2001年8月转入一个瑞士银行账户。B3理应通过审慎细致的账户审查发现上述情况。账户审查并非简单查阅相应的财务记录。债权人委员会的其他成员亦应审视B3的账户审查行为是否符合应有的标准。如若债权人委员会的其他成员履行了上述应尽义务,其应发现B3存在义务违反的情况。

2. 根据原告提供的证据,债权人委员会及时适当的账户审查本可阻止不称职的X非法侵占破产财产的行为。

a)上诉法院正确指出,在本案中基于表见证明(Anscheinsbeweis)使得义务违反与损害产生之间的因果关系证明责任得以减轻,也即基于生活常识可以推断,在存在审慎监督的情况下,破产管理人不会冒险尝试通过犯罪行为来非法获取利益(BGH, Urteil vom 11. Dezember 1967-VII ZR 139/65, BGHZ 49, 121, 123 f.; vom 11. November 1993-IX ZR 35/93, BGHZ 124, 86, 94, 98; Beschluss vom 21. März 2013-IX ZR 109/10, ZInsO 2013, 986 Rn. 2 f.; Pape in Pape/Uhländer, InsO, § 71 Rn. 13; Ganter in Festschrift Fischer, 2008, S. 121, 130 f.)。在本案中,由于债权人委员会成员的监督存在失当之处,所以未能及时阻止本可避免的不称职的X非法侵占破产财产的行为。

b)然而,表见证明并非毫无限制地得以适用,尤其并非任一违反《破产法》第 69 条监督义务的行为均会导致表见证明的介入。确切而言,应从破产管理人角度出发,将相关义务违反视为其非法侵占行为未被及时发现的必要条件。但如若即便存在充分监督,破产管理人的非法侵占行为亦无法被发现,则无法适用表见证明。换言之,是否适当履行监督义务并不会对破产管理人进行非法侵占行为产生任何影响,而债权人委员会适当审慎的监督亦无法阻止破产管理人的非法侵占行为。此外,如若破产管理人只是短期未受到适当监督,而其侵占行为是在债权人委员会进行适当监督后才发生的,则亦无法适用表见证明(Ganter in Festschrift Fischer,aaO)。

c)在本案中,上述的债权人委员会成员的义务违反行为使得破产管理人意识到其非法侵占破产财产的行为不会被很快发现。并且债权人委员会所进行的账户审查均未以及时审慎的方式进行,从而为破产管理人非法侵占破产财产提供了行动空间。在于 1999 年 9 月 28 日召开的债权人会议中,债权人会议决议补选了债权人委员会成员。而至迟在此次债权人会议后的两个星期,债权人委员会即应对资金往来及保管进行审查,但本案债权人委员会并未如此行事。至此,不称职的 X 已可产生预期:由于适当审慎监督的缺乏,其非法转账行为将不会被发现。其后,不称职的 X 分别于 2000 年 11 月 16 日非法转账超过 600 万德国马克,于 2000 年 12 月 13 日非法转账 550 万德国马克,于 2001 年 3 月 16 日非法转账 110 万德国马克。在上述时间段内,本应在审慎适当监督情况下进行 5 次账户审查,而在本案中实际上只于 2000 年 11 月 1 日进行了一次账户审查,且此次账户审查并未对之前时间段的账户交易进行审查。就此亦很难推断,2000 年 11 月 1 日之后的账户审查会符合相应的要求。并且实际上 2001 年 3 月 29 日所进行的账户审查亦加强了不称职的 X 对其非法侵占行为不会被及时发现的推断。也正是基于此,不称职的 X 其后于 2001 年 4 月 20 日非法转账的 110 万德国马克,于 2001 年 8 月 29 日非法转账的 160 万德国马克,于 2001 年 11 月 23 日非法转账的 22 万德国马克以及于 2002 年 10 月 28 日非法转账的 10 万欧元才未被及时阻止,而上述的资金流失本可通过债权人委员会的审慎适当监督被及时发现。亦值得注意的是,在 2001 年 3 月 29 日进行账户审查至 2002 年 10 月 28 日最后一次非法转账这一时间段内,债权人委员会只进行了一次上述并不符合相应标准的账户审查,也即 2002 年 8 月 15 日的账户审查。由此,很难说债权人委员会在此期间对破产管理人进行了有效的监督。

d)本案被告亦主张,即便存在适当审慎的监督,本案中不称职的 X 仍然会进行上述非法转账行为。然而,本案被告并未提供足够的事实证据支撑这一观点,上诉法院所认定的事实亦不能支持这一主张,本案合议庭亦对上诉法院的观点表示认可。就此可以确定是,如若本案中存在适当审慎的账户审查将可避免本案涉及的所有非法转账行为的发生。

3. 尽管如此,就目前上诉法院认定的事实而言,尚无法确定本案原告依据《破产法》第 71 条所主张的损害赔偿请求权的其他构成要件是否得到满足。《破产法》第 71 条明确规定,债权人委员会成员只对担保债权人及普通债权人承担损害赔偿责任。而债务人及破产财团债权人的利益则依立法者之意通过破产管理人的职责履行及破产法院的监督加以维护(BT-Drucks. 12/2443 S. 132)。破产财团债权人并不可依据《破产法》第 71 条的规定主张损害赔偿责任。因此,存有疑问的是,本案新选任的破产管理人是否以及在哪些条件下可依据《破产法》第 92 条的规定为破产财团债权人主张损害赔偿责任(BGH, Urteil vom 6. Mai 2004 - IX ZR 48/03, BGHZ 159, 104, 111 f; Beschluss vom 9. August 2006-IX ZB 200/05, ZInsO 2006, 936 Rn. 7 f.)。亦存有疑问的是,本案中担保债权人利益是否遭受了损失。除上述请求权外,本案普通债权人显然遭受了破产财产减少而致受偿减少的损失,应得到赔偿。上述通过赔偿而获得的可供分配的资金可形成专门性的破产财产,并用于清偿(HK - InsO/Kayser, 7. Aufl., § 92 Rn. 27; Piekenbrock in Ahrens/Gehrlein/Ringstmeier, InsO, 2. Aufl., § 92 Rn. 21; Schmidt, aaO Rn. 14; Jaeger/Müller, InsO, § 92 Rn. 5; Bork in Kölner Schrift zur

InsO, 3. Aufl., S. 1027; Brinkmann, Die Bedeutung der §§92, 93 InsO für den Umfang der Insolvenz-und Sanierungsmasse, 2001, S. 62 f.)。但应事先从此专门性破产财产中扣除相关求偿费用及分配费用(Bork, aaO S. 1025; Oepen, Massefremde Masse, 1999, Rn. 187; Engels in Pape/Uhländer, InsO, §92 Rn. 16; Lüke in Kübler/Prütting/Bork, InsO, 2012, §92 Rn. 24)。然而,在本案中,上诉法院显然未针对不同请求权主体明确具体的损害赔偿额,亦未查明相关事实及涉及的费用。

据此,上诉获得本案合议庭的支持,本案合议庭依据《民事诉讼法》第562条第1款撤销上诉法院判决,并依据《民事诉讼法》第563条第1款第1句将本案发回重审。

评析

一、合同履行选择权的行使

合同履行选择权的正确行使不仅可以实现破产财产价值最大化,而且亦可减少不必要的费用。一方面,破产管理人可通过合同履行选择权的行使终止不利的商业合同;另一方面,合同履行选择权的行使亦可确保对企业继续经营至关重要的商业合同能继续履行。我国《企业破产法》第18条及德国《破产法》第103条都对此作出了规定。并且多数国家将选择继续履行合同而产生的合同之债设定为破产财团债务,例如,我国《企业破产法》第42条第1项以及德国《破产法》第55条第1款第2项。

本章选取的德国联邦最高法院2015年11月19日判决涉及的是拒绝继续履行合同情况下引发的相关问题。在所涉案件中,由于分包商的履行存在瑕疵,破产管理人本可根据债务人企业与分包商合同中相关条款的规定要求进行瑕疵修复,但其却拒绝了合同继续履行。此案的另一关键事实点在于,根据债务人企业与分包商的合同,只有在指定瑕疵修复期限经过后,或无须指定瑕疵修复期限的情况下,债务人企业才可主张相关的瑕疵修复费用赔偿。并且德国联邦最高法院亦指出，如果债务人企业的破产管理人要求分包商继续履行合同，则分包商所享有的合同价款债权将成为破产财团债权。由此，撇开本案的实际情况，且考虑到债务人企业须承担的损失，要求继续履行或拒绝实乃复杂的商业及法律判断。另一方面，由于分包商亦正式进入了破产程序，所以又涉及了分包商破产管理人合同履行选择权行使的问题。就上述而言，合同履行选择权在个案中的行使显然要比理论设想复杂。

本案隐藏的另一个值得探讨的法律问题是，破产管理人拒绝履行合同情况下的合同法律状态。德国《破产法》第 103 条第 2 款第 1 句只规定："如若破产管理人拒绝履行合同，则合同相对方可就未履行而产生的债权（eine Forderung wegen der Nichterfüllung）申报破产债权。"德国学界的主流观点认为，破产管理人拒绝履行合同并不会改变合同的存续及法律现状，而只是通过《破产法》第 103 条第 2 款第 1 句的规定获得了未履行而产生的债权，并可据此在破产程序中申报债权。② 德国联邦最高法院在 2015 年 11 月 19 日判决的最后亦探讨了由于拒绝履行产生损害（Nichterfüllungsschaden）的问题，并指出分包商并未主张此损害赔偿请求权，而是主张履行义务情况下所获得的请求权。与德国法相对，我国《破产法》第 18 条则明确将破产管理人的拒绝履行视为"合同解除"。而在将拒绝履行视为合同解除的情况下，合同解除将导致对于未履行债务的免责效力和新产生的双方的返还性债务关系，也即原物的返还和在原物返还不能情况下的价值补偿义务。③ 从此角度而言，在拒绝履行并视为合同解除的情况下，双方一方面将免除未履行的债务，另一方面则将进入返还性债务关系中。而就德国联邦最高法院 2015 年 11 月 19 日判决所涉案件而言，债务人企业根本没有支付合同约定的价款，所以分包商无须返还；但由于分包商履行了相应工程施工（尽管其后发现存在瑕疵），而此施工实际上返还不能，所以

---

② Kreft in：Münchener Kommentar zur Insolvenzordnung，3. Aufl.，§ 103，Rn. 20 ff.

③ Palandt（Gesetz zur Mondernisierung des Schuldrechts），2002，Ergänzungsband，§ 346，Rn. 4.

债务人企业作为返还义务人应对返还不能进行价值补偿,但这并非前述德国法下拒绝履行的损害赔偿。合同不履行或履行不当引发的损害赔偿必须以合同有效存在为前提,而合同解除使原有的合同关系已归于消灭。但如若将破产管理人拒绝履行合同视为合同解除,由此产生的问题是破产管理人是否可在作为价值补偿的债权申报中基于分包商履行的瑕疵扣除一定金额。简言之,对于破产管理人拒绝履行的性质认定以及其后的责任设定,特别是对合同相对人相关请求权在破产程序中的性质认定,如返还原物下的取回权,抑或是价值补偿或损害赔偿情况下普通债权,乃至破产财团债权,都是尤待探讨明确的问题。当然这有赖于各国立法者结合本国的实际进行利益权衡。可作为参照,且较为明确的立法是日本《破产法》第 54 条第 2 款的规定:“破产管理人选择解除合同的,若在破产财团之中现存破产债务人取得的对待给付的,合同的对方当事人可以请求将其返还,该请求权为取回权;在原物不存在时,就其价额可以行使作为共益债权人的权利。”

仍值得注意的问题是,我国《企业破产法》第 18 条第 2 款规定:“……对方当事人有权要求管理人提供担保。管理人不提供担保的,视为解除合同。”由此存有疑问的是,如若债务人企业无可提供担保的财产,则这一规定显然将成为企业继续运营的“绊脚石”。尽管共益债务的优先受偿性无法百分之百确保因选择继续履行合同而产生的合同之债能得到足额清偿,但我国《企业破产法》第 18 条第 2 款的规定似乎又过分倾向于保护合同相对方利益。而德国《破产法》则是通过第 61 条规定的破产管理人对破产财团债务清偿的损害赔偿责任来解决这一问题。某种角度而言,合同履行选择权的行使实乃一商业判断,而更有赖于破产管理人的理性审慎选择。在合同履行选择权有赖于破产管理人理性审慎商业判断的背景下,立法及司法似乎不应过度介入商业判断,而是通过上述事后责任威慑来促成理性的商业判断。对于破产管理人责任承担的问题,本书下一章将专题介绍。简言之,相对于我国《企业破产法》第 18 条第 2 款的规定,德国《破产法》的规定应更能促成合同履行选择权的审慎行使,并确保相关债权人利益的实现。

二、破产撤销权的行使

为实现债权人的(最大化)公平受偿,破产法赋予了破产管理人一项极为重要的法律工具,即破产撤销权。德国联邦最高法院2018年6月14日的判决即涉及破产撤销权行使问题。德国学者指出,破产撤销权赋予的目的不仅在于避免有损债权人利益的债务人行为,亦在于确保债权人受到公平对待。[④] 我国学者亦认为,撤销权构成之法理关键,是债务人的行为造成对债权人利益的损害。所谓对债权人利益的损害可从两个方面评价:其一为财产标准,即该违法行为使债务人作为履行债务担保的一般责任财产减少,或者使债权人在此后开始的破产程序中可以得到的清偿减少。其二为债权人地位标准,即该违法行为使个别债权人得到偏袒性清偿,使其获得比行为发生前更为有利的受偿地位,破坏对全体债权人的公平清偿。[⑤] 某种角度而言,破产撤销权的行使亦可实现破产财产的增值,实现债权人利益最大化,如撤销债务人的无偿或以明显不合理价格转让财产的行为,抑或放弃债权的行为。

德国《破产法》有关破产撤销的问题规定在第129~147条中,共计19条。该法第129条第1款规定,破产管理人可依据本法第130~146条的规定撤销债务人于破产程序正式启动前所为的有损债权人利益的行为。笔者认为,德国《破产法》有关破产撤销的规定主要基于债务人行为的恶性程度进行了区分,并规定了不同的可撤销期间。比如,德国《破产法》第133条规定的是故意损害债权人利益的行为,其可撤销期间原则上是10年,但对于提供清偿及担保行为的可撤销期间为4年;第134条则针对的是无偿行为,其可撤销期间是4年;而第130~131条则针对的是破产申请前3个月所为的清偿或担保行为,第132条则是对第130~131条兜底性的直接损害债权人利益行为的规定。在第130~132条中,除了第131条第1款第3项要求债权人须对损害债权人整体利益知情,其他条文基本对损害债权人整体利益的主观恶意未作出要求,而基本只要求债务人存在支付不能(第130条及第132条还

---

④ Foerste, Insolvenzrecht, 7. Auflage, S. 153 f., Rdnr. 288 f.

⑤ 参见王欣新:《破产撤销权研究》,载《中国法学》2007年第5期,第149页。

要求债权人对此知情)。甚至就第131条规定的非一致性清偿或提供担保行为(Inkongruente Deckung)而言,只要其发生在破产申请前一个月内,就可被撤销(德国《破产法》第131条第1款第1项)。由此,于德国法律实践中,破产管理人亦会基于案件具体情况,特别是考虑到举证难易,来选择破产撤销所依据的法条。

与德国《破产法》对破产撤销烦琐复杂的规定不同,我国《企业破产法》第31、32条共计两条规定则相对比较简单明了。也即对债务人无偿转让财产、提前清偿、提供担保、以明显不合理价格交易以及放弃债权的适用一年的可撤销期间;而破产申请受理前六个月的清偿行为,只要债务人企业于当时已存在破产原因,且个别清偿未使债务人财产受益,即可被撤销。我国学者亦意识到,破产程序开始前可撤销期间的立法模式解决了实践中举证责任等难题,有利于维护债权人利益,也有利于维护交易安全、保障市场经济秩序的稳定。⑥ 显然,中德两国对于破产撤销的规定差异性还是较为明显的,这不仅体现在规定的条目上,亦体现在撤销事由对应撤销期间的规定上,乃至对某些问题的认识区别或是差距上。

尤其是针对《企业破产法》第32条规定的破产申请受理前六个月内的可撤销清偿行为,我国学者即指出:"其乃一柄双刃剑。它虽然具有制约恶意优先清偿之作用,但同时也会使债务人在此期间内所有的自愿或非自愿的清偿行为面临可能全部被撤销的风险,损害善意第三人的权益,会严重影响交易的安全和经济秩序的稳定。因此,应将此类可撤销行为限定在恶意所为的范围内,也即不仅要求债务人已知其不能清偿到期债务仍对个别债权人予以清偿,而且应要求接受清偿的债权人也明知债务人不能清偿的事实。"⑦就此而言,德国《破产法》烦琐的规定,特别是针对不同主客观情况而做出的撤销期间层次性的规定则具有一定的合理性。此外,我国学者亦指出,《企业破产法》将无偿行为的种类仅限定为"转让"行为是不妥的。实践中的无偿行为形式

---

⑥ 参见王欣新:《破产撤销权研究》,载《中国法学》2007年第5期,第149页。

⑦ 王欣新:《破产撤销权研究》,载《中国法学》2007年第5期,第159~160页。

多种多样，而不限定于无偿“转让财产”行为这一种形式。[⑧] 就此而言，德国《破产法》第134条的规定模式更为妥当。

实际上，德国立法者亦试图不断优化《破产法》撤销规定，并通过2017年3月29日的《优化撤销法律安全性法》（Gesetzes zur Verbesserung der Rechtssicherheit bei Anfechtungen nach der Insolvenzordnung und nach dem Anfechtungsgesetz）对该国《破产法》第133条进行了修订。于德国破产撤销法律实践中，此条既为核心条款之一，亦是争议较多的条款。遗憾的是，笔者未找到此法生效后有关新增的德国《破产法》第133条第2、3款规定（此两款规定了债务人向相对方提供清偿或担保行为适用4年的撤销期间）的德国联邦最高法院的判决。尽管如此，德国联邦最高法院2018年6月14日的判决则涉及了此条中关键性的规定，即德国《破产法》第133条第1款第2句对破产撤销相对人的“知情推定”。德国联邦最高法院在此判决中主要针对此规定进行了分析，更进一步指出：“在债权人知悉债务人存在（行将）支付不能，并被推定知悉‘债务人故意’的情况下，其应举证证明存在‘具体确凿的、已开始付诸实施的、且具有一定成功前景的重整方案’，从而推翻‘知情认定’。另一方面，如若债务人想反驳对其存有‘故意’的认定，则其亦应举证证明确凿可信重整方案的存在，而单纯的重整意愿并不能推翻对其的故意认定。”就此而言，破产撤销权的行使可能更有赖于个案中的事实认定，乃至在诉讼程序中的举证责任的合理分配。此外，德国联邦最高法院2018年6月14日的判决亦引出了一个问题：如若庭外重整最终成功，即便当初债务人存有偏颇清偿的故意，且亦实施了此行为，则显然不会存在破产撤销的问题。但这是否会激发债务人及相关债权人的“冒险精神”？

于此仍值得一提的是，就破产撤销权行使中的举证责任分配问题，德国联邦最高法院在最新的2018年9月27日的一项裁决中重申：“破产管理人原则上应对存在撤销事由承担举证责任。如若债务人已

---

⑧　参见王欣新：《破产撤销权研究》，载《中国法学》2007年第5期，第156页。

明知其陷入支付不能，且其财产无法清偿所有债务，而仍向个别债权人进行清偿，则存在损害债权人整体利益，或者说偏颇清偿的故意。但在履行合同义务的情况下，如若债务人通过其义务履行亦获得为企业继续经营不可或缺的对待履行，从而亦是为了债权人的整体利益，则将不会被认定为存在偏颇清偿的故意。然而，如若债务人明知其通过己方履行所获得的对待履行标的物并无法为企业带来利润，甚至是进一步造成损失，且长期来看亦无法通过上述合同履行来弥补此损失，从而间接导致债权人受偿减损，则于此时亦存在偏颇清偿的故意。由此，在破产管理人完成举证证明撤销事由的情况下，撤销权的相对人须举证证明，其所为的履行与债务人的履行在时间上紧密关联，且为债务人企业运营不可或缺，亦是等值的。在查明存在此事实的情况下，即可认定不存在偏颇清偿。而转由破产管理人举证证明，债务人履行所获得的对待履行并无法为企业带来利润，甚至进一步造成了损失。”⑨这一判决应对我国《企业破产法》第 32 条在法律实践中的具体运用具有一定指导意义。

三、破产程序中抵销权的行使

对于破产程序中的抵销，德国《破产法》第 94 条规定：“如若破产债权人于破产程序正式启动之时有权依照法律规定或合同约定进行抵销，则其抵销权将不受破产程序正式启动的影响。”与之类似，我国《企业破产法》第 40 条第 1 句规定：“债权人在破产申请受理前对债务人负有债务的，可以向管理人主张抵销。”诚然破产程序中的抵销将面临上述偏颇清偿的质疑，但抵销与上述破产撤销所涉及行为最本质的区别在于抵销本身即具有的担保功能，且为了贯彻破产法上禁止偏颇清偿的法理，我国《企业破产法》第 40 条第 1～3 项又规定“破产开始后获取的债权、已知债务人陷入困境且于破产开始前一年内对债务人所负担的债务或所取得的债权，不得用于抵销”。⑩ 其中我国《企业破产法》第

⑨ BGH v. 27. 09. 2018, WM 2018, 2097.

⑩ 参见许德风：《破产视角下的抵销》，载《法学研究》2015 年第 2 期，第 138～139 页。

40 条第 2 句第 1 项的规定与德国《破产法》第 96 条第 1 款第 2 项的规定基本相同。

德国《破产法》有关破产抵销规定的最特殊之处在于第 95 条的规定。一方面,该条第 1 款第 1 句明确了即便相关债权是附条件或附期限的,但在条件成就或期限届满时亦可进行抵销;另一方面,该条第 1 款第 3 句还规定,如若破产财团之债权于可进行抵销之前即已到期且未附条件,则不可进行抵销。德国联邦最高法院 2004 年 6 月 29 日的判决实际上即是有关德国《破产法》第 95 条的规定。德国联邦最高法院一直对可被抵销债权进行宽泛的解释,其目的在于简化抵销,但亦避免过于宽泛的抵销权限可能造成的偏颇清偿。其 2004 年 6 月 29 日的判决重申了德国《破产法》第 95 条第 1 款第 1 句简化抵销的立法目的,并且该条相较于《破产法》第 96 条第 1 款第 1 项的规定具有优先性。而这亦是德国学界的主流观点。[11] 准确而言,德国《破产法》第 96 条第 1 款所禁止的应是人为创造抵销可能性。

在德国联邦最高法院 2004 年 6 月 29 日的判决所涉及的案例中,其争议焦点在于作为债权人的被告对破产企业所负的债务,也即股款返还义务是在破产程序正式启动后才真正产生的,因此似乎有违德国《破产法》第 96 条第 1 款第 1 项的规定,也即我国《企业破产法》第 40 条第 2 句第 2 项。撇开上述德国学界公认的第 95 条第 1 款第 1 句相较于第 96 条第 1 款第 1 项的优先适用性不谈,此案德国联邦最高法院认为债权人可行使抵销权的关键理由在于:破产企业的股款返还请求权于破产程序正式启动前即已存在,只是附有条件,且这一条件的成就是基于法律或章程规定而自动产生的,由此即存在了德国《破产法》第 95 条第 1 款第 1 句规定意义上的抵销基础;进一步而言,这一抵销并非人为创造抵销可能,而这亦与德国《破产法》第 96 条第 1 款第 1 项,或者说我国《企业破产法》第 40 条第 2 句第 2 项规定的禁止抵销相区别。简言之,破产抵销允许与限制性规定背后潜藏的是对诚实善良

---

⑪ Brandes/Lohnmann in: Münchener Kommentar zur Insolvenzordnung, 3. Aufl., § 95, Rn. 2 ff.

债权人对可行使抵销权的信赖利益的保护，乃至对应有的交易安全及效率性的确保。

四、担保物变价权的赋予与行使

德国联邦最高法院2010年4月裁决涉及的是担保物变价权行使的问题。然而，于我国而言，首先对于担保物是否属于破产财产的问题存在着观点的理性转变。2002年的最高人民法院《关于审理企业破产案件若干问题的规定》第71条第2项原本规定："抵押物、留置物、出质物不属于破产财产，但权利人放弃优先受偿权的或者优先偿付被担保债权剩余的部分除外。"而2006年《企业破产法》第30条则明确规定："破产申请受理时属于债务人的全部财产，以及破产申请受理后至破产程序终结前债务人取得的财产，为债务人财产。"并且按照《中华人民共和国企业破产法释义》的观点，由于在破产申请受理时，有财产担保的债权人的债权以及担保物能够变现的价值有可能并不确定，担保物超过担保的债权数额的财产部分也难以确定，因此债务人财产，也即破产财产包括已作为担保物的财产，并且这样规定有利于债务人财产的妥善保管以及破产程序的顺利进行。[12]

随着担保物纳入破产财产范围，担保物变价权的行使亦应明确。德国《破产法》第165条即规定，对于被设定担保的不动产，破产管理人可通过请求管辖法院强制拍卖或强制管理的方式予以变现。而依据德国《破产法》第166条第1款的规定，对于被设定担保的动产，只要为破产管理人所占用，则其可自行变现。然而，我国《企业破产法》第109条只规定，对破产人的特定财产享有担保权的权利人，对该特定财产享有优先受偿的权利。但对于设定担保的破产财产由谁负责变价这一问题，我国《企业破产法》并未明确。尽管我国《企业破产法》第37条对质物、留置物的取回作出了规定，最高人民法院《关于审理企业破产案件确定管理人报酬的规定》第13条亦明确了管理人变现担保财产情况下的报酬支付，但上述规定只是破产管理人取回担保物或进行变价的

---

⑫ 参见安建主编：《中华人民共和国企业破产法释义》，法律出版社2006年版，第49页。

可行法律依据,而这显然与统一变价权的赋予相去甚远。尽管可从上述《中华人民共和国企业破产法释义》中的观点及相关规定推导出破产管理人可以管理和处分作为破产财产的担保物,但笔者认为仍有必要进行进一步明确规定赋予破产管理人统一变价权。尤其是在出售式重整的情况下,破产管理人对包括担保物在内的所有破产财产的统一变价权将可避免因担保物权的行使导致企业资产拆散,乃至出售式重整失败。

在明确赋予破产管理人变价权的同时,亦应为担保债权人提供有效的利益保障。德国《破产法》第 167 条即规定:“在破产管理人对担保物享有变价权的情况下,经相关担保债权人申请,其须向担保债权人告知担保物的现状。”于此基础上,德国《破产法》第 168 条第 1 款规定:“在破产管理人依据本法第 166 条行使担保物变价权而向第三人出售担保物的情况下,其须告知担保债权人出售的方式及价格。破产管理人亦应给予担保债权人机会,由其在一周内提供更佳出售方式。”而依据德国《破产法》第 168 条第 3 款的规定,这一更佳出售方式亦可以担保债权人自行购买的方式实现。德国联邦最高法院 2010 年 4 月的裁决实际就是围绕这一问题展开的分析论证,并由此明确了实务中存有疑义的问题。简言之,破产管理人在担保物变价情况下的告知义务是为了担保物变现价格最大化,从而保护担保债权人的利益,但应避免往返竞价导致的程序迟延,且担保债权人在欲购买的情况下亦应合理报价,而非进行试探性的报价,因此,破产管理人在通常情况下履行一次告知义务即可。于此仍值得一提的是,德国《破产法》第 168 条第 2 款还规定,如若担保债权人在一周内或在出售前及时告知了破产管理人更佳出售方式,则破产管理人应采用此出售方式,或向担保债权人提供采取此出售方式情况下应可获得的受偿。换言之,如若破产管理人未适当履行告知义务,则其将向担保债权人就差价承担损害赔偿责任。

五、破产程序中取回权的行使

我国《企业破产法》第 38 条以及德国《破产法》第 47 条均明确规

定了取回权的行使。德国联邦最高法院2014年5月8日的判决实际上即涉及在新型融资业务产生情况下取回权行使的问题,并且实乃司法能动应对经济发展中新生事物的典型判决。简言之,如若甲与乙签订了所有权保留买卖合同,且又基于这一所有权保留买卖合同与保理商丙签订了托收保付合同,而其后乙未(完全)支付买卖合同价款并进入了破产程序,则丙即可在乙的破产程序中行使取回权。德国联邦最高法院作出这一裁决的关键理由如下:(1)保理商支付的相应金额是购买债权的价款,从而可在一定情况下取得对所有权保留买卖合同中买方的债权,也即托收保付合同某种意义上是一种债权让与合同;(2)保理商在获得债权的同时亦获得了买卖合同赋予的解除权,进而可在合同解除情况下基于所有权保留买卖合同要求返还标的物。也正是基于这两点关键理由使其区别于德国联邦最高法院于2008年3月27日作出的一项裁决(NJW 2008,1803)。在此案中,虽然F公司作为卖方与作为买方的M公司同样签订了所有权保留买卖合同,但所有权保留涉及的标的物却是作为M公司获得同属F集团的某银行贷款的担保,由此该银行在M公司破产程序中并无法行使取回权。比较两个案例可以发现,虽然2014年判决中的保理商及2008年判决中的银行均是所有权保留买卖合同中价款融资的提供方,但本质区别在于前者取得了"实物贷方"的身份,而后者仍是"资金贷方"。

上述判决显然对我国法律实践中取回权的行使具有借鉴意义。此外,我国《企业破产法》亦对买卖合同情况下取回权的行使作出了特殊规定。该法第39条规定:"人民法院受理破产申请时,出卖人已将买卖标的物向作为买受人的债务人发运,债务人尚未收到且未付清全部价款的,出卖人可以取回在运途中的标的物。但是,管理人可以支付全部价款,请求出卖人交付标的物。"这显然是从有利于破产财团的角度对取回权的行使进行了适当限制。此外,我国《企业破产法》第76条还规定:"债务人合法占有的他人财产,该财产的权利人在重整期间要求取回的,应当符合事先约定的条件。"于破产重整中取回权行使限制方面,德国对于取回权的限制性规定应更能确保企业资产的完整性,进而确保企业继续经营，促进重整。德国《破产法》第 21 条第 2 款第 5 项规定：“只要取回权涉及的标的物对于企业继续经营是不可或缺的，则破产法院可颁布决定暂停取回权的行使；由于使用而对取回权涉及标的物造成的价值贬损，应对相关权利人的损失进行补偿。”然而，针对此条文，德国联邦最高法院法官 Pape 曾撰文指出，这一规定实际上是通过牺牲取回权人的利益来确保债务人企业的继续经营。⑬ 德国联邦最高法院另一位法官 Ganter 更明确指出，对取回权涉及标的物的无偿使用实际上是有违宪法相关规定的。⑭

于此仍值得一提的是，在德国，出资人为了避免投资风险，可能会首先购买公司经营所需的财产，再将使用权让渡给公司，如以出租的方式。通过这一方式，股东就保留了对此财产的所有权，那么即使公司破产，该财产也不会被列入破产财产分配给债权人。由此，德国《破产法》第 135 条第 3 款规定：“如果债务人企业出资人将其财产交由债务人企业使用，只要这一财产对于债务人企业的继续经营至关重要，则该出资人在破产程序启动后的一年内不可主张其财产取回权。基于使用出资人财产的事实，必须给予出资人一定的经济补偿；这一经济补偿数额的计算以破产程序启动前一年度所付使用费的平均值为依据，如果对这一财产的使用少于上述期限则以实际使用期限中的使用费平均值为计算依据。”实际上，早在 20 世纪 90 年代，基于德国旧《有限责任公司法》第 32a 条第 3 款第 1 句有关股东替代自有资本贷款后位受偿的规定，德国联邦最高法院就判决，无论股东替代自有资本的财产使用权转移行为是否有偿，这一行为在经济效果上等同于股东的替代自有资本贷款，因此股东对这些财产不得任意要求取回。⑮ 在 2008 年《现代化法》修改时，德国立法者将这一判例法明确规定到了《破产法》中。与此前的判例法相比，德国《破产法》第 135 条第 3 款的规定不仅明确

---

⑬ Pape，NZI 2007，425，429 f.

⑭ Ganter，NZI 2007，549，553.

⑮ 较为典型的案例有“Lagergrundstück－Fall”案（BCH v. 11. 7. 1994，NJW 1994，2760.）和“Nürnberger Ei－Fall”案（BGH v. 28. 2. 2005，ZIP 2005，660）。

了债务人继续使用该财产的最高期限，而且也明确赋予了股东的经济补偿请求权。应该说，德国《破产法》第 135 条第 3 款的规定亦是从基于实践中新问题的司法能动应对，到立法完善的又一典型成功事例。

六、债权人会议与债权人委员会

债权人意思自治是破产程序中的基本原则，而债权人会议决议即是债权人意思自治的具体体现。德国联邦最高法院在 2017 年 6 月 22 日的裁决中指出，如若法院拥有过多的权限去改变债权人会议的决议，则将会使债权人意思自治的基本原则空洞化。[16] 然而，不可回避的问题是，债权人意思自治无法完全确保决策的适当性抑或决策的规范性。德国《破产法》第 78 条即规定了债权人会议决议的撤销机制：在债权人会议决议有违债权人整体利益时，债权人或破产管理人可申请法院撤销已有效成立的债权人会议决议。德国联邦最高法院 2011 年 7 月 21 日的裁决实际上再次印证了其一贯以来审慎的司法克制，甚至认为在德国《破产法》并未明确规定债权人会议无效确认机制的情况下，无法参照适用第 78 条的规定，但由于无效的债权人会议决议自始无效，当然无效，所以任何人于任何时刻均可主张债权人会议决议的无效性。尽管这一背后是尊重债权人意思自治及程序效率性的考量，但有疑问的是，是否《破产法》亦应如德国《股份公司法》第 241 条规定无效股东大会决议情形那样规定无效债权人会议决议的情形，并由此设立无效确认之机制？尤其是基于破产程序往往具有不可逆性及维护债权人整体利益和个体利益的必要性，对于无效债权人会议决议的及时确认应为必要。破产程序理应高效运转，但不应以牺牲（部分）债权人利益为代价。

然而，由此带来的问题无疑又是程序迟延和费用上升的问题。并且诚如德国学者所言，无效债权人会议决议与可撤销债权人会议决议之间的界限往往模糊不清。而德国联邦最高法院在此案中基于未依法就议程进行事前准确告知而认定此债权人会议决议乃无效决议，此亦值得再斟酌，毕竟公司法上对程序违法的股东（大）会决议一般认定为

---

[16] BGH v. 22. 6. 2017, NZI 2017, 758.

可撤销的决议。就此而言,无效债权人会议决议与可撤销债权人会议决议之间的界限应进行合理区分。尤其从破产程序效率性角度考量,或许可撤销债权人会议决议的范围可适当扩大,从而亦可体现对当事人意思自治的遵从;并且据笔者所知,德国《股份公司法》上可撤销的股东大会决议实际上亦包含了一些决议内容违反法律或章程规定的决议。此外,无效的股东大会决议亦可通过德国《股份公司法》第 242 条规定的方式得以修复(Heilung der Nichtigkeit),而对于可撤销的股东大会决议,德国《股份公司法》不仅在第 244 条中规定了通过补救决议修正原先可撤销决议的瑕疵,而且亦在第 246a 条中规定了下文将提及的登记障碍消除程序。简言之,笔者认为,对于债权人会议决议亦应构建相应的无效确认及可撤销机制,但一方面应合理划分界限,另一方面亦应通过修复补救及登记障碍消除制度避免因无效确认或撤销诉讼提起,乃至滥用导致程序迟延及债权人整体利益受损。

进一步而言,由于债权人内部利益难以协调统一,债权人会议决议的意思自治方式往往会导致程序成本上升乃至僵局。并且在破产管理人主导破产程序的情况下,其决议式的意思自治亦会面临被形式化的担忧。不得不面对的是,破产程序的高效运行往往以债权人意思自治适当受限为代价。两全其美的解决方案应是债权人委员会的职权强化,从而一方面优化全体债权人的意思自治,另一方面形成对破产管理人的有效监督和制约。我国《企业破产法》第 23 条即明确,管理人接受债权人会议和债权人委员会的监督。而第 68 条第 1 款亦列举了债权人委员会的三项主要职权:(1)监督债务人财产的管理和处分;(2)监督破产财产分配;(3)提议召开债权人会议。此外,管理人实施重大财产处分行为、借款、履行债务人和对方当事人均未履行完毕的合同等都须依据《企业破产法》第 69 条及时报告债权人委员会,债权人委员会亦履行监督之责。就此而言,似乎我国《企业破产法》对债权人委员会职责的规定相较于德国《破产法》第 69 条的规定更为详细。然而,实际上,一方面,德国《破产法》对债权人委员会职权的规定散见于各章节中,例如,德国《破产法》第 158 条第 1 款规定:“破产管理人可以在报告期日前决定暂停或出售营业;在设置债权人委员会的情况下,还应征得债权人委员会的同意。"此外,该法第160条还规定了若干破产管理人须经债权人委员会同意方可进行的重大事项。另一方面,亦值得借鉴的是德国《破产法》第71条对债权人委员会责任的设定。与之相对,我国《企业破产法》虽规定了债权人委员会的众多监督职责,但一方面缺乏真正能与管理人进行抗衡的实权,另一方面亦只在第130条中对破产管理人的责任作出了明确规定,而并未明确债权人委员会成员在监督失责情况下应承担的法律责任。由此,债权人委员会难免,且似乎于实践中会沦为"花瓶"。只有立法明确责任并落实,方能促使债权人委员会审慎履职。

问题的另一方面在于,随着职权的扩大及责任的设定,债权人委员会成员的责任风险也随之提高。德国联邦最高法院在2014年10月9日的判决中亦指出,应通过使债权人委员会成员责任风险的合理化来避免降低债权人的任职积极性。于我国而言,在强化债权人委员会功能的同时,亦应避免任职积极性的降低,而后者似乎更是现实中的棘手问题。德国联邦最高法院2014年10月9日的判决实际上提供了一种解决方案,即对于某些专业性的监督,债权人委员会可通过引入第三方专业人员或机构来协助其履行监督义务,并且不应将第三方的过错归责于债权人委员会,而债权人委员会只需对第三方机构进行审慎选择,并对结果进行审查。与之类似,美国《破产法典》第1103条(a)款即规定债权人委员会可聘请律师、会计师等相关领域的专业人士。但由此带来的另一个问题是,破产程序的费用亦将随之提升。实际上,德国《破产法》还提供了另一种解决方案,即该法第67条第3款的规定。依此规定,债权人以外的人员亦可成为债权人委员会成员。这一规定不仅可通过在债权人委员会中引入外部专家成员的方式实现债权人委员会成员的专业性,而且亦可确保其独立性。专业性或可通过上述内外引入的方式加以有效解决,但真正的难点在于债权人委员会成员的独立性。德国科隆地方法院即在《重整促进法实施30个月后之评估》一文中批评债权人委员会成员缺乏独立性的现象,并抱怨法院往往在较晚程序阶段才能确定债委会成员的适当性。[17] 美国法上则一方面明确如若存在严重的利益冲突则不得担任委员，另一方面通过信义义务来约束债权人委员会成员。[18] 就此而言，亦可如同《企业破产法》第130条那样规定："债权人委员会成员未依照本法规定勤勉尽责，忠实执行职务的，人民法院可以依法处以罚款；给债权人、债务人或者第三人造成损失的，依法承担赔偿责任。"在此基础上还可效仿德国《破产法》第70条的规定，由破产法院基于重大事由解除其职务。德国联邦最高法院在其2007年3月1日的裁决中亦指出，如若某债权人委员会成员会对债权人整体利益实现及程序的合法性造成不利影响，则法院可依据《破产法》第70条解除其职务。[19]

---

⑰ Laroche/Pruskowski/Schöttler/Siebert/Vallender, ZIP 2014, 2153, 2156.

⑱ 参见[美]查尔斯·J. 泰步：《美国破产法新论》（第3版）（下册），韩长印、何欢、王之洲译，中国政法大学出版社2017年版，第1166页。

⑲ BGH v. 01. 03. 2007, ZIP 2007, 781.

第三章　破产重整难点问题

判例一　重整计划的预审查

关键词：预审查；债权人分组；平等对待；权利排除条款；缺陷修复条款

案件编号：BGH, Beschluss vom 07. 05. 2015-IX ZB 75/14

案件检索：NJW 2015, 2660

相关法条：德国《破产法》第 231 条第 1 款第 1 句第 1 项，第 231 条第 2 款，第 220 条第 2 款，第 222 条第 1 款、第 2 款第 3 句，第 226 条第 1 款

（一）判决要旨

1. 依据《破产法》第 231 条第 1 款第 1 句第 1 项的规定，破产法院在预审查程序中对提交的重整计划进行全面法律审查，尤其应审查《破产法》对重整计划提案权及重整计划内容的规定是否得到遵守。

2. 基于《破产法》第 222 条第 1 款、第 2 款第 3 句的规定，重整计划必须明确表述重整参与人分组的依据。在进一步细化分组的情况下，重整计划须说明分组标准是基于何种相同经济利益，以及与该

经济利益相一致的重整参与人是否都被归入该组。

3. 基于《破产法》第226条第1款的规定，重整计划不得剥夺未参与程序的债权人依照重整计划参与分配的权利。

4. 法院在预审查程序中通常不对破产财产评估问题作出评价。

5. 如若法院在预审查中依职权拒绝了债务人提交的重整计划草案，而债务人其后又提交了新的重整计划草案，则破产法院不得依据《破产法》第231条第2款的规定拒绝新的重整计划草案，而须重新进行预审查。

（二）案件事实

在本案中，债务人自行提交了破产申请，法院在破产程序中任命了破产管理人。2014年5月16日，债务人提交了重整计划草案。在预审查程序中，破产法院于2014年5月20日裁定拒绝该重整计划草案，但并未事先告知债务人重整计划草案存在的问题，亦未要求债务人修订完善重整计划草案。2014年6月2日，债务人对此裁定申请复议。2014年7月14日，债务人向破产法院提交了修订后的重整计划草案，并请求破产法院在审阅后召开电话会议，进而促成对该修订后的重整计划草案的表决。破产法院将此重整计划草案视为第二份重整计划草案，并基于债务人不得提交两份重整计划草案的理由于2014年7月29日裁定拒绝了该重整计划草案。对此裁定，债务人于2014年8月9日申请复议。破产法院将此两份复议请求转至上诉法院。上诉法院对此作出如下裁定：驳回债务人于2014年6月2日提交的针对破产法院2014年5月20日裁定的复议申请；而对于债务人于2014年8月9日提交的复议申请，上诉法院撤销了破产法院2014年7月29日的裁定，并在表明自己相应法律观点的同时将该案件发回重审。债务人就上述裁定再次向本院提出复议。

（三）裁定理由

Ⅰ.

上诉法院认为：债务人对于破产法院拒绝其第一份重整计划草案的裁定所提出的复议申请缺乏法律依据。由于破产法院在作出预审查决定前并未向债务人提供听证的机会，因此程序上存在一定瑕疵。尽管如此，由于债务人于复议程序中仍认为对其重整计划所指出的缺陷是不成立的，且并不愿意消除此缺陷，所以上述程序瑕疵并未产生不利影响。上述预审查的裁定于实体法上无可指摘。债务人于2014年5月16日所提交的重整计划的陈述部分并未对此重整计划实施的基础及效果进行充分阐述，破产法院亦正确指出重整计划在债权人分组及撤销权保留等方面存在问题。此外，破产法院亦准确指出了重整计划中“权利排除条款”（Ausschlussklausel）以及“缺陷修复条款”（die salvatorische Klausel）所存在的问题。并且债务人可在复议程序中随时修改完善第一份重整计划，因此驳回其修改第一份重整计划的申请。

与上述情况不同，债务人针对拒绝其第二份重整计划草案裁定的复议申请符合相关法律规定。债务人于2014年7月14日提交的第二份重整计划应被视为对2014年5月16日提交的第一份重整计划的修改完善，所以破产法院不得依据《破产法》第231条第2款拒绝此重整计划。即便破产法院将债务人的上述行为认定为债务人基于其提案权提交了两份重整计划草案，其亦不得据此拒绝后一重整计划。法律并不禁止同一主体提交两份重整计划草案。并且在本案中，《破产法》第231条第2款所规定的拒绝重整计划的前提条件尚未得到满足，即缺乏破产管理人对此提出申请及债权人委员会的同意。由此，破产法院不得在未进行内容审查的情况下拒绝这一重整计划。

Ⅱ.

上诉法院驳回债务人第一个复议申请的裁决是正确的。

1. 对于破产法院是否应在预审查裁定作出前给予债务人听证及修改完善机会的问题，可暂且不论，且与裁决结果无关。上诉法院正确地指出，由于债务人仍希望于2014年5月16日提交的重整计划草案能通过预审查，所以破产法院在当初预审查程序中所存在的程序瑕疵并未产生实质性的不利影响。即便在复议程序中，债务人也仅在职工债权分组（《破产法》第222条第3款第1句的规定）以及“第三人义务承担的同意书”（《破产法》第230条第3款的规定）方面进行了部分修改,而并未消除破产法院在预审查程序中指出的所有问题。而债务人在第二份重整计划草案中所为的修改内容只是为了应对上诉法院支持破产法院第一个裁定的情况。此外,值得注意的是,债务人在复议程序中提交了新的修改后的重整计划(第二份重整计划),并维持其对破产法院拒绝第一份重整计划草案裁定的复议。这一情况足以说明债务人对此两份重整计划草案主次关系的设定。

2. 上诉法院驳回第一个复议申请的裁决适用法律正确。

a)依据《破产法》第231条第1款第1句第1项的规定,如若重整计划未遵守《破产法》对重整计划提案权及重整计划内容的规定,尤其是有关重整参与人分组的规定,则破产法院可在预审查程序中拒绝此重整计划草案。基于最大可能不影响其后债权人会议对重整计划表决权限的考量,破产法院的预审查不应对重整计划草案的经济适当性及可行性作出判断(Mohrbutter/Ringstmeier/Bähr, Handbuch Insolvenzverwaltung, 9. Aufl., Kap. 14 Rn. 146 f.),而仅应依据《破产法》第231条第1款第1句第1项的规定对重整计划进行法律审查,也即审查重整计划提案权和内容的相关法律规定是否得到了遵守。法院尤其应审查,重整计划权益处置部分有关效果及实施的规定是否足够具体,重整计划的陈述部分是否为重整程序参与主体及法院提供了决策所必需的充分信息,以及重整计划附件是否全面准确(Mohrbutter/Ringstmeier/Bähr, aaO Rn. 150; Schmidt/Spliedt, InsO, 18. Aufl., § 231 Rn. 9)。基于《破产法》第231条第1款第1句第1项的规定,破产法院还应指明重整计划中存在的明显法律错误(MünchKomm - InsO/Breuer, 3. Aufl., § 231 Rn. 17; Silcher in Ahrens/Gehrlein/Ringstmeier, InsO, 2. Aufl., § 231 Rn. 2)。

不仅如此,法院还应重点审查《破产法》有关分组的规定是否得到遵守。例如,破产法院应审查《破产法》第222条第1款有关不同法律地位债权人强制分组的规定是否得到遵守(Kübler/Bierbach, Handbuch Restrukturierung in der Insolvenz, 2. Aufl., § 28 Rn. 18)。法院亦应审查重整计划中任意分组的规定是否符合《破产法》第222条第2款的要求,也即根据重整参与人的相同经济利益将具有同一法律地位的参与人再细分为若干小组,且各组别进行了公平适当的区分。或者说,依照公平适当的标准将具有同一法律地位的参与人细分为两个以上的组别(MünchKomm - InsO/Eidenmüller, 3. Aufl. , § 222 Rn. 113; Nerlich/Römermann/Braun, aaO, § 231 Rn. 14 f; Spahlinger in Kübler/Prütting/Bork, InsO, 2013, § 231 Rn. 12; HK - InsO/Haas, aaO, § 222 Rn. 17; § 231 Rn. 4; Kübler/Bierbach, aaO, § 28 Rn. 18; Mohrbutter/Ringstmeier/Bähr, aaO, Kap. 14 Rn. 151)。此外,法院亦应审查重整计划草案的制定者是否依照《破产法》第 222 条第 3 款的规定设定了职工债权人组(MünchKomm - InsO/Breuer, aaO; Nerlich/Römer - mann/Braun, aaO, § 231 Rn. 16)。法院对分组审查的关键依据是重整计划草案对分组标准适当性的说明(Kübler/Bierbach, aaO, § 28 Rn. 84)。法院对分组适当性进行审查的理由在于:依据《破产法》第 226 条第 1 款的规定,债权人平等对待原则只适用于同一分组内的债权人,且重整计划草案将以组别内“双过半”的方式表决通过,或在多数组表决通过的情况下由法院强制批准(HK-InsO/Haas, aaO, § 222 Rn. 17)。

法院进行上述审查的基本前提是重整计划中明确陈述其分组的法律依据及具体标准,并对分组的理由进行详细阐述(MünchKomm-InsO/Eidenmüller, aaO, § 222 Rn. 22)。重整计划须说明分组标准依据何种相同经济利益,并且与此经济利益相一致的重整参与人是否都被归入该组(MünchKomm - InsO/Eidenmüller, aaO, § 222 Rn. 107; Kübler/Bierbach, aaO, § 28 Rn. 14)。如若缺乏上述解释说明,则此重整计划草案就有违《破产法》第 222 条第 2 款第 3 句的规定,并将被破产法院依据《破产法》第 231 条第 1 款的规定在预审查程序中被拒绝(MünchKomm-InsO/Eidenmüller, aaO, § 222 Rn. 108)。于此无关紧要的是,此分组说明是在重整计划陈述部分,还是在权益处置部分。

b)在本案中,债务人于 2014 年 5 月 16 日提交的重整计划草案权益处置部分第 2. 3. 2 条规定,于重整计划表决程序结束后申报破产债权的债权人将无法通过本重整计划获得受偿。据此规定,未及时申报债权的债权人在破产重整程序终止后将无法获得受偿。这一权利排除条款有违《破产法》第 226 条第 1 款规定的平等对待原则,并不当侵犯了债权人依照《基本法》第 14 条第 1 款所享有的财产权,因而违反《破产法》第 231 条第 1 款第 1 句第 1 项的规定而无法通过重整计划的预审查。

aa)在破产清算程序终止后,无论是否参与破产程序,债权人均可依据《破产法》第 201 条第 1 款的规定不受限制地向债务人主张债权未获受偿部分。与之不同,在破产重整程序终止后,债权人仅可依据重整计划获得相应受偿,而债务人将依据《破产法》第 227 条第 1 款的规定豁免剩余债务。根据《破产法》第 254 条第 1 款的规定,重整计划自法院批准重整计划的裁定生效之日起对全体重整计划参与主体发生法律效力。《破产法》第 254b 条同时规定,生效的重整计划,无论有利与否,亦对未申报债权的债权人有效(Kübler/Balthasar, Handbuch Restrukturierung in der Insolvenz, 2. Aufl., § 26 Rn. 271 ff.)。由此,未申报债权的债权人亦可依照重整计划规定获得与其具有同等法律地位或性质的债权人所能获得的受偿(BGH, Urteil vom 10. Mai 2012 - IX ZR 206/11, NZI 2013, 84 Rn. 10 f.; MünchKomm-InsO/Madaus, aaO, § 254b Rn. 4)。此外,《破产法》第 229 条第 3 句规定,即便债权人未申报债权,重整计划亦应在财务规划(Finanzplan)中顾及所有已知债权人(Kübler/Balthasar, aaO, § 26 Rn. 275)。

尽管重整计划的执行将会因未申报债权其后主张受偿而受到威胁,甚至导致重整失败,但立法者实际上亦意识到了此问题。通过 2011 年 12 月 7 日颁布、2012 年 3 月 1 日生效的《企业重整促进法》新增的第 259a 条及第 259b 条规定,如若基于在重整程序中未申报债权的强制执行措施将危及重整计划的执行,则破产法院可依据债务人申请,全部或部分拒绝上述债权人强制执行申请;且未申报债权的诉讼时效最长为重整计划获批之日起 1 年。此外,曾经有学者建议就未申报债权规定除斥期间。但立法者基于宪法基本权利保护的考量,且鉴于当初民主德国《破产法》(Gesamtvollstreckungsordnung)第 14 条规定的除斥期间引发的大量复杂难解的法律纠纷而未予以采纳(BT-Drucks.

17/5712, S. 37)。

bb)对于重整计划是否可作出权利排除的规定,目前尚存争议(《企业重整促进法》生效后持赞同意见的相关文献包括:MünchKomm - InsO/Eidenmüller, aaO, § 221 Rn. 54 ff.; Mohrbutter/Ringstmeier/Bähr, aaO, Kap. 14 Rn. 311; Kübler/Balthasar, aaO, § 26 Rn. 278。持反对意见的相关文献包括:Schmidt/Spliedt, aaO, § 259b Rn. 6; MünchKomm - InsO/Madaus, aaO, § 254b Rn. 6 ff., 9; Spahlinger in Kübler/Prütting/Bork, InsO, 2014, § 254b Rn. 6; HK - InsO/Haas, aaO, § 254b Rn. 2)。对此问题,联邦最高法院尚未作出过裁决。

本案合议庭认为,重整计划不得规定排除未申报债权的债权人获得清偿的权利。这种肆意的权利排除条款仅依据是否及时申报债权即对具有同等法律地位和相同经济利益的债权人进行了区别对待,因而有违《破产法》第 226 条第 1 款所确立的组内平等对待原则。未(及时)申报债权的债权人与重整计划中虑及的相应债权人本质上并无不同,其丧失的仅仅是程序性权利。《破产法》第 222 条第 2 款第 1 句所指的对同等法律地位债权人依照不同经济利益进行分组亦非允许依是否及时申报债权而进行区别对待。是否及时申报债权虽可为一客观标准,但非《破产法》第 222 条所允许的分组标准(MünchKomm - InsO/Madaus, aaO, § 254b Rn. 8)。

超过特定期限而丧失实体性权利严重限制了相关债权人依照《基本法》第 14 条第 1 款所享有的财产权,因而必须以法律明文规定为前提(BGH, Urteil vom 10. Mai 2012 - IX ZR 206/11, NZI 2013, 84 Rn. 10)。然而,立法者明显拒绝作出此种限制性的规定,而只是采用了现行《破产法》第 259a 条规定的规制模式。基于上述理由,如若重整计划超越上述规定作出权利排除的规定,则此规定即为无效(Schmidt/Spliedt, aaO, § 259b Rn. 6)。

联邦宪法法院在其 1995 年 4 月 26 日的判决中曾指出(BVerfGE 92, 262),如若债权人对债权申报的迟延不存有过错,且法院同意其申报债权,则即便超过债权申报期限,破产管理人亦须确认此无异议债权,并将之纳入债权表。但如若债权人对债权申报迟延存有过错,则法律排除其参与破产程序的规定即符合宪法财产权保护的基本原则。此判决要旨亦无法反驳本案合议庭的上述观点。在本案中,债务人提交的第一份重整计划对申报迟延债权人的权利排除并未虑及债权人对申报迟延是否存在过错,且缺乏法律依据。

c)综上所述,且由于债务人提交的第一份重整计划草案并未依《破产法》第 222 条第 2 款第 3 句对分组标准进行明确说明,因此基于《破产法》第 231 条第 1 款第 1 句第 1 项的规定而无法通过预审查。尤其是该重整计划并未说明依据何种不同经济利益而将债权人分为不同的五组。亦未加以说明的是,上述分组的标准是否公平适当。而这均导致了破产法院无法对债权人分组进行审查。

债务人将所有债权人分为五组,其中所有担保债权人被归入分组Ⅰ。对分组Ⅰ的说明为:所有担保债权人如若无法就担保物获得全额受偿,则其无法受偿部分将归入该债权组。分组Ⅱ则包括了职工债权及联邦劳工署(Bundesagentur für Arbeit)的债权。这一分组实际上已违反了《破产法》第 222 条第 3 款第 1 句的规定。依此规定,如若职工债权数额不菲,则应单独设立职工债权组(Schmidt/Spliedt, aaO, § 222 Rn. 19; Kübler/Schöne, Handbuch Restrukturierung in der Insolvenz, 2. Aufl., § 29 Rn. 10)。而在本案中,12 名职工债权人中有 1 名职工债权人的债权数额较大。在分组Ⅲ中,债务人将所有社会保障、医疗保险及财政部门的普通债权列入该组。分组Ⅳ则包括了所有未纳入上述分组,且债权额在 3000 欧元以下的普通债权人。分组Ⅴ则是未纳入上述债权分组的其他普通债权人。并且债务人并未对为何进行如此分组,以及各组别区分的标准作出说明。

尽管债务人对分组Ⅱ缺乏说明,但此分组标准在本案中是不言而喻的,且由此不会产生实质性的损害。立法者认为,职工债权人的利益通常区别于其他普通债权人(RegE InsO, BT-Drucks 12/2443, S. 200)。并且债务人将职工工资保障金债权归入该组的做法亦是适当的,且职工工资保障金制度本身即是为了提高就业率,优化就业环境(Mohrbutter/

Ringstmeier/Bähr, aaO, Kap. 14 Rn. 61; Nerlich/Römermann/Braun, aaO, § 222 Rn. 99)。①

上述情况亦适用于分组Ⅲ。学术界普遍认为,由于公法债权产生基于相关法律规定,并依照相应规定确认并行使,其无法任意处分,因此这一债权亦区别于其他债权(Nerlich/Römermann/Braun, aaO, § 222 Rn. 98 f., 100; MünchKomm-InsO/Eidenmüller, aaO, § 222 Rn. 90)。然而,分组Ⅰ、Ⅳ、Ⅴ的依据并非如同上述两个分组那样显而易见,而需要债务人对此加以说明

d)债务人提交的第一份重整计划草案虽在第2.3.9条规定了缺陷修复条款,但其内容违法,并由此导致了重整计划草案未通过预审查。这一条款的具体内容为:"如若重整计划的某一条款无效或将无效,其并不会影响重整计划中其他条款的效力。这一无效条款将被新的有效条款所替代,且在最大限度上符合此条款的应有之义。本条有关无效条款的规定亦适用于为重整计划所遗漏的条款。"上诉法院认为,有鉴于重整程序参与主体人数众多,利益诉求多样,这一修复条款规定的内容实际上是模糊不清的。并且《破产法》第221条第2句已对重整计划错漏修复作出了规定。

aa)《破产法》第221条第2句的规定是通过2011年12月7日新颁布的《企业重整促进法》新增加的。此句规定为:"破产管理人经重整计划授权,可为了重整计划执行采取必要措施,并对重整计划中明显的错误进行修正。"在《破产法》第221条第2句的适用范围内,重整计划中的相应规定应为特别性规定(MünchKomm-InsO/Eidenmüller, aaO Rn. 75)。债务人提交的第一份重整计划中的修复条款并未触及《破产法》第221条第2句的适用范围。这一修复条款并不涉及消除重整计

① 职工工资保障金债权,德语为Insolvenzgeld。依据德国《社会法典(三)》第165条及以下的规定,在破产程序正式启动前三个月的未支付职工工资可依申请由联邦劳工署支付。该申请只有在破产程序正式启动后方可提出。通常情况下,只要这一职工工资支付可以确保工作岗位的保留,则联邦劳工署都会批准这一专项资金。这一专项资金只是由联邦劳工署暂时支付,该部门可依据《社会法典(三)》第169条第1句的规定受让相关债权,并在破产程序中申报债权。

划中存在的明显错误(MünchKomm-InsO/Eidenmüller, aaO Rn. 62 ff.),亦未授权破产管理人或其他人采取相应措施(MünchKomm-InsO/Eidenmüller,aaO Rn. 69 ff.)。

bb)债务人本欲通过第一份重整计划中的修复条款来排除《民法典》第139条的适用,并使得重整计划的执行者得以解释修复相应条款。这一条款实际上涉及的是合同法上众所周知的效力维持及无效替代条款(Erhaltungs-und Ersetzungsklausel,BGH,Urteil vom 25. Juli 2007 XII ZR 143/05,NJW 2007,3202 Rn. 26 f.;vom 4. Februar 2010 IX ZR 18/09,BGHZ 184,209 Rn. 30;vom 5. Dezember 2012-I ZR 92/11, BGHZ 196,254 Rn. 52 f.)。

(1)重整计划实乃债权人就债务人财产获得受偿的一种特殊的破产法工具。全体债权人并非积极主动结成共同体,而是在破产程序启动后被动形成了命运共同体。依据《破产法》第244条及以下的规定,部分债权人的意愿将服从于多数债务人的意愿。这就使得重整计划虽基于债权人意思自治,但其并非传统意义上的合同。尽管如此,对于重整计划存有疑义部分的解释,应以表决通过重整计划主体的真实意思为准(BGH,Urteil vom 6. Oktober 2005-IX ZR 36/02,NZI 2006,100 Rn. 15 f.)。《民法典》第133、157条于此亦应予以适用(HK-InsO/Haas,aaO,Vor § §217 ff. Rn. 9)。

(2)然而,《民法典》第139条于此却无法予以适用。在破产重整程序中,以及对于获得批准的重整计划而言,唯一得以适用的应是《破产法》的相关规定,于此即第231、248、250、254条及以下各条的规定。如若重整计划制作人有违提案权或重整计划内容的规定,且相应的缺陷无法在适当期限内被消除,则将导致重整计划草案无法通过预审查或获得破产法院批准。而重整计划一旦获得破产法院批准,则该重整计划将对所有重整程序的参与主体有效,且包括未(及时)申报债权的债权人,以及对重整计划投反对票的重整程序参与主体。本案中,所谓的"修复条款"无法改变破产法的规定。

e)亦值得肯定的是,上诉法院指出,债务人提交的第一份重整计划陈述部分有违《破产法》第 220 条第 2 款的规定,因此应依据《破产法》第 231 条第 1 款第 1 句第 1 项拒绝该重整计划。

aa)《破产法》第 220 条第 2 款规定,重整计划的陈述部分应包含所有有关该计划的基础和效果,且会影响重整参与人表决及法院裁决的内容。由此,只要相关信息是债权人依其利益作出适当决策的基础,其就应该在重整计划中被披露。尽管立法者放弃了进一步列明应予披露的信息内容,但重整计划的制订者仍应在个案中明确哪些信息对于债权人决策是必需的,而破产法院亦应依据《破产法》第 231 条第 1 款第 1 句第 1 项及第 250 条第 1 项对此加以审查确定(BGH, Beschluss vom 13. Oktober 2011-IX ZB 37/08, NZI 2012, 139 Rn. 9)。《破产法》第 220 条第 2 款中所用的"应该"(Soll)一词并不意味着相关信息表述是选择性的,更确切地说,这一规定从其立法本意和目的角度而言应被视为强制性的规定(BGH, Beschluss vom 13. Oktober 2011-IX ZB 37/08, NZI 2012, 139 Rn. 9 f.)。

bb)然而,债务人提交的第一份重整计划的陈述部分并未满足上述规定的基本要求。此重整计划陈述部分的第 1.7.2 条有关破产清算情况下预估受偿率的规定只指出:对于债权人而言,重整程序的关键好处在于维系了合同伙伴,特别是避免了 12 个工作岗位的丧失。这一表述只能说是促成分组Ⅱ的债权人对此重整计划投赞成票。而对于其他重整程序参与人的决策而言,这一表述显然是不完整和不适当的。此重整计划陈述部分实际上并未表述本案中的众多关键内容,例如:破产管理人在已进行的破产程序中采取了哪些措施;为什么破产清算程序会导致工作岗位丧失;破产管理人在第一份重整计划提交时还在运营企业,而自 2014 年 6 月底,破产管理人就已将企业运营事务交由债务人处理。由此,重整计划中关于"确保工作岗位"和"维系合同关系"等表述显然不利于重整程序参与人真正理解重整意义。

3. 除上述内容之外,债务人提出的其他异议应获得支持。

a)债务人提交的第一份重整计划的权益处置部分第 4 项规定:破产管理人在破产程序终止后仍有权继续进行破产重整程序中尚未终结

的撤销权诉讼，由此获得的财产将在扣除相关费用后追加分配给债权人。与破产法院及上诉法院的观点相反，本案合议庭认为上述规定并非模糊不清。上述规定既无须对破产管理人行使撤销权的期限作出规定，亦无必要列明尚未结束的撤销权诉讼有哪些。因此，上述内容符合法律规定，并且有效。

aa）本案合议庭认为，重整计划中参照《破产法》第259条第3款所作出的规定应为有效。依照《破产法》第259条第3款对破产管理人行使撤销权的授权无须进一步具体细化（BGH，Urteil vom 6. Oktober 2005-IX ZR 36/02，NZI 2006，100 Rn. 2，9 f.），而只需在重整计划权益处置部分作出一般性的法律陈述即可（HK-InsO/Haas，aaO，§259 Rn. 6）。并且债务人提交的第一份重整计划已经明确破产管理人在破产重整程序终止后仍有权继续进行破产重整程序中尚未终结的撤销权诉讼，且费用由债权人承担，收益归债权人所有。依此规定，破产管理人即可在破产重整程序终止后继续尚未进行完毕的撤销权诉讼（BGH，Urteil vom 11. April 2013-IX ZR 122/12，WM 2013，938 Rn. 11）。

此外，本案合议庭在2013年3月7日的裁决中即已指出，重整计划中的概况性授权即已符合法律要求，而无须在陈述部分列明所有由破产管理人进行的撤销权诉讼（BGH，Beschluss vom 7. März 2013-IX ZR 222/12，NZI 2013，491 Rn. 2）。概况性授权即意味着包含了所有在破产重整程序终止前尚未进行完毕的撤销权诉讼。并且由于破产管理人可能在重整计划表决至破产重整程序终止这段时间又发现相关撤销事由，所以这样的概况性授权将使得破产管理人提出相关撤销权诉讼成为可能，亦实为必要（BGH，Urteil vom 6. Oktober 2005-IX ZR 36/02，NZI 2006，100 Rn. 11）。

bb）这一规定亦不会因为违反《破产法》第220条第2款而无效。对于债权人的适当决策而言，其不必获知破产管理人将进行哪些破产撤销权诉讼。债务人提交的重整计划亦不会影响破产管理人决策进行哪些破产撤销诉讼。更确切地说，重整计划将此方面的决策权交由破产管理人。破产重整程序中破产撤销权的行使并不会与之在破产清算程序中的行使有所不同,且都将有利于债权人。而对于将受破产撤销权影响的债权人而言,如若撤销诉讼获得支持,则其将可依据《破产法》第144条第1款主张相应债权,并依据《破产法》第254a条的规定获得相应受偿。

b)债务人提交的第一份重整计划第1.7.1.1条对相关破产财产的描述亦不违反《破产法》第220条第2款的规定。某些财产的价值可基于其提示性价值(Erinnerungswert)而评估为1欧元。

aa)在本案中,债务人一个代管账户(Anderkonto)即是这一情况。根据债务人提交的第一份重整计划第1.7.1.3.5条的陈述,破产管理人设立了一代管账户,并向该账户注入4万欧元。尽管破产管理人预估责任承担为2万欧元,但由于相关债权人所拥有的债权数额及担保的有效性尚无定论,所以从此代管账户中最终支付的金额尚无法准确确定,亦无法准确确认其最终剩余金额。基于上述原因,重整计划将此账户以提示性价值作价1欧元,且对此账户作出了明确说明,并提示了相关责任的承担。这一做法在法律上无可指摘。

bb)上述情况亦同样适用于对相关艺术品的价值评估。破产管理人原本亦未在其第一份评估报告中顾及这些艺术品,而仅在复议程序中评估上述艺术品的价值为1750欧元。并且,上述艺术品尚未出售变价。

4.上诉法院驳回债务人要求对第一份重整计划指定缺陷修复期限的请求,亦是正确。如上所述,债务人的复议请求是针对破产法院拒绝其第一份重整计划的裁定。在拒绝重整计划裁定生效后,即不存在修改完善此重整计划的可能。如若债务人仍欲通过重整计划挽救其企业,其应提交新的重整计划。

Ⅲ.

破产法院拒绝债务人提交的第二份重整计划则存有错误之处。债务人提交的第二份重整计划并非如同上诉法院所认定的是对第一份重整计划的修订版。更确切地说,债务人是在破产法院拒绝其第一份重整计划裁定生效后提交了新的第二份重整计划，其并非《破产法》第231条第2款意义上的新重整计划。并且此重整计划考虑到了破产法院提出的问题，并接受了破产管理人的相应建议。《破产法》第231条第2款规定是为了应对债务人滥用其提案权反复提出新的重整计划从而导致程序迟延。这一规定适用的前提是债务人提交的重整计划未获债权人表决通过，或未获法院批准，或者债务人在重整计划审议期日公布后收回该重整计划。如若债务人提交的重整计划未通过法院的预审查，则于此情况下并不会产生法院拒绝其后债务人再次提交重整计划的权限（HK-InsO/Haas，aaO，§231 Rn. 10）。

判例二　破产重整计划的批准审查

关键词：批准；缺陷；撤销权诉讼

案件编号：BGH，Beschluss vom 26.04.2018-IX ZB 49/17

案件检索：NZI 2018，691

相关法条：德国《破产法》第250条第1项，第220、221、224条第1句，第259条第3款第1句，第257条第1款

（一）判决要旨

1. 如若重整计划内容或程序上的缺陷足以对重整计划表决通过造成不当影响，则存在《破产法》第250条第1项意义上的严重违反。此缺陷对重整计划表决通过造成的影响不必肯定存在，而只要造成严重担忧即可。

2. 重整计划不可授权破产管理人在破产重整程序终止后提起新的撤销权诉讼。

3. 重整计划不可规定，在破产重整程序终止后通过信托方式由受托人行使债务人享有的债权，并为了债权人的利益进行追加分配。

4. 如若重整计划清偿对比分析表存在多处对债权人受偿至关重要的错误，则可认定此重整计划的陈述部分存有重大缺陷。

5. 如若重整计划规定的债权人受偿取决于相关条件,而此条件实际上不可能成就,或不具有可执行性,则此重整计划将被视为缺乏明确性和无异议性。

(二)案件事实

债务人于2015年10月21日提交了破产申请,破产程序于2015年12月3日正式启动。律师P博士被任命为破产管理人。债务人在2016年12月6日提交了重整计划。此重整计划只将债权人分为一个组别。此外,重整计划规定,在重整计划获得法院批准及破产重整程序终止后,破产管理人有权为了债权人利益通过诉讼或非诉讼方式主张破产撤销权。重整计划亦规定,债务人对P公司的债权可由律师S博士在破产重整程序终止后以信托方式主张。目前,P公司亦处于破产程序进行状态。由上述方式获得的相关财产将追加分配给债权人。根据重整计划中受偿对比分析表,债务人可供清偿的财产包括通过撤销权诉讼获得的217,304.15欧元,从P公司处获得的清偿192,000欧元,债务人以将来收入作为清偿担保的7462.08欧元,第三方提供的4万欧元清偿资金以及相较于破产清算程序节省的19,754.18欧元的程序费用。基于上述情况,破产债权人在破产清算程序中的受偿比例为15.69%,而在破产重整程序中的受偿比例为18.35%。除此之外,债权人将免除债务人的剩余债务。

尽管对此重整计划存有一定疑义,但债权人还是以法律规定的多数表决通过了该重整计划。其后,破产法院依据《破产法》第250条第1项拒绝批准此重整计划。债务人对此提请上诉,但未获上诉法院支持。债务人就此向本院再次提出上诉。

(三)裁定理由

Ⅰ.

上诉法院认为,由于此重整计划内容存在众多违法之处,并由此造成了重整计划表决通过存有缺陷,此缺陷亦无法在之后被消除,因此破产法院拒绝批准此重整计划的裁决是正确的。

1. 重整计划授权破产管理人在破产重整程序终止后可提出新的撤

销权诉讼。然而,基于《破产法》第 259 条第 3 款规定的例外属性,这样的授权是不被允许的。由于破产管理人已无法在重整计划生效前提出相应撤销权诉讼,因此这一缺陷亦无法通过这一方式被消除。

2. 依据《破产法》第 257 条的规定,重整计划的内容应足够明确,从而确保其对于相关债权人而言是可被执行的。但这一点在此重整计划中并未得到充分确保。尤其是基于撤销权行使而产生的新破产债权清偿问题并未在重整计划中被加以考虑,且重整计划亦未明确在多长期限内破产债权人可通过上述取得财产得到分配。此重整计划在破产债权人获得相应分配的时间确定性方面模糊不清。

3. 在债务人对 P 公司所享有的债权方面,重整计划规定以信托方式由律师 S 博士进行追偿并追加分配给债权人。律师 S 博士亦为债务人重整计划的制订和提交提供了支持,且其目前是上诉案件中债务人的代理律师。于此方面,并不排除将来会产生利益冲突,也即律师 S 博士一方面为了债权人的利益追偿相关债权,并进行追加分配;另一方面其亦需要基于债务人的授权而为债务人的利益服务。债权追加分配的事项只可授权给独立于债务人,并类似于破产管理人或自行管理中监督人的相关主体行使。

4. 重整计划中受偿对比分析表亦存在严重的错误。重整计划预估的债权人受偿比例为 16.97%,只比破产清算程序中受偿比例高出了 1.28%。而重整计划存有巨大的可执行性风险。此外,重整计划还存在如下问题:a) 重整计划未虑及基于破产撤销权行使而新产生的破产债权受偿问题。b) 破产重整的程序费用被不合理地低估了。即便债务人所享有的债权由受托人在程序终止后追偿,其自始至终亦应计入破产财团价值,并作为破产管理人报酬计算的基础。c) 重整计划规定,以信托方式由律师 S 博士追偿对 P 公司所享有的债权并追加分配给债权人。然而,此方式的实施应以债务人将债权转让给律师 S 博士为前提。重整计划对此并未作出有约束力的规定,因此在重整计划获批准的情况下,债务人并无义务进行相应的债权让与。如若债权人获知上述情况,则应不会表决通过此重整计划。

Ⅱ.

本案合议庭认为：

1. 依据《破产法》第 250 条第 1 项的规定，如若本法有关重整计划内容和破产重整的程序性规定被严重违反，且该缺陷无法被消除，则法院将拒绝批准已表决通过的重整计划。就此规定而言，破产法院在批准程序中应审查《破产法》第 217、219～230 条有关重整计划内容的规定，以及第 218、231、232、234～247 条有关破产重整的程序性规定是否得到遵守。与之相对，破产法院在批准程序中不得审查重整计划的经济合理性及成功可能性（BGH，Beschluss vom 7. Mai 2015－IX ZB 75/14，WM 2015，1291 Rn. 8）。如若存在《破产法》第 250 条第 1 项的情况，则破产法院并不存在自由裁量的空间，而必须拒绝批准此重整计划（Uhlenbruck/Lüer/Streit，aaO Rn. 2，4）。本案的情况即是如此。

2. 重整计划中对于撤销权行使的相关规定并不符合《破产法》第 221 条第 2 句、第 259 条第 3 款第 1 句的规定。

a）依据《破产法》第 259 条第 3 款第 1 句的规定，重整计划可规定在重整计划获批及破产重整程序终止后，授权破产管理人继续进行未终结的破产撤销权诉讼（BGH，Urteil vom 10. Dezember 2009－IX ZR 206/08，WM 2010，136 Rn. 10；vom 11. April 2013－IX ZR 122/12，ZIP 2013，998 Rn. 8；vom 9. Januar 2014－IX ZR 209/11，BGHZ 199，344 Rn. 15）。此撤销权诉讼的授权被视为是意定的为他人诉讼（gewillkürte Prozessstandschaft，BGH，Urteil vom 7. Juli 2008－II ZR 26/07，WM 2008，1615 Rn. 7）。《破产法》第 259 条第 3 款第 1 句的规定使得破产管理人可基于重整计划表决与重整程序终止之间发现的撤销事由提起撤销权诉讼，并经重整计划授权在程序终止后继续进行尚未终结的撤销权诉讼；但这一规定并不允许授权破产管理人在重整程序终止后再提出新的撤销权诉讼（BGH，Urteil vom 10. Dezember 2009，aaO；vom 11. April 2013，aaO）。《破产法》第 259 条第 3 款第 1 句意义上的尚未终结的撤销权诉讼亦不包括虽已提起，但尚未送达的撤销权案件（BGH，Urteil vom 11. April 2013，aaO Rn. 11）。

b)然而,本案中的重整计划却授权破产管理人在重整程序终止后继续提起新的撤销权诉讼。即便法院亦无法使破产管理人获得上述权限(BGH,Urteil vom 10. Dezember 2009 IX ZR 206/08,WM 2010,136 Rn. 11 ff.)。

aa)上诉法院认定,本案重整计划所规定的破产管理人有权"在重整程序终止后为了债权人利益通过诉讼或非诉讼方式主张破产撤销权",即授权破产管理人不仅可在破产重整程序终止前,而且可在破产重整程序终止后提出新的撤销权诉讼。这一认定通过对重整计划相关条款的解释查明了当事人的真实意思,是正确的。

bb)债务人提出,上述条款亦可被解释为"在破产重整程序终止后不可再提起新的撤销权诉讼"。这一解释显然与重整计划中的表述不相一致。重整计划中的授权明显涵盖了继续尚未终结的撤销权诉讼以及提起新的撤销权诉讼。而这样的规定无疑有违《破产法》第 259 条第 3 款第 1 句的规定。

3. 进一步而言,重整计划中有关通过信托方式追偿债权的规定违反了《破产法》第 217 条第 1 句、第 221 条第 1 句以及第 259 条第 1 款第 2 句的规定。正如破产管理人依据《破产法》第 259 条第 3 款第 1 句的规定在破产重整程序终止后只能继续进行尚未终结的撤销权诉讼,重整计划亦不得通过信托方式授权受托人在破产重整程序终止后为了债权人利益追偿相关债权。

a)《破产法》第 217 条第 1 句明确了重整计划区别于破产清算可规定的内容。立法者通过这一规定已经表明重整计划内容可涵盖的领域。重整计划实乃重整参与主体之间依照法律规定,并基于意思自治而达成的处分破产财产的协议。如若法律并未将相关事项交由债权人意思自治,亦未允许重整计划就此另行作出约定,则重整计划就此进行的规定将会导致重整计划内容违法(BGH,Beschluss vom 16. Februar 2017-IX ZB 103/15,WM 2017,489 Rn. 19)。重整计划可规定的内容始终应以法律允许为前提。对于法律已经明确规定的内容,重整计划必须严格遵守,除非法律明确允许其另行规定(BGH,Beschluss vom

5. Februar 2009-IX ZB 230/07, WM 2009, 518 Rn. 25)。

b)由此,未被《破产法》第217条所允许的内容不得在重整计划中自行约定(MünchKomm-InsO/Eidenmüller, 3. Aufl., §217 Rn. 125; HmbKomm-InsO/Thies, 6. Aufl., §217 Rn. 7; HK-InsO/Haas, 8. Aufl., §217 Rn. 2)。《破产法》第259条第1款第2句及第259条第3款第1句明确规定了债务人于破产重整程序终止后重新获得相应处分权限。在此情况下,如若重整计划仍规定使破产管理人或第三人可获得上述本应由债务人行使的权限,则不被允许。

aa)《破产法》第259条第1款第1句规定,在重整计划获批生效并终止破产重整程序的情况下,破产管理人的职责终止。与此同时,债务人依据《破产法》第259条第1款第2句的规定重新取得对破产财产的管理处分权限,并可进行相应诉讼(BGH, Beschluss vom 23. April 2015-IX ZB 76/12, WM 2015, 1338 Rn. 5 ff.)。在破产重整程序中,破产管理人本是依其职权取得诉讼主体资格的,但于破产重整程序终止时,如若尚存在未终结的诉讼,则应依法将诉讼主体由破产管理人变更为债务人(BGH, aaO Rn. 7)。破产管理人不得依据《民事诉讼法》第265条第2款继续进行未终结的诉讼(BGH, Urteil vom 7. Juli 2008-II ZR 26/07, WM 2008, 1615 Rn. 9)。《破产法》第259条第3款第1句的规定亦秉持这一基本原则,其作为特别性规定只允许破产管理人可依重整计划授权进行在破产重整程序终止前尚未终结的撤销权诉讼(BGH, Urteil vom 7. Januar 2008-II ZR 283/06, BGHZ 175, 86 Rn. 9)。如若破产重整程序已终止,则破产管理人在任何情况下都不得提起新的撤销权诉讼(BGH, Urteil vom 10. Dezember 2009-IX ZR 206/08, WM 2010, 136 Rn. 10)。

bb)与上述情况相类似,重整计划不得规定在破产重整程序终止后通过信托方式由受托人追偿债权,此规定显然违背了《破产法》第259条第1款第2句及第259条第3款第1句的基本理念。

(1)破产重整程序终止后债权的追偿应为债务人独享的权限(Schmidt/Spliedt, InsO, 19. Aufl., §259 Rn. 14)。并且于破产重整程序终止时,破产管理人丧失其管理处分破产财产的权限以及诉讼权限(BGH, Beschluss vom 23. April 2015 – IX ZB 76/12, WM 2015, 1338 Rn. 5)。上述权限不得交由破产管理人或第三人行使。基于《破产法》第259条第3款第1句规定的例外属性,其不得类推适用于其他(尚未终结的)撤销权诉讼(BGH, Urteil vom 7. Januar 2008 – II ZR 283/06, BGHZ 175, 86 Rn. 9 f.; vom 10. Dezember 2009 – IX ZR 206/08, WM 2010, 136 Rn. 10 a. E.)。更确切地说,此规定实际上禁止在破产重整程序终止后由债务人以外的主体为了破产财团的利益进行任何形式的诉讼(BGH, Urteil vom 10. Dezember 2009, aaO; HK – InsO/Haas, 8. Aufl., § 259 Rn. 7; Uhlenbruck/Lüer/Streit, InsO, 14. Aufl., § 259 Rn. 16; HmbKomm – InsO/Thies, 6. Aufl., § 259 Rn. 11; Graf – Schlicker/Kebekus/Wehler, InsO, 4. Aufl., § 259 Rn. 2; FK – InsO/Jaffé, 9. Aufl., § 259 Rn. 25; Silcher in Ahrens/Gehrlein/Ringstmeier, 3. Aufl., § 259 Rn. 15)。就此而言,本案中重整计划授权律师在破产重整程序终止后追偿债权的规定亦为无效。《破产法》第259条第1款第2句及第259条第3款第1句的规定已为债权人意思自治设定了界限。正如破产管理人的权限不得通过信托方式交由第三人行使[Beschluss vom 19. Scptcmber 2013–IX AR(VZ)1/12, BGHZ 198, 225 Rn. 9],债务人在破产重整程序终止后的债权追偿权限亦不得通过信托方式任意交由第三人行使。

(2)依据《破产法》第228条的规定,重整计划的权益处置部分可规定债权转让等事项,而此规定亦可排除债务人在相应范围内重新获得处分权限(BGH, Urteil vom 7. Januar 2008 II ZR 283/06, BGHZ 175, 86 Rn. 10; Graf – Schlicker/Kebekus/Wehler, aaO § 259 Rn. 3)。然而,如债务人自己所陈述的,其重整计划中的相应规定并不涉及《破产法》第228条的规定。依据《破产法》第228条第1句的规定,如若重整计划涉及财产权的设立、变更、转让及终止,则与之相关的意思表示亦可纳入重整计划的权益处置部分。基于此规定,通过信托方式的债权让与可通过《破产法》第228条第1句意义上的财产权变更方式实现,并由受托人承担向债权人清偿的义务(BGH,aaO Rn. 11;Schmidt/Spliedt, InsO, 19. Aufl., § 259 Rn. 8; HmbKomm - InsO/Thies, 6. Aufl., § 259 Rn. 9)。通过上述方式亦可使受托人拥有完整的处分权限,进而在破产重整程序终止后进行相应的诉讼(BGH, Urteil vom 15. Juni 1992-II ZR 88/91,ZIP 1992,1152 f.)。亦只有通过上述方式才能避免其他债权人在破产重整程序终止后请求对债务人所享有债权进行执行清偿。并且上述方式亦可防止债务人在破产重整程序终止后对此债权进行任意处分(Soergel/Leptien, aaO; Münchkomm - BGB/Bayreuther, 7. Aufl., § 185 Rn. 36; Staudinger/Busche, aaO; Häsemeyer, Insolvenzrecht, 4. Aufl., Rn. 28. 81)。法律并不允许债务人在破产重整程序终止后仅重获部分处分权(BGH, Urteil vom 7. Januar 2008, aaO Rn. 10)。并且基于《破产法》第259条第3款第1句的规定,由破产管理人或第三人于破产程序终止后继续进行撤销权诉讼以外的未终结诉讼亦是被禁止的(BGH, Urteil vom 7. Januar 2008, aaO; vom 7. Juli 2008-II ZR 26/07, WM 2008, 1615 Rn. 9; vom 10. Dezember 2009-IX ZR 206/08, WM 2010, 136 Rn. 10; vom 11. April 2013-IX ZR 122/12, ZIP 2013, 998 Rn. 8)。

4. 此外,本案重整计划对受托人的授权是为了进行追加分配,而此种追加分配亦不被允许。

a)基于《破产法》第259条第1款的强制性(Schiessler, Der Insolvenzplan, 1997, S. 205 f.),债务人不得在破产重整程序终止后只重获部分管理处分权限(BGH, Urteil vom 7. Januar 2008, aaO; MünchKomm-InsO/Huber, 3. Aufl. § 259 Rn. 12)。由此,在破产重整程序中亦不存在(《破产法》第203条意义上的)追加分配的问题。法律亦不允许在破产程序终止后为了追加分配而限制债务人的管理处分权(BGH, Urteil vom 7. Juli 2008, aaO Rn. 10; vom 10. Dezember 2009-IX ZR 206/08, WM 2010, 136 Rn. 9; MünchKomm-InsO/Huber, aaO § 259 Rn. 13; Uhlenbruck/Lüer/Streit, InsO, 14. Aufl., § 259 Rn. 10)。由于债务人的义务即为依照重整计划的规定清偿债务,所以亦不存在由原先

的管理人进行追加分配的问题(BGH,Urteil vom 7. Juli 2008,aaO;OLG Celle,ZIP2006,2394,2395 f.)。破产管理人只可依据《破产法》第259条第3款第1句的规定在破产重整程序终止后继续进行撤销权诉讼(BGH,Urteil vom 7. Januar 2008,aaO Rn. 10)。于此之外,即不存在“追加分配”的问题(BGH,Urteil vom 10. Dezember 2009,aaO Rn. 9 a. E.)。

b)本案中重整计划对债务人所享有债权的处置规定亦为一种违反法律规定的追加分配。由于债务人对P公司所享有的债权未让与受托人,所以这一债权仍是债务人财产的组成部分。如若破产重整程序终止后不存在上述的追加分配问题,破产管理人亦不得在程序终止后为了破产财团的利益进行相关诉讼。而正是由于破产管理人于程序终止后不能获得相应权限,那么重整计划同样亦不得规定由第三方作为受托人,且是不独立的受托人行使这一权限。

5. 此外,重整计划将通过行使破产撤销权可能获得的217,304.15欧元以及向P公司追偿可能获得的192,000欧元列入受偿对比分析表,但如上所述,上述资金的获取方式因违反相关规定而不具有可行性。而这亦导致了重整计划不符合《破产法》第220条第2款的要求。

a)依据《破产法》第220条第2款的规定,重整计划的陈述部分应包含所有有关该重整计划的实施基础和效果,且会影响重整参与人表决及法院裁决的内容(BGH,Beschluss vom 15. Juli 2010-IX ZB 65/10,WM 2010,1509 Rn. 42)。破产法的基本理念在于,任何重整参与人通过重整计划均应获得不低于破产清算情况下的待遇(《破产法》第245条第1款第1项,第247条第2款第1项,第251条第1款第2项;Uhlenbruck/Lüer/Streit,InsO,14. Aufl., § 220 Rn. 4)。因此,重整计划中的受偿对比分析表应列明破产清算及破产重整情况下债权人的受偿额,并告知债权人如何通过重整计划获得更佳受偿(HmbKomm-InsO/Thies,6. Aufl., § 220 Rn. 7;MünchKomm-InsO/Eilenberger,3. Aufl., § 220 Rn. 4)。于此方面,重整计划应详细描述债权人受偿情况如何得以改变,而重点则在于可供受偿财产的范围及其价值,从而有助于债权人及法院作出决策（BGH，aaO Rn. 45；HmbKomm－InsO/Thies，aaO；MünchKomm－InsO/Eilenberger，aaO；Schmidt/Spliedt，InsO，19. Aufl.，§220 Rn. 6，§231 Rn. 6；Uhlenbruck/Lüer/Streit，aaO）。

b）本案中的受偿对比分析表存在如下缺陷：

aa）重整计划受偿对比分析表的基本错误在于上述在破产重整程序终止后有关破产撤销权行使和对P公司债权信托式追偿的规定。如若破产撤销权未在重整程序终止前行使，则重整计划不可将由此可能获得的217,304.15欧元受偿列出。并且在破产撤销权成功行使的情况下，撤销权相对人亦依据《破产法》第144条第1款获得相应的债权清偿分配请求权。此外，如上所述，由于在破产重整程序终止后受托人无权追偿债务人享有的债权，所以债务人对P公司所享有的192,000欧元债权亦不应列入受偿对比分析表。由于基于破产撤销权而重获的财产以及债务人对P公司享有的债权构成了重整计划获批准情况下受偿资金的主要来源，但基于上述实施上的法律缺陷，导致其价值不应被列入重整计划受偿对比分析表。如若上述217,304.15欧元及192,000欧元的资金不应被视为可供受偿的资金，则重整计划所存有的缺陷就并非如上诉法院认为的那样只是会部分影响债权人的更优受偿，而是完全不会促成债权人的更优受偿。更确切地说，这一缺陷将会导致债权人的更劣受偿。

bb）上诉法院亦准确指出，重整计划将破产重整情况下管理人报酬不当减少了19,754.18欧元。在重整计划获批并终止破产重整程序的情况下，管理人的报酬将依据《破产管理人报酬条例》第1条第1款第2句加以确定，即依据程序终止时破产财团的评估价值。债务人于这一时点所享有的债权亦应计入破产财团价值。由此，本案中的重整计划并不能基于相关债权在程序终止后由受托人追偿而将此债权不计入破产财团价值，也不会产生破产管理人报酬减少的问题。

6. 基于上述列举的错误，重整计划在债权受偿的可执行性及可实现性方面都缺乏清晰性，且存在疑义，并由此导致了其在内容方面有违《破产法》第217条第1句、第221条第1句、第224条的规定。

a)重整计划必须包含对于债权人依其利益作出适当判断所必需的信息(BGH,Beschluss vom 19. Juli 2012-IX ZB 250/11,WM 2012,1640 Rn. 9)。

aa)"清晰性"原则要求重整计划不得包含多重含义,且会误导债权人决策的内容(Groß in:Hess/Groß/Reill-Ruppe/Roth,Insolvenzplan,4. Aufl.,1. Kapitel Rn. 462)。重整计划的内容亦应避免存在矛盾及疑义(Groß in:Hess/Groß/Reill-Ruppe/Roth,aaO 1. Kapitel Rn. 1121;Smid/Rattunde/Martini,Der Insolvenzplan,4. Aufl.,Rn. 6. 15 ff.),这些矛盾及疑义之处将会危及重整计划将来的具体实施和执行(Pink/Werheit in:Kraemer/Vallender/Vogelsang,Handbuch zur Insolvenz,2018,Kap. 23 Insolvenzplan,Rn. 101. 1;MünchKomm-InsO/Breuer,3. Aufl.,§231 Rn. 11;Spahlinger in Kübler/Prütting/Bork,InsO,2017,§231 Rn. 12)。重整计划对债权人受偿方式、时间及额度的规定必须清晰完整(Schiessler,Der Insolvenzplan,1997,S. 115)。

bb)重整计划亦可参照相关法条作出一般原则性规定,但此规定必须具有可解释性(BGH,Urteil vom 6. Oktober 2005-IX ZR 36/02,ZIP 2006,39 Rn. 9;HmbKomm-InsO/Thies,6. Aufl.,§221 Rn. 2)。应被指摘的是自相矛盾且无法通过解释清晰化的重整计划(BGH,Urteil vom 9. Januar 2014-IX ZR 209/11,BGHZ 199,344 Rn. 18 f.)。

b)在本案中,重整计划对受偿额度的规定在可实现性及可执行性方面均缺乏清晰性,且存在疑义。重整计划仅允诺债权人受偿比例为18.35%,但却存在这样一种风险,即其可实现性有赖于撤销权行使及受托人追偿这些延缓条件,而这些条件本身却无法成就。由此,本案中的重整计划即不具有可执行性。

aa)重整计划可附加生效条件或解除条件(MünchKomm-InsO/Eidenmüller,aaO §217 Rn. 42 ff.;§221 Rn. 27;HmbKomm-InsO/Thies,6. Aufl.,§221 Rn. 10)。依据《破产法》第224条的规定,重整计划应明确规定债权减让的额度、延缓的期限等内容。对债权延期支付亦可附加延缓条件(Schmidt/Spliedt,InsO,19. Aufl.,§224 Rn. 3)。

bb）协议中所设定的条件如若无法成就，则为条件不能。附解除条件情况下的条件不能意味着行为的绝对有效性。而附生效条件情况下的条件不能则将导致行为的无效（Staudinger/Bork, BGB, 2015, Vor §§158 bis 163 Rn. 30; MünchKomm - BGB/Westermann, 7. Aufl., §158 Rn. 48; Erman/Armbrüster, BGB, 15. Aufl., Vor §158 Rn. 8; Bamberger/Roth/Rövekamp, BGB, 3. Aufl., §158 Rn. 29; Armgardt in Herberger/Martinek/Rüßmann u. a., jurisPK - BGB, 8. Aufl., §158 Rn. 6）。

cc）在本案中，债权受偿实际上有赖于相应条件，但这一条件却因违反法律规定而无法成就（Silcher in Ahrens/Gehrlein/Ringstmeier, InsO, 3. Aufl., §224 Rn. 13）。此外，本案中重整计划规定："在支付破产费用后，破产债权将在程序终止后的一个月从剩余破产财产中得到清偿。"这一债权受偿期日的规定显然缺乏清晰性。与之相同，将债权受偿与破产撤销权行使及债务人所享有债权的追偿相关联亦导致受偿期日模糊不清。

c）进一步而言，如若债权清偿的时刻永远无法到来，则重整计划不具有可执行性。

aa）《民事诉讼法》第 726 条第 1 款的出发点是，只有当执行依据的实现取决于确定会发生的事实，其才具有明确性和可实现性（MünchKomm-ZPO/Wolfsteiner, 5. Aufl., §726 Rn. 2; BGH, Urteil vom 7. Oktober 1977-V ZR 131/75, NJW 1978, 1262, 1263）。附加延缓条件即属于上述情况（Zöller/Seibel, ZPO, 32. Aufl., §726 Rn. 2; Stein/Jonas/Münzberg, ZPO, 22. Aufl., §726 Rn. 3; Wieczorek/Schütze/Paulus, ZPO, 4. Aufl., §726 Rn. 5）。原则上相关返还义务或支付义务的履行可以另一诉讼程序中生效判决的结果为前提（RGZ 81, 299, 300; OLG München, Rpfleger 1984, 106; Stein/Jonas/Münzberg, ZPO, 22. Aufl., §726 Rn. 4）。

bb）然而，只有当作为条件的相关事实结果虽具有不确定性，但必然会产生时，相应执行才能加以明确。如若不然，则不具有可实现性

(BGH,Beschluss vom 19. August 2010 – VII ZB 2/09, WM 2010, 1788 Rn. 20; Schuschke in Schuschke/Walker, Vollstreckung und Vorläufiger Rechtsschutz, 6. Aufl., § 726 Rn. 4; Zöller/Seibel, ZPO, 32. Aufl., § 726 Rn. 2)。而在本案中,债权的受偿期限取决于尚待提出的诉讼,且这些诉讼的可实施性亦存在问题。

7. 本重整计划有关债务豁免的规定亦存在矛盾之处。依据《破产法》第 258 条的规定,只要重整计划获得批准生效,则破产法院将终止破产程序。并且依据《破产法》第 227 条的规定,债务人将依据重整计划的规定清偿债务人,并免除除此之外的剩余债务。而在本案中,债务人本应在程序终止时获得剩余债务免除,但重整计划又规定通过在破产重整程序终止后获得的相应资金清偿债务,进而获得剩余债务的免除。显然,于此方面,重整计划自相矛盾。

8. 依据《破产法》第 250 条第 1 项的规定,如若相应缺陷严重且无法被消除,则法院将拒绝批准已表决通过的重整计划。本案即是如此。

a) 本案中重整计划严重违反了《破产法》就重整计划内容的要求。

aa) 如若重整计划的缺陷对重整计划表决通过造成了影响,则存在严重违反的情况(BGH, Beschluss vom 3. Dezember 2009 – IX ZB 30/09, NZI 2010, 101 Rn. 3; vom 13. Oktober 2011 – IX ZB 37/08, WM 2012, 180 Rn. 11; Uhlenbruck/Lüer/Streit, InsO, 14. Aufl., § 250 Rn. 5)。此缺陷对重整计划表决通过造成的影响不必肯定存在,而只要造成严重担忧即可(Schmidt/Spliedt, InsO, 19. Aufl., § 250 Rn. 5; Uhlenbruck/Lüer/Streit, aaO)。

bb) 本案中重整计划对程序终止后撤销权行使以及对 P 公司债权信托方式追偿的规定,对受偿对比分析表的规定,以及重整计划存在的不清晰及矛盾之处均是《破产法》第 250 条意义上的严重缺陷。而这些存有缺陷的规定,尤其是对债权人受偿的错误表述,又明显对重整计划表决通过造成了不当影响。

b) 本案中重整计划所存在的缺陷无法被消除。破产重整程序上的缺陷往往可以通过重新进行或事后弥补的方式得以消除(MünchKomm-

InsO/Sinz, 3. Aufl., §250 Rn. 39; Pleister in Kübler/Prütting/Bork, InsO, 2017, §250 Rn. 13; HK-InsO/Haas, aaO §250 Rn. 5; HmbKomm-InsO/Thies, 6. Aufl., §250 Rn. 10; Schmidt/Spliedt, aaO §250 Rn. 9)。然而,如若相关缺陷在重整计划表决期日后才被发现确认,则此缺陷将无法被消除(MünchKomm-InsO/Sinz, aaO; Pleister, aaO Rn. 14; Haas, aaO)。本案中的重整计划就存在这样无法被消除的缺陷。

综上所述,本案合议庭驳回债务人的上诉。

判例三 针对(不)批准破产重整计划裁定上诉的审查

关键词:异议权;上诉权;司法审查

案件编号:BGH, Beschluss vom 17. 07. 2014-IX ZB 13/14

案件检索:NJW 2014, 2436

相关法条:德国《破产法》第 251 条,第 253 条第 2 款第 3 项

(一)判决要旨

如若债务人企业的股东确信,重整计划将使其处于相较于破产清算更为显著不利的境地,则即使其在重整计划批准程序中并未依据《破产法》第 251 条提出异议,其亦可依据《破产法》第 253 条第 2 款提出上诉。

(二)案件事实

债务人企业 S 为一出版社,其于 2013 年 5 月 27 日提交了重整申请。破产法院于 2013 年 8 月 6 日正式启动重整程序,并批准了债务人自行管理,任命了财产管理人。U 基金会在债务人企业 S 占股 61%,另一股东 B1 占股 39%。债务人企业于 2013 年 8 月 6 日提交了重整计划,并于 10 月 21 日进行了修改完善,尤其是明确规定了债务人企业将变更为股份公司。在 2013 年 10 月 22 日进行的审议及表决会议上,此重整计划获得了各债权人分组的表决通过。然而,B1 对此重整计划投了反对票,且其在此之前亦已明确表示反对,但其并未在重整计划批准

程序中依照《破产法》第 251 条提出异议。破产法院其后批准了此重整计划。B1 对破产法院批准重整计划的裁定向上诉法院提出上诉,上诉法院裁定不予受理。其后 B1 向本院再次提出上诉。

(三)裁定理由

Ⅰ.

上诉法院认为,B1 在重整计划批准程序中并未提出异议,因此不予受理其上诉请求。尽管《破产法》第 253 条并未规定针对重整计划批准裁定的上诉应以依照《破产法》第 251 条提出过异议为前提,但上诉人应穷尽其破产重整程序中的相关权利。依据《破产法》第 253 条第 2 款第 3 项的规定,针对批准重整计划的裁定提出上诉的前提条件包括重整程序参与主体在表决期日确信其将因重整计划而处于相较于破产清算更不利的处境。这一确信亦使其享有了提出异议的权利。然而,在本案中,根据当时的会议记录,B1 在法院告知其享有异议权的情况下亦未在重整计划批准程序中提出异议。

Ⅱ.

本案合议庭认为,尽管上诉法院认为《破产法》第 253 条第 2 款第 1~3 项规定的前提条件已经得到满足,但其亦对提起上诉附加了"上诉人须之前依据《破产法》第 251 条提出异议"的额外前提条件。这一观点是错误的,且无法成为不予受理的理由。

1. 在《企业重整促进法》生效前,本院曾认为,针对批准重整计划裁定提出的上诉,只要债权人确信其因重整计划利益受损,法院即应受理(BGH, Beschluss vom 7. Juli 2005 - IX ZB 266/04, BGHZ 163, 344, 347; vom 15. Juli 2010 - IX ZB 65/10, WM 2010, 1509 Rn. 26; vom 13. Januar 2011 - IX ZB 29/10, ZIP 2011, 781 Rn. 5; vom 13. Oktober 2011-IX ZB 37/08, WM 2012, 180 Rn. 7)。并且于旧法下,上诉不仅不以上诉人于重整计划批准前提出异议为前提条件(BGH, Beschluss vom 7. Juli 2005, aaO; vom 13. Januar 2011, aaO),而且上诉人亦无须确信其将因重整计划而处于相较破产清算更不利的境地(BGH, Beschluss vom 15. Juli 2010, aaO)。

2. 在上述判决要旨的基础上,立法者通过 2012 年 3 月 1 日生效的《企业重整促进法》对《破产法》第 253 条规定的法律救济途径进行了适当限制,从而避免无正当理由的上诉(BT-Drucks. 17/5712,S. 35)。

a)在《企业重整促进法》将债务人企业出资人亦纳入重整程序的情况下,《破产法》第 253 条第 1 款亦赋予了出资人针对法院(不)批准重整计划裁定提出上诉的权利(BT-Drucks. 17/5712,aaO)。此外,新增加的《破产法》第 253 条第 2 款的规定对提出上诉的前提条件进行了修订。且不论《破产法》第 253 条第 2 款第 1~3 项规定的前提条件,提出上诉的基本前提是存在上诉利益,即重整计划侵害了上诉人的利益。依据《破产法》第 253 条第 2 款第 1 项的规定,上诉人须通过书面或于表决期日计入会议记录的方式明确表达对重整计划的反对。并且《破产法》第 253 条第 2 款第 2 项进一步要求上诉人须参加重整计划表决且投了反对票。

b)进一步而言,《破产法》第 253 条第 2 款第 3 项的规定严格化了上诉权行使所需具备的实质上诉利益,提出了"显著性"门槛的要求,也即上诉人须确信其将因重整计划而处于相较于破产清算更显著不利的境地。立法者在立法理由中明确指出,此不利处境应达到显著性门槛(Erheblichkeitsschwelle,BT-Drucks.,aaO)。并且《破产法》第 253 条第 2 款第 3 项还补充规定,上诉人主张的利益受损须无法通过第 251 条第 3 款规定中提及的资金补偿条款得到适当弥补。换言之,重整计划中的预防性措施可以排除上诉权的享有。

3. 依据《破产法》第 253 条第 2 款第 1~3 项的规定,并且考虑到立法者的立法理由以及法律的系统性,上诉法院对于提出上诉前提条件的解析是错误的。针对(不)批准重整计划裁定的上诉不以上诉人在重整计划批准程序中曾依据《破产法》第 251 条提出异议为前提(Schmidt/Spliedt,InsO,18. Aufl.,§ 251 Rn. 17,§ 253 Rn. 6;MünchKomm-InsO/Sinz,3. Aufl.,§ 251 Rn. 57)。

a)《破产法》第 253 条第 2 款第 1~3 项的规定基本是在联邦最高法院相关裁决基础上制定出来的,尤其是"重整计划批准程序中提出异议"的必要性问题(BGH, Beschluss vom 7. Juli 2005-IX ZB 266/04, BGHZ 163, 344, 347; vom 13. Januar 2011-IX ZB 29/10, ZIP 2011,781 Rn. 5),以及"对于处境恶化确信"的问题(BGH, Beschluss vom 15. Juli 2010-IX ZB 65/10, WM 2010,1509 Rn. 26)。德国联邦最高法院当时的观点认为,上诉的提出只要上诉人确信利益受损即可,而不以之前依照《破产法》第 251 条提出过"处境恶化"异议为前提(BGH, aaO)。

b)与上述判决相一致,现行《破产法》第 253 条第 2 款第 3 项亦不要求上诉人在重整计划批准程序中必须依据《破产法》第 251 条提出过"处境恶化"的异议。

aa)法律救济途径的构建必须严格遵循平等、明确以及内在逻辑性原则(BVerfGE 74,228,234)。法律救济途径使得公民明确其权利受保护的界限与方式,因此其行使的规则必须对于公民而言尽可能清晰明确(BVerfGE 54,277,292 f.)。尽管《基本法》第 19 条第 4 款并不禁止立法对司法救济途径设置前提条件,但立法者构建法律救济途径时无疑应追求"有效保护权利"的目标,并且所构建起的法律救济途径亦应是妥帖适当的,并可为权利主张者所用。在法律解释时,法官亦应遵循上述原则,其不得为相关主体法律救济之路设置不可预见的、缺乏正当理由的障碍(BVerfGE 77,275,284)。

bb)依据上述标准,为上诉设置法无明文规定的前提条件,也即于上诉提出前曾在重整计划批准程序中依据《破产法》第 251 条提出过异议,则显然不符合《破产法》第 253 条第 2 款第 3 项规定的应有之义。

(1)《破产法》第 253 条第 2 款第 3 项的规定为:"上诉人确信将因重整计划而处于更显著不利境地,且其主张的利益受损无法通过第 251 条第 3 款规定中提及的资金补偿条款得到适当弥补。"立法者在引入"显著性门槛"的同时亦认为,上诉人应确信存在处境恶化,但并未要求其曾在重整计划批准程序中依照《破产法》第 251 条提出过"处境恶化"的异议(BT-Drucks. 17/5712 S. 35 f.)。如若上诉权的行使以曾在重整计划批准程序中依照《破产法》第 251 条提出过"处境恶化"异议为前提，而《破产法》第 251 条亦要求异议人确信存在“处境恶化”，则《破产法》第 253 条第 2 款第 3 项中所要求的上诉人对“处境恶化”的确信就显得毫无意义了。更确切地说，《破产法》第 253 条第 2 款第 3 项中所要求的上诉人对“处境恶化”的确信反而意味着上诉的提出并不以之前曾依据《破产法》第 251 条提出过异议为前提（G. Fischer，NZI 2013，513，515；Brünkmans，ZInsO 2014，993，994），而只要在上诉书中说明上诉人确信存在“处境恶化”即可。

（2）尽管立法者在立法理由中指出，上诉人应已穷尽其破产重整程序中的相关权利，但由此亦不能推导出“先行依据第 251 条提出异议”的必要性。对于立法理由不能断章取义。实际上，立法者立法理由的完整表述为：“依据 A 款第 2 句第 1 项的规定（也即《破产法》第 253 条第 2 款第 1 项的规定），只有当上诉人已穷尽其破产重整程序中的相关权利以阻止重整计划获得批准时，上诉才应被允许（BT-Drucks. 17/5712 S. 35）。”这一立法理由说明显然是针对《破产法》第 253 条第 2 款第 1 项的规定，由此立法者所指的“阻止重整计划获得批准所应穷尽的权利”应是指对重整计划提出反对意见的权利。与之相关的进一步阻止重整计划获得批准的权利则应是《破产法》第 253 条第 2 款第 2 项所规定的且为立法者反复强调的对重整计划投反对票的权利。而《破产法》第 251 条所规定的异议权则从未被提及。就上述而言，显然立法者并不想将“曾依《破产法》第 251 条提出异议”作为上诉权行使的前提条件（MünchKomm-InsO/Sinz，3. Aufl.，§ 251 Rn. 57）。“穷尽破产重整程序中的相关权利”也并非是指应首先依据《破产法》第 251 条提出异议。

（3）如若立法者真欲将依据《破产法》第 251 条提出异议作为上诉受理的前提条件，其完全可以将《破产法》第 253 条第 2 款第 3 项立法规定为“上诉人曾依据本法第 251 条提出过‘显著处境恶化’的异议”。而这一表述显然相对于目前法条的表述更为简短，且不存在任何法律解释的空间。立法者放弃这一表述亦表明依据《破产法》第 251 条提出异议并非上诉受理的前提条件。法律救济途径的明确性是对法治国家的必要要求(BVerfGE 57,9,22)。如若法院毫无法律依据地将“先行提出异议”作为上诉受理的前提条件,则是为法律救济途径不当地设置障碍。

c)上述阐释亦符合通过《企业重整促进法》新增的《破产法》第253条第3款规定的告知义务(Belehrungspflichten)以及在违反此义务情况下的法律后果。依据《破产法》第253条第3款的规定,本条第2款第1、2项适用的前提是,在相应债权人会议公告和邀请函中明确指明了提出反对意见和投票反对票作为上诉权享有的必要性。由于《破产法》第253条第3款规定中并未提及“依照《破产法》第251条提起异议”,因此基于法律救济途径明确性原则(Grundsatz der Rechtsmittelklarheit),亦可明确上诉提起并无其他前提条件。

《破产法》第253条第3款规定的目的在于使相关主体明确程序参与对其主张上诉权的必要性。如若上诉人不知且无机会可知本条第2款第1、2项为其上诉权行使的前提,则依法治国家的要求,亦原则上不得剥夺其上诉权(BT-Drucks. 17/5712 S. 36)。立法者认为,对“《破产法》第253条第2款第1、2项作为上诉权行使前提”的告知是不可或缺的。就此而言,如若依据《破产法》第251条提出异议乃上诉受理的前提条件,则《破产法》第253条第3款亦应就此规定相应的告知义务(Fölsing,EWiR 2014,293,294)。而由于立法者未作出相应规定,因此亦可得出结论:“依《破产法》第251条提出异议”并非上诉受理的前提条件。

d)从字面及体系角度理解,一方面依据《破产法》第251条的规定,“处境恶化”是依申请而须加以审查的批准重整计划的实体性障碍,而另一方面依据《破产法》第253条第2款第3项的规定,“处境恶化”又是上诉受理的形式要件。就上述立法设定而言,“依《破产法》第251条提出异议”亦不能成为上诉受理的前提。

aa)依据《破产法》第251条第1款第1、2项的规定,如若异议人至迟在表决期日前以书面形式或通过记入会议记录的方式表达了对重整计划的反对意见,且其将会因重整计划而被置于比破产清算更不利的境地,则法院将拒绝批准重整计划。与此同时,《破产法》第 251 条第 2 款规定,只要异议人至迟在表决期日前确信其将因重整计划而处境恶化,则其异议申请应被受理。而其确信程度达到极有可能即可(BGH, Beschluss vom 29. März 2007 – IX ZB 204/05, WM 2007, 902 Rn. 10)。在满足上述条件的情况下,破产法院即有义务查明,是否真的存在"处境恶化"的情况(MünchKomm–InsO/Sinz, aaO § 251 Rn. 50; Schmidt/Spliedt, aaO § 251 Rn. 28)。法院审查范围应以异议人所主张的内容为限(BGH, Beschluss vom 19. Juli 2012 – IX ZB 250/11, WM 2012, 1640 Rn. 6)。如若存在"处境恶化"的情况,即便并不显著,且不存在《破产法》第 251 条第 3 款意义上的资金补偿条款,则破产法院必须拒绝批准重整计划(HmbKomm–InsO/Thies, 4. Aufl., § 251 Rn. 25; HK–InsO/Haas, aaO § 251 Rn. 10)。

bb)而依据《破产法》第 253 条第 2 款第 3 项的规定,只有当上诉人确信其将因重整计划而处于相较于破产清算更为显著不利境地,且其所遭受的损失无法通过《破产法》第 251 条第 3 款规定的补偿资金得到弥补时,其所提出的上诉才应被受理。与《破产法》第 251 条第 1 款第 2 项的规定不同,第 253 条第 2 款第 3 项所规定"处境恶化"存在"显著性"门槛的要求。并且法院拒绝批准重整计划必须以法院查明存在"处境恶化"情况为前提,而上诉的受理则只需上诉人确信存在"显著处境恶化"情况即可。

cc)由上述可见,立法者对依据《破产法》第 251 条拒绝批准重整计划的条件设置与依据《破产法》第 253 条第 2 款第 3 项上诉受理的前提设置进行了严格区分。由此,《破产法》第 251 条意义上异议的提出与上诉的受理并无任何关联。而只要《破产法》第 253 条第 2 款规定的前提条件满足,则上诉即是被允许的。

e)值得注意的是,在本案中,上诉人主张存在违反《破产法》第 250 条规定的情况。然而,如若不存在显著性的"处境恶化",尤其是在重整计划中存在资金补偿条款这样的预防措施的情况下,相关上诉将因缺乏实质上诉利益而不被允许(BT – Drucks. 17/5712 S. 36)。《破产法》第 253 条第 2 款严格化了上诉受理的前提条件（BT-Drucks. aaO S. 35），尤其是在《破产法》第 253 条第 2 款第 3 项所要求的实质上诉利益中设置了“显著性”门槛的要求（BT-Drucks.，aaO）。尽管如此，如若《破产法》第 253 条第 2 款第 3 项仅仅针对的是对第 251 条违反而产生的上诉，则其将毫无实际意义。

4. 由于《破产法》第 253 条第 2 款第 3 项只涉及针对（不）批准重整计划裁定上诉的受理条件，因此在上诉程序中，法院所进行的审查应等同于破产法院在重整计划批准程序中所进行的合法性审查（BGH，Beschluss vom 23. Oktober 2008-IX ZB 235/06，WM 2009，85 Rn. 10）。由此，上诉人亦可主张存在违反《破产法》第 248～252 条规定而侵害其权利的情况（BGH，Beschluss vom 24. März 2011-IX ZB 80/11，WM 2011，946 Rn. 11；G. Fischer，NZI 2013，513，515）。但如若上诉人未及时主张《破产法》第 251 条意义上的“处境恶化”，则其不得再援引第 251 条主张存在权利侵害（BGH，Beschluss vom 15. Juli 2010-IX ZB 65/10，WM 2010，1509 Rn. 17 ff.）。尽管如此，上诉人仍可主张存在违反《破产法》第 250 条规定的情形（BGH，aaO Rn. 23）。上述基本原则亦适用于《企业重整促进法》生效之后，特别是在该法严格化上诉受理条件的情况下（HmbKomm-InsO/Thies，aaO § 253 Rn. 21；Pape/Uhländer/Backes，InsO，§ 253 Rn. 35）。

5. 有观点认为，如若程序违法并未导致显著性的“处境恶化”，则基于此种程序违法的上诉请求应无法获得法院支持。并且这种程序违法无法通过《破产法》第 251 条第 3 款的规定得到适当补偿（Schmidt/Spliedt，aaO § 253 Rn. 14；MünchKomm-InsO/Sinz，aaO § 253 Rn. 55；G. Fischer，aaO）。本案合议庭并不认同此种观点。

a）《破产法》第 253 条第 2 款第 3 项的规定并不能为上述观点提供支撑。即便《破产法》第 251 条第 3 款所规定的资金补偿是与《破产法》第 251 条第 1 款相对应（Schmidt/Spliedt，aaO；MünchKomm-InsO/Sinz，aaO，G. Fischer，aaO），但这亦并不能阻止立法者在《破产法》第 253 条第 2 款第 3 项引入第 251 条规定意义上的“处境恶化”，并将之设计为上诉受理的形式要件。正是由于《破产法》第253条第2款第3项仅仅是上诉受理的形式要件,所以其并不能被扩展适用于上诉程序中法院所进行的实质审查。在上诉被受理的情况下,上诉亦可基于其他违法情形而获得支持。

b)进一步而言,在满足上诉受理条件的情况下,法律并未对上诉程序中的实质审查附加任何限制。学界有观点认为,《破产法》第253条第2款第3项具有"扩张效应"(Ausstrahlungswirkung),也即对上诉程序中法院的实质审查具有约束力(MünchKomm-InsO/Sinz, aaO)。但这一观点既无明确法律依据,亦无法从立法资料中得到支撑。因此,上诉程序中的实质审查并不限于《破产法》第253条第2款第3项意义上的处境恶化。更准确地说,上诉程序中的实质审查应遵循既往判例的观点:即便在无充分证据支持存在《破产法》第251条意义上的"处境恶化"的情况下,上诉请求亦可通过举证证明存在其他违法情形而最终获得法院支持(BGH, Beschluss vom 15. Juli 2010-IX ZB 65/10, WM 2010, 1509 Rn. 23)。

c)立法者只是想通过《破产法》第253条第2款第3项的规定对上诉的提起进行适当限制(BT-Drucks. 17/5712 S. 35)。在缺乏其他依据的情况下,并不能认为立法者亦试图将上诉中的实质审查限定在《破产法》第251条意义上的"处境恶化"。

综上所述,本案合议庭撤销上诉法院的相关裁定,并发回上诉法院重审。于此本案合议庭想指出的是:根据本案中重整计划的规定,所有债权人都将获得全额受偿。而在依照重整计划将债务人企业变更为股份有限公司的情况下,且考虑到潜在的增资,B1所持有的股份显然将会被稀释,同时考虑到依据《股份公司法》第68条第2款第1句的规定,B1转让股份必须经公司董事会同意,因此B1所持有股份的价值显然将大大贬值。即便考虑到重整计划为此提供的资金补偿,其所遭受的损失显然亦将会超过立法者设定的界限,因此亦有法官认为B1将极有可能面临显著的"处境恶化"。

评析

一、德国破产重整制度概述

进入破产程序并不意味着危机企业必将消亡。重整程序不仅可使危机企业重获新生,而且可实现债权人利益的最大化。亦为关键的是,破产清算不仅会导致企业资产的拆散,而且会导致工作岗位的丧失,甚至引发多米诺骨牌式的连锁破产,对某一区域,甚至某一国经济造成巨大损失。德国在2009年曾做过一次统计,破产对国民经济造成的损失高达约500亿欧元。而借由破产重整,具有生存能力的危机企业得以通过继续经营实现其价值最大化(Maximierung des Unternehmenswertes durch Unternehmenssanierung)。② 德国《破产法》第1条即规定:"破产程序的目的在于,通过对债务人财产的变价和对其剩余财产的分配,或者通过破产计划作出变通规定的方式,尤其是通过维持企业继续经营的重整计划,使债权人共同受偿。"尽管德国破产法视角下的重整制度乃为实现债权人利益最大化目标所设,但毋庸置疑,破产重整制度亦可维系具有继续经营能力企业的生存。③ 进而,破产重整甚至能实现社会和经济稳定功能。

1994年德国《破产法》改革的重点之一就是引入了破产计划制度(Insolvenzplan)。德国破产计划制度的前身是德国旧破产法中的和解制度(Vergleich),并吸收转化了美国司法重整制度中的许多内容。依据德国《破产法》第217条第1句的规定,对于担保债权人和破产债权人的清偿、破产财产的变现和破产财产的分配以及破产程序终结后债务人的责任,破产计划可以偏离破产法另行作出规定。也就是说,破产计划的内容就不限于企业的重整,一切可能的灵活处理手段都可以被采用,如对企业出售、债权清偿、破产财产变价和分配等内容另行作出

---

② Eidenmüller, ZIP 2010, 649, 651.

③ Braun/Uhlenbruck, Unternehmensinsolvenz, S. 47 f.

规定,这也是德国破产计划制度和美国重整制度最大的区别之一。并且此程序亦适用于自然人。因此在本部分案例翻译时,笔者考虑到便于读者理解而撇开制度差异进行了适当调整。

德国重整程序主要分为重整计划的提出、表决通过、执行和监督三个阶段,即首先由债务人或破产管理人提出重整计划草案,然后由法院确定一审议期日、审查期日以及表决期日,待重整计划经债权人分组讨论并表决通过后,再交由法院批准进入执行阶段。亦值得注意的是,与美国破产法分为清算程序和重整程序相对,德国破产法是统一的破产程序,没有单独启动重整程序的可能,④而是在对债务人企业经济情况全面分析的基础上,由债权人对债权清偿方式做出选择。⑤ 德国统一破产程序架构的优势在于,清算程序和重整程序的转化更加灵活方便,而且实际上德国破产法也允许在破产程序开始之初就确定程序的最终目的,从而避免某些和重整目的相违背的措施,比如将企业经营必需的财产出售。德国《破产法》第 218 条第 1 款第 2 句就规定,债务人可以在申请启动破产程序的同时提出重整计划草案。由此,即可尽早明确企业重整的程序走向。

进入 21 世纪,西方各国的破产重整制度已从 20 世纪的制度构建阶段转入了 21 世纪的制度细化及优化阶段,并都针对法律实践中出现的问题,以提高破产重整制度的灵活性及效率性为主旨进行了改革。德国也于 2012 年通过《企业重整进一步促进法》(Gesetz zur weiteren Erleichterung der Sanierung von Unternehmen,以下简称《重整促进法》)对该国的破产重整制度进行了改革,该法于 2012 年 3 月 1 日生效。修订后的德国《破产法》第 6 章共有 61 条规定,另有其他与破产重整制度相配套的数十条规定。与系统完善的立法相对应的是理论研究方面的繁荣昌盛。据笔者不完全统计,仅在 2011 年修订前后,在德文核心法

---

④ Kemper, Die U. S. -amerikanischen Erfahrungen mit "Chapter 11": ein Vergleich mit den Insolvenzplan der neuen Insolvenzordnung, 1996, S. 215.

⑤ Kemper, Die U. S. -amerikanischen Erfahrungen mit "Chapter 11": ein Vergleich mit den Insolvenzplan der neuen Insolvenzordnung, 1996, S. 222.

学杂志(共10种)上发表的有关破产重整制度的专题论文就有80余篇。由于德国联邦最高法院关于破产重整的裁决主要涉及重整计划审查批准的问题,且2012年德国《重整促进法》于此方面进行了较大改革,加之我国2018年的《全国法院破产审判工作会议纪要》(以下简称《会议纪要》)特别强调法院在市场化重整识别方面的作用,因此笔者选取了《重整促进法》生效后有关重整计划审查批准的几个典型裁决。实际上,无论于立法还是司法角度而言,破产重整的难点均在于重整识别。问题的关键在于,重整识别不仅涉及法律问题,更以一系列的商业判断为基础。由此,重整识别需要解决的基本问题即在于立法及司法如何应对商业判断不确定性。

二、重整计划的预审查

我国与德国破产重整程序的启动均以法院裁定受理为标志。德国法院对重整申请的审查一般只对是否存在破产(重整)原因进行审查,而不会介入重整可行性的商业判断。值得注意的是,我国2018年《会议纪要》第14条要求法院在审查受理重整申请时对"明显不具备重整价值以及拯救可能性的"企业进行预先识别。邹海林教授指出:"法院有必要协助和指导有关政府职能部门和债务人做好启动破产程序的预案或准备工作,对于那些具有挽救希望而又符合《企业破产法》规定的重整条件的债务人予以预先识别。然而,破产重整申请审查虽为启动重整程序所必需,但在这个阶段尚不具备实质审查的条件,故在司法实务上,法院受理破产重整申请应以形式审查为必要。"⑥换言之,在破产重整申请受理过程中,法院应仅对重整可行性进行初步形式审查,而将对于重整可行性的实质商业判断交由管理人的履职以及重整参与人的意思自治。

进而,《会议纪要》第16条指出:"……人民法院要加强与管理人或债务人的沟通,引导其分析债务人陷于困境的原因,有针对性地制定重整计划草案。……"而与我国采取的重整计划草案制定过程中的指

⑥ 邹海林:《供给侧结构性改革与破产重整制度的适用》,载《法律适用》2017年第3期,第61~62页。

导介入不同,德国采取的则是重整计划草案表决前的介入性识别,也即德国《破产法》第 231 条规定的重整计划草案的预审查制度。德国联邦最高法院 2015 年 5 月 7 日裁决即涉及重整计划草案预审查的问题。德国《破产法》第 231 条第 1 款第 1 句规定:"如若存在以下三种情形,则破产法院将拒绝重整计划草案:①重整计划草案的提交有违本法有关提交权和重整计划内容,尤其是重整参与人分组的规定,并且重整计划草案提交人无法消除此缺陷,或无法在法院设定的期限内消除此缺陷;②债务人提交的重整计划草案显然无法获得债权人表决通过或法院批准;③债务人提交的重整计划草案对相关权利人的权利调整及债权受偿显然无法实现。"相较于我国《会议纪要》第 16 条所提倡的重整计划草案制定过程中的指导介入,德国的预审查制度不仅更具可操作性,而且能进一步加强对重整计划合法性的风险管控,尤其有效管控预重整情况下以及无指导介入情况下制定的重整计划草案的潜在风险,进而避免不必要程序费用的产生。尤其在预审查拒绝重整计划草案的情况下,法院理应指明重整计划中存在的错误,并限定期限要求重整计划草案提交者修改完善后再提交。由此,将可达到《会议纪要》所欲达到的"避免程序空转"的目的,并为其后的(强制)批准审查奠定基础。此外,针对预审查拒绝重整计划草案的裁定,重整计划提交人应有权提出复议。由于"复议不停止程序进行",所以法院应采取一种"双轨策略",也即一方面尽力维持现状,另一方面,一旦不具备重整条件,则可转入清算程序受偿。

与德国法相对的是,美国破产法院在程序的初始阶段并不会进行预审查,而是依据美国《破产法典》第 1125 条的规定审查是否已为债权人提供了必要的信息。只要债权人获取了足够必要的信息,则其可以自行决定是否表决通过重整计划。⑦ 毫无疑问,重整计划预审查亦会引发程序迟延以及对法院商业判断能力缺失和不确定性的疑惑。首先,通过 2012 年《重整促进法》的修订,德国《破产法》第 231 条第 1 款第 2 句规定:"破产法院必须在重整计划草案提交后的两个星期内作出

---

⑦ G. Epstein, *Bankruptcy and Related Law*, 6th Edition, Law Press China, 2005, p. 436.

预审查决定。"此句规定的目的即在于加速程序的进行，避免司法审查对重整的不必要干扰。[8] 虽然重整计划预审查所引发的程序迟延问题通过2012年《重整促进法》的修改可得到有效管控，且法院只会在明显缺乏重整可能的情况下才会拒绝重整计划草案，但显然在此程序初始阶段法院对重整计划内容进行的价值判断，以及对重整计划获得表决通过的可能性的预估，将可能有违债权人的真实意思，进而违反债权人意思自治的基本原则。早在《重整促进法》生效之前，即有德国学者指出，在预审查过程中，破产法院不应审查重整前景，而只有在有具体证据表明重整计划无法实施的情况下，才应对重整前景进行审查。[9] 德国联邦最高法院2015年5月7日的裁决实际上对上述问题及担忧作出了明确解答。依此裁决，破产法院在预审查程序中所进行的应是全面法律审查，且不得对重整计划草案的经济合理性进行审查，并应最大可能不影响其后债权人基于意思自治对重整计划的表决。特别是法院不介入经济合理性审查的观点亦在其后被德国联邦最高法院2018年4月26日的裁决所引用。此外，值得注意的是，德国联邦最高法院在2017年2月16日的一项裁定中指出，即便重整计划通过了预审查，破产法院仍有权依据《破产法》的相关规定在重整计划批准程序中拒绝批准重整计划。[10]

德国联邦最高法院2015年5月7日裁决的另一重要意义在于，其为预审查的广度及深度提供了标杆。尤其是对重整计划陈述部分信息披露充分性的审查。实际上，德国《破产法》所规定的重整计划陈述部分或多或少借鉴了美国破产法的信息披露制度。德国学者黑瑟（Heese）在其2008年出版的专著《破产程序中债权人的信息获取》中甚至指出，德国法上的陈述部分是对美国法的不成功的移植，并亟须修正。其理由在于：德国《破产法》第220条第2款规定的信息的重要性"Erheblichkeit der Informationen für die Zustimmung und Bestätigung"标

⑧ Begr. zum RegE ESUG，BT-Drucks. 17/5712，S. 33.

⑨ Kersting，Die Rechtsstellung der Gläubiger im Insolvenzplanverfahren，S. 178.

⑩ BGH v. 16. 02. 2017，NJW 2017，2280.

准过于宽泛，并且德国立法者基于灵活性考量所区分的强制性陈述内容和选择性陈述内容毫无必要。由此，其建议，德国《破产法》第220条第2款所规定的内容应全部被列为强制性陈述内容，并由法院进行审查。此外，应借鉴美国2005年《破产滥用防止法》修改后的第431条第1款规定的“法院对信息披露充分性的审查”：在个案中，破产法院结合个案复杂性、相关信息对重整参与人决策的有用性及信息获取成本明确强制性表述的具体内容，从而增加个案中信息供给规定的灵活性。⑪ 就德国联邦最高法院2015年5月7日裁决而言，显然上述建议在司法层面已得到了一定程度的实现。此外，这一裁决对强制分组审查及任意分组标准的明确，对未参与程序债权人依照重整计划参与分配权利的重申，对相关“缺陷修复条款”效力的认定以及对德国《破产法》第231条第2款的解读亦为法律实践提供了十分重要的参考。

于此仍值得一提的是，在德国联邦最高法院2015年5月7日及2018年4月26日裁决所涉及的案例中，债务人在未获自行管理的情况下提交了重整计划草案。而依据我国《企业破产法》第80条第2款的规定，管理人负责管理财产和营业事务的，由管理人制作重整计划草案。与之相对，德国《破产法》第218条第1款规定：“破产管理人及债务人均有权提交破产（重整）计划草案。”此外，德国《破产法》第218条第2款规定：“债权人会议亦可在报告期日授权管理人，在适当期限内制作并提交重整计划草案。”通过上述规定，不同重整方案乃至破产财产变价方案形成了相互竞争，从而通过竞争发现最佳受偿方案，实现债权人利益最大化。⑫ 而债权人会议虽然获得的是重整计划草案的间接提案权，但这种间接提案权一方面可形成与债务人提案权相竞争的提案权，另一方面亦可通过授权排除破产管理人或债务人自行管理情况下债务人的自行提案权。竞争性提案权的优点在于，一方面可使重整参与人拥有更广阔的商业决策空间，另一方面亦可对管理人或债务人形成有效制约，避免管理人道德及能力风险给债权人带来的不利益，防

⑪ Heese, Gläubigerinformation in der Insolvenz, S. 310 ff.

⑫ Eidenmüller in: MünchKomm-InsO, § 218, Rn. 1.

范债务人滥用或操控重整。由此,存在疑问的是,我国《企业破产法》第 80 条赋予管理人或债务人的重整计划提案专属权是否会使得管理人或债务人拥有对企业重整的实际控制权,进而限制债权人的商业决策空间?然而,如若依照德国法相对竞争的提案权设置,将会出现相互竞争的两个重整计划草案的情况,而相竞争的重整计划草案无疑会引发程序迟延和费用上升的问题。视线再转至美国,其《破产法典》第 1221 条(b)、(c)款规定了债务人提案专属权享有的期限,但在此期限届满后,任何程序的参与人均可提交重整计划草案。显然,问题的核心在于设定适度竞争的提案权。此外,本案二审法院认为同一提案权人可提交多个重整计划草案,但按照德国学界的主流观点,德国《破产法》第 218 条第 1 款第 1 句规定的是"提交一个重整计划",由此重整计划提案权的竞争是不同提案者间的竞争,而非同一提案者的不同提案间的竞争。[13]

三、重整计划的批准审查

德国《破产法》第 248 条第 1 款规定,在债权人及出资人表决通过重整计划草案,债务人无异议后,重整计划将交由法院批准。德国联邦最高法院 2018 年 4 月 26 日的裁决即涉及表决通过重整计划交由法院批准审查的问题,且法院拒绝批准在该案中获得表决通过的重整计划。值得注意的是,与预审查中设定了两个星期的审查期限相比,德国《破产法》并未对最终批准审查期限作出明确限定,这一方面是基于法院批准审查的全面细致性,另一方面亦与德国重整计划批准中存在听证程序及异议权赋予相关。德国《破产法》第 248 条第 2 款即规定,法院在批准重整计划前应征求破产管理人、债权人委员会(如设置)和债务人的意见。此外,如果法院需要专业咨询机构的帮助,则其可依据德国《破产法》第 5 条第 1 款第 2 句的规定聘请相应专业咨询机构提供咨询

---

⑬ Braun in: Nerlich/Römermann InsO, § 218, Rn. 47; Braun/Uhlenbruck, Unternehmensinsolvenz, S. 641; Braun/Frank in: Braun-Kommentar InsO, § 218, Rn. 12; Smid/Rattunde, Der Insolvenzplan, 2005, S. 88 f., Rn. 3. 5.

意见。[14]

我国《企业破产法》第86条虽亦对重整计划正常批准的程序作出了规定，但有学者统计研究后指出："在31家正常批准重整计划的上市公司中，法院审查批准时间少于5天的有11家，占比约35%，有的甚至为1天或0天；法院超限审查批准的有1家，占比约3%；其他19家均在法定审查期限30日内获得法院批准，占比约62%。"由此，该学者质疑某些法院是如何在如此短的时间内审查重整计划的。[15] 毫无疑问，导致这一情况产生的原因之一即在于我国《企业破产法》第86条对重整计划正常批准条件规定得过于笼统。与之相对，德国联邦最高法院2018年4月26日的裁决即体现了德国法院对重整计划正常批准审查的全面细致性，也即应审查德国《破产法》第217、219～230条有关重整计划内容的规定，以及第218、231、232、234～247条有关破产重整的程序性规定是否得到遵守。与此类似，美国《破产法典》第十一章规定的法院行使"一致同意批准权"之前必须审查重整计划是否满足13个前提条件。[16] 而联合国《破产立法指南》第4章"重整"第58条亦规定了对重整计划提出质疑的7大理由。王欣新教授即指出，这些可以质疑的问题也是我国法院在正常或强制批准重整计划草案时应当审查的内容和应遵循的批准原则。[17]

---

[14] Eidenmüller, ZGR 2001, 680, 698.

[15] 参见丁燕：《上市公司破产重整计划法律问题研究：理念、规则与实证》，法律出版社2014年版，第144页。

[16] 也即符合美国《破产法典》第十一章第1129条(a)款的规定。对此可参见高丝敏：《重整计划强裁规则的误读与重释》，载《中外法学》2018年第1期，第237～238页。

[17] 这7大理由包括：(1)计划是以欺诈方式获得批准的(例如，给债权人和其他利益方提供错误的或误导性的信息，扣压与重整计划或债务人的财务有关的重要情况)；(2)表决程序中有舞弊现象(例如，相关人在破产法不允许的情况下参加表决，批准计划的决议不符合债权人的基本利益)；(3)组织会议或开会的方式有不正常的情况(例如，未发出适当的会议通知)；(4)计划中所载建议是出于不正当的目的提出的或计划中载有违法的规定；(5)计划不可行；(6)计划未满足对某类债权人中持异议的债权人的保护要求(例如，这些债权人根据计划所得将少于在清算中所得)；(7)计划中的建议对持异议者的利益造成不当损害，或计划中对债权的处理不符合破产法规定的债权排序方法(除非已达成协议同意更改该排序)。参见王欣新：《重整制度理论与实务新论》，载《法律适用》2012年第11期，第16页。

实际上,上述13个条件与7大理由均可体现在德国《破产法》第226、250、251条中。尤其是德国《破产法》第250条的规定更是法院正常批准审查的重中之重。而德国联邦最高法院2018年4月26日裁决的焦点问题亦在于此。依据德国《破产法》第250条的规定,在下列情形下,法院将拒绝批准已表决通过的重整计划:(1)本法有关重整计划内容和破产重整的程序性规定被严重违反,且该缺陷无法被消除;或者(2)破产重整计划的表决通过是以不正当的方式促成的,尤其是以优待个别债权人方式。就德国《破产法》第250条第1项规定而言,如若重整计划内容或程序上的缺陷足以对重整计划表决通过造成不当影响,则存在该项意义上的严重违反。于此情形下,法院必须拒绝批准此重整计划。对于德国《破产法》第250条第2项所规定的"不正当方式促成表决通过",德国联邦最高法院在其2005年3月3日的一裁决中指出,如若债权人或第三人以高于重整计划规定受偿额的价格购买了其他债权人债权,并由此通过行使表决权促成了本无法通过的重整计划的表决通过,则法院须依据《破产法》第250条第2项的规定拒绝批准该重整计划。⑱ 并且依据德国《破产法》第226条第3款的规定,任何破产管理人、债务人或第三人与重整参与人达成的表决协议或未纳入重整计划的利益提供协议均为无效。

概言之,与我国对于批准条件的"简单"规定相比,德美两国均对重整计划批准条件进行了详细规定。值得欣喜的是,我国法院正通过司法实践不断明确重整计划批准的具体审查标准。有地方法院认为:"法院在对重整计划批准之前坚持严格审查,主要集中在三个方面:第一,鉴于重整方案的表决主要涉及表决组内部利益的冲突,审查主要针对投反对票的债权人的异议理由,着重对异议债权人利益的合法保护进行形式上的审查;第二,审查重整计划草案中债务人经营方案的内容是否违反法律、行政法规的强制性规定,重整计划草案是否涉及国家行

---

⑱ BGH v. 03. 03. 2005, NZI 2005, 325.

政许可事项;第三,审查重整方案中对出资人原有股权的调整。”[19]最高人民法院法官亦撰文指出,经决议通过的重整计划仍存在多数人利用表决程序损害少数人权益的可能,因此法院应重点审查重整计划的内容是否符合债权人利益最大化原则、绝对优先原则、公平对待原则。[20]德国联邦最高法院 2018 年 4 月 26 日裁决的另一重要意义即在于结合个案对重整计划清偿对比分析表合法可行性的分析,而这实际上亦涉及“债权人利益最大化原则”。更准确地说,德国通过《破产法》第 251 条异议权的赋予来确保“债权人利益最大化原则”的实现。换言之,基于债权人意思自治原则,经债权人同意,重整计划亦可向其提供少于破产清算情况下的受偿额;但未经债权人同意,重整计划所提供的受偿额不得少于破产清算情况下的受偿额。德国法上将之形象的称为 Schlechterstellung,直译为“处境恶化”。依据德国《破产法》第 251 条第 1 款的规定,如若债权人或出资人至迟在表决期日前以书面形式或通过记入会议记录的方式表达了对重整计划的反对意见,且其将会因破产计划而被置于比破产清算情况下更不利境地,则法院将依此债权人或出资人申请拒绝批准重整计划。美国《破产法典》第 1129 条(a)款(7)(A)(ii)项亦对此作出了基本相同的规定,并将其称为“best-interests test”。

进一步而言,“债权人利益最大化原则”的实现固然有赖于法院的细致审查,但亦须依靠重整参与人异议权的赋予,从而为法院全面审查提供信息源。对于异议权的赋予,我国学者亦持赞同的观点。王欣新教授对此进行了详细阐述,其认为:“在各个表决组均通过重整计划草案的情况下,绝对优先原则不再适用,对各表决组中反对重整计划草案的权利人适用最大利益原则保护,即保障该权利人在重整计划中可以得到其在破产清算程序中原可得到的清偿或清算利益。这是少数服从

---

[19] 江苏省苏州市中级人民法院民二庭:《能动发挥破产重整程序作用实现对危困企业的司法拯救》,载《人民司法·应用》2010 年第 19 期,第 10 页。

[20] 王富博:《破产重整制度的发展与完善——〈全国法院破产审判工作会议纪要〉的解读(二)》,载《人民法院报》2018 年 3 月 28 日,第 7 版。

多数的表决原则适用的权利保障底线,是确定多数决原则适用是否正当的标准。反过来说,如果某一组别通过了重整计划草案,该组中的反对者只有在计划不符合最大利益原则的情况下,其反对才有实际意义。如果重整计划草案不符合最大利益原则,人民法院不得批准重整计划。在确认上述主张的情况下,法院将拒绝批准重整计划。这一规定将能确保债权人能至少获得破产清算情况下的债权分配额。……并且对尚未经过法院批准的重整计划草案提出异议,应当由受理破产案件的法院审查处理。"[21]

基于重整参与人提出的异议,在审查"处境恶化"时,将对比预估的破产清算情况下的受偿额与预估的破产重整情况下的受偿额。[22] 德国联邦最高法院2018年4月26日裁决分析的最终指向即在于此,并基本上从法律可行性及准确性角度进行分析。然而,尽管表面上"利益最大化原则"的判断是一项法律判断,因为只要进行清算情况下受偿额与重整情况下受偿额的"简单"对比,但其实际上亦涉及具有不确定性的商业判断。且不论破产清算情况下和破产重整情况下受偿额计算的烦琐复杂,亦不可回避的是两个数值的获得都为假设预估。尤其有争议的是企业清算情况下市场价值的判定。对于破产清算情况下受偿额的计算是以资产分别处置为计算标准,还是以营业整体出让,乃至特定情况下通过营业整体出让实现继续经营价值为计算标准。并且"最大利益原则"是否得到满足实际上亦以重整成功可能性判断为一预设的前提。

由此,令人担忧的是,在债权人主张其将因破产重整计划而受到相较于破产清算更差受偿的情况下,破产重整就极有可能为个别或少数债权人所阻止。更为可怕的是,少数重整参与人为一己私利而滥用其异议权。例如,债权人为了将债务人排挤出市场,将会不择手段地阻止债务人企业重整成功。于此情况下,本可实现共赢和利益最大化的重

---

[21] 参见王欣新:《重整制度理论与实务新论》,载《法律适用》2012年第11期,第15~19页。

[22] Maus in:Kölner Schrift zur InsO,2. Aufl. ,S. 957 f. ,Rn. 97.

整计划将被扼杀在摇篮之中,企业价值最大化的价值目标也将因此而无法实现。异议权的滥用不仅危及重整,亦是对其他债权人利益赤裸裸的侵害。早在《重整促进法》立法改革启动之前,就有德国学者主张对异议权进行适当的限制。[23] 基于上述考虑,《重整促进法》在德国《破产法》第 251 条增加了一款作为第 3 款,并对实务中经常采用的资金补偿条款作出了明确规定。也即如若重整计划中规定了《破产法》第 251 条第 3 款意义上的资金补偿条款,则破产法院亦可在存在"处境恶化"的情况下批准重整计划。这一规定亦在德国联邦最高法院 2014 年 7 月 17 日的判决中被多次提及,并结合个案具体情况进行了详尽分析。

需提请注意的是,针对不同程序阶段的法院审查,以及不同表决结果的批准审查,其内容合法性审查的具体标准亦应有所区别。2018 年《会议纪要》实际上已初步建构起了司法审查的层次性。尤其在引入预审查的情况下,于重整计划批准之时,法院将就表决程序的合法性进行重点审查。此外,法院的听证程序及异议权的赋予才是确保利益最大化原则和平等对待原则实现的关键,亦是正常批准区别于预审查的核心。而强制批准与正常批准审查的关键区别点则在于对经营方案可行性以及绝对优先权原则进行的审查。伴随着法院审查层次性的建构,法律亦应提供相应的法律救济途径。法院审查层次性应与法律救济途径的层次性相伴而生,相辅相成。针对预审查拒绝重整计划草案的裁定,重整计划提交人有权向法院提出复议。在重整计划草案获得表决通过的情况下,相关主体可在正常批准程序中提出异议,并要求法院拒绝批准重整计划;在重整计划草案未获表决通过的情况下,相关主体亦可请求法院强制批准重整计划。进而,德国《破产法》第 253 条第 1 款又规定,针对法院批准或拒绝批准重整计划的裁定,债权人、债务人和出资人均有权依据《破产法》第 253 条的规定提出上诉。进一步而言,针对法院(不)批准重整计划的裁决,相关主体所获得的法律救济途径不仅可促成识别出可重整成功的企业,亦可实现对无法重整成功企业的识别。从对预审查裁定的复议,到批准程序中的异议权,再到

---

[23] Kautzsch, Unternehmenssanierung im Insolvenzverfahren, S. 259.

上诉权的赋予，所形成的法律救济途径的层次性不仅可有效保护相关主体利益，亦可为法院审查提供线索和依据，并确保法院裁决以及重整计划的公平适当性。不可否认的是，从重整计划的预审查到正常批准审查，乃至强制批准审查，审查标准越发烦琐，难度逐步加大，更不断深入重整的商业判断，法院审查所引发的不确定性风险亦随之升高。且不论异议人或上诉人行为正当与否，最终结果如何，针对批准重整计划裁决的法律救济都将导致程序迟延和费用上升，并使得债权人受偿率下降，乃至重整失败，因此，立法亦应对法律救济途径进行适当的限制。

四、“处境恶化”与法律救济途径适当限制

德国联邦最高法院2014年7月17日裁决涉及的一个核心问题即是上述的“处境恶化”，但其并未对“处境恶化”进行实质上的判断，而是解决了理论及实务上关键性的三个问题。其一，如若相关主体在重整计划批准程序中并未依据《破产法》第251条提出异议，其亦可依据《破产法》第253条第2款提出上诉。其二，通过2012年《重整促进法》的修订，针对（不）批准重整计划裁定上诉的条件被严格化了，也即德国《破产法》第253条第2款的规定：（1）上诉人至迟在表决期日书面或以备案记录的方式反对重整计划草案；（2）上诉人已投票反对重整计划；（3）上诉人确信将因重整计划而处于更显著（wesentlich）不利境地时，并且其主张的利益受损无法通过第251条第3款规定中提及的资金补偿条款得到适当弥补。尤其是其中第2项“显著性门槛”的规定更是在《重整促进法》的司法部提案本提交德国联邦政府后新增加的。与此相对，在《重整促进法》修改之前，德国旧《破产法》第253条的规定为：债权人及债务人对破产法院（不）批准重整计划的裁定可提出立即上诉。并且按照当时德国联邦最高法院的观点，针对批准重整计划裁定提出的上诉，只要债权人确信其因重整计划利益受损，法院即应受理。[24] 其三，与相关主体依据德国《破产法》第251条提出异议而触发的审查不同，在提出针对（不）批准重整计划裁定上诉的情况下，法院的审查范围不以异议人主张的事实证据为限，而应等同于破产

㉔ BGH v. 15. 7. 2010, NZI 2010, 734.

法院在重整计划批准程序中所进行的合法性审查。我国实务界权威人士亦认为应建立针对重整计划批准裁定的法律救济途径,也即在相关主体提出复议后,上一级人民法院经审查认为重整计划符合《企业破产法》第87条第2款规定的,裁定驳回复议,维持原裁定。上一级人民法院认为重整计划违反《企业破产法》第87条第2款规定的,裁定撤销批准重整计划的裁定,指令受理破产案件的人民法院裁定宣告债务人破产。[25] 应该说,德国联邦最高法院2014年7月17日裁决所指出的这三点问题对于针对重整计划批准裁定法律救济途径的构建具有较大的借鉴意义。

然而,法律救济途径的赋予尽管是为了防止重整参与人利益受损,但其无疑亦会导致为了少数者(存在不确定性的)利益而牺牲多数人的利益。固执己见者乃至搅局者亦可就批准裁定提出上诉。由此,法律救济途径所引发的风险尤待立法及司法加以应对。尽管"复议不停止重整计划执行"可以确保重整计划的尽快实施,但在撤销批准重整计划的裁定情况下产生的执行回转及责任承担的问题却有待解决。或许,德国法"上诉"的表述更为准确,也即"上诉"可阻却批准重整计划裁定的生效,与此同时从程序的经济效率性和重整促进的角度出发,使上诉权行使程序与破产重整程序适当分离。由此,《重整促进法》接受了德国学界引入《股份公司法》第246a条规定的瑕疵决议登记障碍消除程序的建议,并在新增的德国《破产法》第253条第4款中规定:"如果法院确信重整计划执行迟延所产生的不利益超过了重整计划执行给上诉人带来的不利益,从而导致重整计划的立即有效性具有优先地位,则州法院可依破产管理人的申请拒绝上诉人的上诉。但如若重整计划的执行会导致严重的权利侵害,则上述规定不予适用。如若法院拒绝了上诉人的上诉请求,由于重整计划执行给上诉人造成的损失将通过破产财产得到赔偿;恢复重整计划执行前的效力状态不可以作为损害赔偿提出。对上述损害赔偿诉讼由拒绝上诉请求的州法

---

[25] 参见刘敏、池伟宏:《法院批准重整计划实务问题研究》,载《法律适用》2011年第10期,第89页。

院专属管辖。”

如若管理人依上述条款申请法院拒绝上诉请求，则法院应进行两步式的审查：首先，法院在个案中须进行利益权衡，只要法院确信该重整措施的紧迫必要性和适当性，并且上诉权的行使会给债务人企业、债权人及其他出资人带来的不利益超过了给上诉人带来的不利益，则可明确破产重整计划立即有效性具有优先地位。其次，法院将审查是否存在权利受到严重侵害的情况。在符合法定条件的情况下，重整计划的生效执行将不受上诉权行使的影响。如果破产重整计划规定的重整措施的确给上诉人带来了损失，则债务人企业必须对上诉人利益遭受的损失予以赔偿。

然而，无论是异议权的行使，还是上诉权的行使，涉及的核心问题仍在于利益最大化，也即异议人按照重整计划所获得的清偿须不低于其在重整计划草案被提请批准时依照破产清算程序所能获得的清偿。但是否满足“利益最大化原则”在个案中将可能涉及变幻莫测、争议不断的商业判断。尽管德国《破产法》规定的资金补偿条款模式以及破产程序外的争议解决程序具有拯救缺陷重整计划的效果，但并非所有重整计划中都会有资金补偿条款，且相关资金补偿额度的划定亦具有一定的难度。㉖ 早在改革之前，德国学界众多学者即指出，不应高估资金补偿条款的效用。㉗ 此外，德国《破产法》第 253 条第 4 款规定的利益权衡的复杂性亦会导致程序迟延和不确定性风险。

于此仍值得一提的是，德国联邦最高法院 2014 年 7 月 17 日裁决是德国联邦最高法院在《企业重整促进法》生效后首次就（出资人）上诉权行使的问题发表自己的观点，且此案涉及了德国传统知名企业“Suhrkamp-Verlag”出版社的控制权之争。这一裁决实际上并未接受学术界对此问题早已存在的众多观点，而是“继往开来”。此外，这一

㉖ Schelo, DB 2010, 2209, 2211.

㉗ Eidenmüller, Unternehmenssanierung zwischen Markt und Gesetz, S. 94 ff.; Smid/Rattunde, Der Insolvenzplan, 2005, S. 140, Rn. 8. 8 ff.; Brüning, Gesellschafter und Insolvenzplan, S. 161 ff.; Smid, DZWIR 2010, 397, 404; Pape, ZInsO 2010, 2155, 2161.

裁决应是德国联邦最高法院在2012年《重整促进法》改革后首次论及出资人权益调整的问题。在2012年《重整促进法》改革之前,出资人并未被纳入重整计划调整范围。由此,出资人取得了强势地位,甚至可以主导重整程序,出资人权益调整在德国面临巨大的法律困境。为应对这一问题,德国联邦最高法院由信义义务出发创设了出资人在一定情况下的重整同意义务(对于人合企业参见BGHZ 44,40,41 f.;64,253,258. 对于有限责任公司参见BGHZ 98,276,279. 对于股份有限公司参见BGHZ 129,136 ff.)。尤其在1995年的"Girmes"判决中,德国联邦最高法院指出,如若决议事项是公司重整所不可或缺的重整措施,并可确保企业继续经营这一设立共同目标的实现,并且出资人并不会因该决议事项涉及的重整措施利益受损,或者出资人不得不接受这一利益损失,则出资人将承担重整同意义务。通过2012年的《重整促进法》改革,德国将出资人纳入重整计划的调整范围,从而部分化解了上述问题,且亦明确细化规定了众多股东权益调整的问题。例如,德国《破产法》第238a条规定,出资人按其出资比例行使表决权,任何表决权的限制或特别表决权都于此不得适用(第1款)。出资人权益未受重整计划影响的,不享有表决权(第2款)。进而,德国《破产法》第244条第3款规定,重整计划经出席会议的出资人所持表决权的过半数通过即可。尽管如此,德国联邦最高法院在2014年7月17日的裁决中亦提及,部分法官认为考虑到潜在的增资,B1所持有的股份显然将会被稀释,并由此价值贬值,从而将极有可能面临显著的"处境恶化"。毫无疑问,破产重整中涉及众多复杂难解的商业预判和价值评估,而这显然会超越法律的范畴,股权的价值评估与补偿亦是如此。且不论这一价值评估及实现的不确定性,按照理论上的受偿顺序,只有当债权人债权获得完全受偿的情况下,出资人才有权参与分配。[28] 就此而言,绝对优先权原则的修正与现代化仍值得期许,对此问题仍有赖于各国法学家,乃至经济学家的共同努力。

---

[28] Eidenmüller, ZIP 2007, 1729, 1736 f.; ders., ZIP 2010, 649, 657; Eidenmüller/Engert, ZIP 2009, 541, 544 f.

五、强制批准制度

多数决并不代表在经济上就是最佳解决方案，亦不能确保决策的正当性。异议权和上诉权的赋予即是为了防止多数决可能会对少数派利益造成的损害。然而，另一方面，重整参与人亦会滥用或错用表决权阻碍本可成功的重整。尽管债权人的合理分组、表决权的合理赋予、通过门槛的合理设置以及重整参与人异议权的合理限制将可有效防范重整参与人滥用权利的行为，但上述机制实际上无法完全解决所有问题，重整计划强制批准制度由此应运而生。其是制约多数决的终极武器。德国《破产法》亦在第 245 条中引入了美国的强制批准制度。笔者曾欲就强制批准制度寻找德国联邦最高法院的典型裁决，但遗憾并未发现真正意义上的强制批准裁决，其中缘由笔者亦不敢妄加揣测。或许，强制批准预防震慑的制度设计考量本就应强于其在实际中的运用。

在强制批准制度设立之初，曾有德国学者担忧，破产法院将会因大量的商业判断而不堪重负，甚至导致程序的严重迟延，但上述担忧很快即被化解。在德国强制批准适用的第一案中，债务人企业于 1999 年 2 月 16 日提交了破产重整申请，Mühldorf a. Inn 地方法院于 1999 年 4 月 1 日正式启动了破产程序。债务人企业其后于 1999 年 4 月 9 日提交了重整计划，并后经多次修改。尽管此重整计划其后并未经全体债权人组表决通过，但 Mühldorf a. Inn 地方法院还是于 1999 年 7 月 27 日强制批准了此重整计划。[29] 尽管其后相关主体于 1999 年 8 月 6 日对法院强制批准裁定向 Traunstein 州法院提起上诉，但州法院于 1999 年 8 月 27 日驳回了上诉请求，支持了地方法院强制批准的裁决。[30] 这一系列裁决亦获得了德国学者的赞赏。[31] 此案从破产重整申请提交到驳回对强制批准重整计划裁定的上诉仅仅历时约 7 个月。亦值得注意的是，在当时德国学术界对强制批准条件，尤其是涉及绝对优先权问题尚无可

㉙ AG Mühldorf am Inn, NZI 1999, 422 ff.

㉚ LG Traunstein, NZI 1999, 461 ff.

㉛ Braun, NZI 1999, 473 ff.

供参考研究成果，且亦无相关案例可供借鉴的情况下，该强制批准裁决甚至引用了美国联邦最高法院 1999 年 5 月 3 日有关"Bank of America National Trust and Savings Association v. 203 North LaSalle Street Partnership"一案判决中的核心观点。于此需提请注意的是，于德国法下，与正常批准情况下"处境恶化"审查不同的是，强制批准中"处境恶化"审查应由法院依职权启动。此外，美国《破产法典》第 1129 条(a)款第 10 项中规定的"只要一个表决组通过重整计划"(at least one impaired class of claims has accepted the plan)即可适用强制批准，而德国《破产法》第 245 条第 1 款第 3 项则规定强制批准适用的前提为"多数表决组以所需多数表决通过了重整计划草案"。

毫无疑问，强制批准显然面临更多的不确定因素。邹海林教授就认为："因为破产重整本身就是一个风险因素难以把握并且涉及众多利害关系或利益冲突的商业交易平台，加之《企业破产法》第 87 条第 2 款在内容上的宽泛、原则和不周延，在客观上为司法实务运用强制批准干预当事人的自治提供了较为广阔的空间。"[32]王欣新教授指出，我国强制批准的法律规定与美国破产法最为接近，但也存在一定差异。目前在我国的司法实践中，绝对优先原则在不同权利性质的债权人之间能够得到实现，但在无担保债权人与股东之间的利益调整上未得到强力支持，而是由当事人自行博弈解决。[33] 更有学者批评我国《企业破产法》第 87 条虽然以美国《破产法典》第 1129 条为蓝本，但移植强裁权的结果可谓文本徒相似，功能实不同。并且我国对强裁权的移植是不完全的移植，加之移植过程中对于制度的曲解和定位的偏差，使其仅被当作对于法官的赋权，加上标准过于简略模糊，没有相应的细则作为裁判指引，不可避免地导致了强裁权的滥用。[34] 例如，在 ST 广夏的案件

㉜ 邹海林：《法院强制批准重整计划的不确定性》，载《法律适用》2012 年第 11 期，第 24~25 页。

㉝ 参见王欣新：《重整制度理论与实务新论》，载《法律适用》2012 年第 11 期，第 18 页。

㉞ 参见高丝敏：《重整计划强裁规则的误读与重释》，载《中外法学》2018 年第 1 期，第 231~252 页。

中，仅有普通债权组和出资人组两个分组，两个分组均未表决通过重整计划草案，但法院最终还是实施了强制批准。于我国而言，强裁权滥用情况的改变应有一个立法完善、司法经验累积的过程，当然亦有对重整以及强裁功能理性认知的回归。此外，法院亦有可能在强制批准审查中过分融入社会判断，从而侵蚀商业判断的空间。因此，从长远来看，强制批准适用的难点在于追求社会效果的司法裁量和商业判断的复杂性。早在2011年，即有实务界人士指出，法院运用强制批准对"意思自治"的"积极干预"应该是有限度的、中立的，只能在法律规定的裁量权范围内行使批准权。[35] 于此仍值得一提的是，"绝对优先权原则"是现今各国强制批准面临的最大难题。例如，新价值例外理论、[36]选择权模式[37]以及相对优先原则[38]能否为学界乃至立法者所接受仍是一个"谜"。

六、可行性审查的再反思

仍值得注意的是，德国《破产法》并未明确要求法院在批准程序中须审查破产重整计划的可行性，德国司法界亦如上述判决中所表达的观点那样一直秉持审慎克制的态度。德国联邦最高法院在2018年4月26日的裁决中更是明确指出，破产法院在批准程序中不得审查重整计划的经济合理性及成功可能性。显然，对于"可行性"的判定将会造成重整计划批准的不确定风险。王欣新教授等亦认为："人民法院对重整计划草案中经营方案的可行性是否需要审查是一个有争议的问题，因为这里涉及商业判断，而在其他案件中法院通常是不介入商业判断的。但是，从实际情况看，对重整计划可行性的审查并非仅涉及商业判断的问题，也可能包括一些法律问题，人民法院应进行必要的审查。"[39]然而，值得注意的是，2018年《会议纪要》第17条明确指出"应

[35] 参见刘敏、池伟宏：《法院批准重整计划实务问题研究》，载《法律适用》2011年第10期，第89页。

[36] 参见[美]查尔斯·J.泰步：《美国破产法新论》(下册)(第3版)，韩长印、何欢、王之洲译，中国政法大学出版社2017年版，第1295～1300页。

[37] Achsnick, Options-Modelle im Insolvenzplanverfahren, S. 62 ff.

[38] 参见丁燕、黄涛周：《绝对优先原则的重新审视》，载《东方论坛》2017年第1期。

[39] 张海征、王欣新：《论法院强制批准重整计划制度之完善》，载《首都师范大学学报》(社会科学版)2014年第4期，第70页。

审查经营方案是否具有可行性”。如果重整计划中关于企业重新获得盈利能力的经营方案不具有可行性，即使表决程序合法、内容不损害各表决组中反对者的清偿利益，重整计划也有可能不能获得人民法院裁定批准。不可否认，法院对于经营方案的实质性判定有对债权人意思自治不当干预之嫌。美国的泰步教授就曾指出，美国《破产法典》第1129条(a)款第11项所规定的可行性审查是延续了《1898年破产法》中法院应充当重整案件的独立“看门人”的陈旧观点，其与第十一章所秉持的契约自由原则是相冲突的，是施加了家长式的限制。[40] 实际上，就“可行性”标准的适用而言，其也并不特别严格，证明标准被认为“相对较低”，只要证明重整成功的“可能性超过失败的可能性”，就可以通过可行性审查。[41]

笔者认为，如若依《会议纪要》进行“经营方案的可行性审查”，则在重整计划正常批准程序中，法院只需审查重整计划中是否有由重整计划制订者进行了可行性论证的具体细化的经营方案。此外，我国实务界权威人士在《会议纪要》之前亦指出，在正常批准重整计划程序中，法院应要求重整计划的制订者对其制订的经营方案进行可行性论证并向法院提交书面的说明。且可召开听证会听取各方意见，抑或在必要时聘请有关专家解答专业技术问题，从而弥补法院不参与商业判断的不足。[42] 准确而言，无论是听证，还是专家辅助，其并非法官作为非专业人士作出商业判断，而是借助于听证、专家辅助等规则设计，理性遵循市场化商业判断的规则，以专业独立的商业判断审查监督破产重整程序中基于债权人意思自治的商业判断，从而避免非理性决策和错误决策。申言之，通过适度引入法外资源将能提高裁判结果的妥当

---

[40] 参见[美]查尔斯·J. 泰步:《美国破产法新论》(下册)(第3版)，韩长印、何欢、王之洲译，中国政法大学出版社2017年版，第1249~1250页。

[41] 参见[美]查尔斯·J. 泰步:《美国破产法新论》(下册)(第3版)，韩长印、何欢、王之洲译，中国政法大学出版社2017年版，第1251页。

[42] 参见刘敏、池伟宏:《法院批准重整计划实务问题研究》，载《法律适用》2011年第10期，第88~89页。

性和社会适应性。[43] 但如若将来立法规定需要进行实质性审查,则可借鉴美国法。在美国破产法中,虽然在法条中没有具体解释可行性原则的含义,但在审判案例中积累了一些可作为共识的参考判定因素:(1)现金流的状况;(2)债务人之前偿债的表现;(3)企业未来的盈利能力;(4)产业政策及前景等经济因素;(5)管理层的管理能力以及是否有能力执行重整计划;(6)其他可能影响执行重整计划的因素。[44]

七、出售式重整简述

所谓出售式重整(übertragende Sanierung,亦被称为破产企业营业转让),是指将破产企业的相关资产作为一个功能实体,并以企业资产出售的方式由现有的破产企业主体转让给一个现存或新设的企业主体,破产企业主体则依破产程序进行清算或重整。出售式重整在欧美被视为一种高效的企业拯救工具。其突出特征在于通过整体出售企业或出售企业的一个功能实体实现企业资产与企业债务的分离,实现有效功能性资产和无效闲置资产的分离,实现企业和不利商业合同的分离。出售式重整不仅维系了企业的继续经营,实现了资源再配置,而且通过化零为整的方式实现了企业价值及债权人利益的最大化,并且债权人不必如存续性重整那样承担重整风险。破产程序的透明化、有效的信息供给以及破产程序本身具有的调查审核功能亦可促成各方达成妥协,降低收购方的风险。此外,由于收购方可以获得一个无债务负担和闲置资产的健康企业,所以重整风险和难度也较小,效率更佳,从而可最大限度降低破产程序对企业营业的消极影响。尤其在破产企业营业尚具有竞争力,而只是陷入财务危机的情况下,出售式重整显然是一个极佳的解决方案。根据德国学者乌特里茨(Undritz)的研究,90%成功的破产企业重整都是通过出售式重整的方式进行。[45] 在美国通用及

---

[43] 参见宋亚辉:《追求裁判的社会效果》,载《法学研究》2017年第5期,第30~31页。

[44] 参见张海征、王欣新:《论法院强制批准重整计划制度之完善》,载《首都师范大学学报》(社会科学版)2014年第4期,第72页。

[45] Undritz,ZGR 2010,201,205.

克莱斯勒重整案中,出售式重整这一工具被运用得淋漓尽致。我国实务界人士也逐步学会运用这一重整工具。

对于出售式重整,德国《破产法》第158、160~164条作出了明确规定。我国在立法之时也已考虑到了破产企业营业整体或部分转让的问题,并在我国《企业破产法》第69、112条中作出了规定。尽管我国《企业破产法》对出售式重整有所提及,但立法简陋及某些认识误区也使得这一重整工具在实践中应用受限。尤其在债务人利益保护、债权人意思自治、确保交易及时高效和公允价格等方面或尚属空白,或有所欠缺,滥用出售式重整亦无法得到有效防范。因此,笔者认为,我国应借鉴德国《破产法》相关规定,确立"管理人主导,债权人委员会认可,债务人和债权人享有知情权和异议权"的模式,从而在确保出售式重整及时性和效率性的同时实现对相关者的利益保护,并有效防范滥用出售式重整。

笔者亦试图寻找德国联邦最高法院关于出售式重整的判例,但遗憾的是未获得特别有价值的判例。然而,于此值得一提的是,在德国,一般情况下,如若全部或部分转让企业,则转让部分上已存有的交易债务及劳动报酬债务将一并转移由收购方承担,而这些条款在破产程序出售式重整的情况下将得以豁免或限制适用。早在20世纪80年代,德国联邦最高法院即在判决中指出,于破产程序中,德国《商法典》第25条第1款得以豁免适用。[46] 此外,德国《民法典》第613a条原本规定了企业并购情况下收购方对职工债权的清偿义务,但德国联邦劳动法院通过判决的形式限制了该条在破产程序中的适用。其理由在于:如若破产程序启动前的职工债权由收购者负责偿还将会导致职工债权人相较一般债权人获得更加优待的地位,这显然不符合债权人公平受偿的基本原则。[47] 简言之,通过法官造法方式所确立的德国《商法典》第25条第1款的豁免适用以及德国《民法典》第613a条的限制性适用虽貌似降低收购方的责任风险,但实际上仍是为了确保破产企业

---

[46] BGH v. 11. 4. 1988, NJW 1988, 1912 f.

[47] BAG v. 20. 6. 2002, NZI 2003, 222 ff.

资产的可转让性及价值实现，从而最终实现债权人利益最大化。于我国而言，尽管目前尚不存在上述债务承担的法律桎梏，但将来亦可立法明确上述责任承担规则在出售式重整情况下得以豁免适用。

第四章　破产管理人的义务与责任

判例一　破产管理人对闲置资金的适当投资义务

关键词:勤勉义务;债权人利益最大化;责任

案件编号:BGH,Urteil vom 26.06.2014-IX ZR 162/13

案件检索:NZI 2014,757

相关法条:德国《破产法》第60条第1款第1句

(一)判决要旨

在破产财产分配之前,基于破产管理人对债权人及债务人承担的妥善保管破产财产的义务,其不仅应确保其管理的破产财团资金处于安全的状态,亦应使该笔资金获得适当的利息收入,从而确保破产财产保值增值。

(二)案件事实

原告为一测绘工作室的所有者,其申请就其财产启动破产程序。被告于2008年1月29日被聘为原告的危机应对顾问,并于2008年2月6日被任命为临时破产管理人。2008年3月1日破产程序正式启动，被告被任命为破产管理人。在破产程序中，被告将归属于破产财团的一笔资金存入某银行的 Giro-Anderkonto 账户，并获得年化 0.25%的利息收入。2011 年 3 月 26 日，经债权人同意，破产程序终止。此时，破产财团的总价值为 96,731.92 欧元，于其中被告已向原告支付了 34,088.88 欧元。州法院于 2011 年 10 月 18 日决定破产管理人费用为 40,823.9 欧元。2011 年 12 月 21 日被告向原告转账支付了剩余的 21,951.88 欧元。

原告认为，被告并未将其管理的资金以合适的利率存入银行账户，因此应对其承担损害赔偿责任。在诉讼中，原告进一步主张，被告应就剩余的 21,951.88 欧元向其支付自破产程序终止下一日起的迟延利息。

州法院的判决支持了原告迟延利息的主张，并要求被告承担剩余 21,951.88 欧元支付前两个月的利息损失，但驳回了原告基于未以更优惠的利息存放资金而产生的利差损失赔偿的诉讼请求。在二审判决中，州高等法院驳回了支付迟延利息的诉讼请求，但支持了利差损失赔偿的诉讼请求，并且这一利差损失的计算期间为整个破产程序，并至州法院确定的剩余款项支付迟延之时。但上述赔偿数额应扣除利息收入需要缴纳的利息税及德国统一费。其后，被告提起上诉，原告亦上诉要求撤销二审法院判决中“扣除利息税及德国统一费”的部分。

（三）判决理由

Ⅰ.

二审法院认为，被告违反了其应以适当利率存放破产财团资金的义务，并对此存在过错。破产管理人负有妥善保管破产财团财产，并避免其贬值的义务。在本案中可以确定的是，破产管理人尽管对破产财团的闲置资金进行了保管，但并未以最佳利率存入金融机构。原被告均认可，破产财团中超过 15,000 欧元部分的资金，也即 38,000 欧元，从破产程序正式启动时起即处于闲置状态，并应通过适当投资方式为破产财团带来孳息收入。而被告只以年利率 0.25%的存款方式进行投资，这显然违背了上述适当投资的义务。于破产程序正式启动之时,同期银行存款的利率通常为上述利率的10倍以上,在本案中即为3.82%。由此,如若以此年利率进行资金存款,则破产程序中所产生的利息收入应为3063.20欧元。从该笔应获得利息收入中须扣除实际已获得的利息收入566.73欧元以及应缴纳的629.24欧元的利息税和德国统一费。由此原告应获得的利息损失赔偿应为1867.23欧元。

对于原告主张其后返还的21,951.88欧元的迟延利息,上诉法院认为,破产程序的相关主体已经达成协议,最终返还的资金数额应待至破产管理费用明确后方能加以确定并返还,因此不存在返还迟延的问题。但原告所遭受的损失亦应包括破产程序终止后至州法院所确定的支付迟延之时的利差损失,也即171.51欧元。

Ⅱ.

本案合议庭对上述判决理由并不认可。

1. 在本案破产程序中,破产管理人违反了其应尽义务,因此应依据《破产法》第60条第1款的规定承担损害赔偿责任。

a)如若破产管理人违反《破产法》的相关义务,且存在过错,则其应依据《破产法》第60条第1款对全体破产程序参与人承担损害赔偿的责任(BGH, Urteil vom 10. Dezember 2009 – IX ZR 220/08, WM 2010, 364 Rn. 9; vom 16. September 2010 – IX ZR 121/09, ZIP 2010, 2164 Rn. 18; vom 5. Mai 2011 – IX ZR 144/10, BGHZ 189, 299 Rn. 29)。而债务人亦是破产程序的参与人(BGH, Urteil vom 22. Januar 1985 – VI ZR 131/83, ZIP 1985, 423, 425 zur KO; vom 10. Juli 2008 – IX ZR 118/07, ZIP 2008, 1685 Rn. 11; MünchKomm – InsO/Brandes/Schoppmeyer, 3. Aufl., § 60 Rn. 65; Uhlenbruck/Sinz, InsO, 13. Aufl., § 60 Rn. 47)。

b)在破产程序中,破产管理人负有妥善保管破产财团财产的义务(BGH, Urteil vom 22. Januar 1985, aaO; MünchKomm – InsO/Brandes/Schoppmeyer, aaO Rn. 15, 65)。此义务的目的不仅在于保护债权人的利益,而亦应顾及债务人的利益。尤其对于自然人债务人而言,法律对其利益的保护不仅在于尽量降低其基于《破产法》第201条第1款规定的程序后责任,而且在于尽可能增加破产财团的收入(HK – InsO/

Lohmann, 7. Aufl., § 60 Rn. 17; Uhlenbruck/Sinz, aaO; Schmidt/Thole, InsO, 18. Aufl., § 60 Rn. 34)。

c)就破产管理人对破产财团所属资金进行适当投资义务的问题,本院迄今并无机会表达观点。本案合议庭认为,这一义务的产生依照如下标准:

aa)可用于投资的资金既可是破产财团本已拥有的,亦可是破产财团新取得的。基于《破产法》第 159 条规定的破产财产的变现,破产管理人还可将债务人的资产出售从而取得相应资金。《破产法》对于破产管理人必须将破产财团闲置资金进行适当投资并无明确规定。破产法中破产财产管理(第 148 条及以下条款)和破产财产变现(第 156 条及以下条款)的相关条款亦未在法律条文中对此加以明确。《破产法》第 149 条第 1 款第 1 句仅规定,债权人委员会可决议要求破产管理人就破产财团资金以特定方式进行投资(Schmidt/Jungmann, aaO § 149 Rn. 4; HK - InsO/Depré, aaO § 149 Rn. 1; Lind in Ahrens/Gehrlein/Ringstmeier, InsO, 2. Aufl., § 149 Rn. 1)。如若未组成债权人委员会,抑或债权人委员会对此未提出要求,则破产法院可提出相应的具体要求(《破产法》第 149 条第 1 款第 2 句)。债权人会议亦可对此另行作出决议(《破产法》第 149 条第 2 款)。

《破产法》第 149 条的规定并非意味着立法者反对由破产管理人承担对闲置资金进行适当投资的义务。《破产法》的立法历程反而证明了破产管理人须承担这一义务。《破产法》政府提案本第 168 条第 1 款第 1 句曾规定,破产管理人应按债权人委员会所作出的决议对所保管的资金、有价证券及其他财物进行适当投资。该草案条文的第 1 款第 2 句还规定债权人委员会可在决议中明确投资的方式及条件(BT-Drucks. 12/2443 S. 36)。这一草案条文意欲将德国旧《破产法》中第 129 条第 2 款、第 132 条第 1 款、第 137 条的相应规定整合至该条文中(BT-Drucks. 12/2443 S. 17)。而后联邦众议院法律委员会认为应删除该条第 1 款第 1 句,并在表述优化后保留了草案的第 1 款第 2 句,也即现在的第 149 条第 1 款第 1 句(BT-Drucks. 12/7302 S. 63)。这一修订的目的实际上是明确破产管理人负有对破产财团所属资金和有价证券的适当投资义务，并承担义务违反情况下的相应责任。而债权人委员会则应有权在适当时候对破产管理人提出具体要求（BT-Drucks. 12/7302 S. 174）。现行《破产法》第149条的规定正是基于联邦众议院法律委员会的上述理念而设计的。

即便不考虑《破产法》第149条的规定，破产管理人亦应对破产财团所属资金进行适当投资，尤其是以存款方式获得合理的利息收入（Desch/Nachtmann，EWiR 2013，209，210；Uhlenbruck，aaO § 149 Rn. 3；Lind in Ahrens/Gehrlein/Ringstmeier，aaO Rn. 3；Beck/Depré/Zuleger/Wegmann，Praxis der Insolvenz，2. Aufl.，§ 26 Rn. 52；KG，NZI 2002，497 f zu § 8 Abs. 2 GesO）。这一义务实际上亦源于《破产法》第148条第1款所规定的破产管理人妥善保管破产财产的义务，并且这一义务适用于破产财团现存的、新获得的以及通过资产变价所获得的资金。

bb）对闲置资金进行适当投资的义务亦源于破产管理人的尽职勤勉义务。而破产管理人的尽职勤勉义务实际上亦以商法及公司法上的忠实勤勉义务为标杆（《商法典》第347条第1款，《股份公司法》第93条第1款第1句，《有限责任公司法》第43条第1款）。但商法及公司法上的忠实勤勉义务不可能完全照搬至破产管理人，而必须考虑管理人职责及履职时的特殊情况。相较于一般商法下忠实勤勉义务的承担主体，破产管理人履职所处的环境显然更为不利（BT-Drucks 12/2443 S. 129）。

（1）破产管理人并非自任职之时起即有义务将破产财团所拥有的资金以适当方式进行投资。其需要一定的时间进行尽职调查，而尽职调查所需要的时间又得依个案的具体情况加以确定，但通常不超过6个星期。在尽职调查之后，破产管理人将能获悉破产财团所拥有资金数额，并判断是否以及在多大额度上可将资金进行固定利率存款。

在通常情况下，自被任命为临时破产管理人起，不论其所享有的权限范围，其均应进行相关尽职调查。临时破产管理人的核心职责在于监督债务人。基于此义务设定的目的，每一个临时破产管理人的基本职责即在于保管债务人财产（BGH，Urteil vom 5. Mai 2011－IX ZR 144/10，BGHZ 189，299 Rn. 49）。这一义务履行的必要前提即在于临时破产管理人需要知悉债务人的财产状况。而这亦要求临时破产管理人如同在正式破产管理过程中一样，通过尽职调查知悉债务人所有资金数额，以及是否可进行固定利率存款。

就上述而言，破产管理人实际上早就应该在6个星期尽职调查期限届满前知悉可用于利率存款的资金额度，并由此承担相应义务。然而，撇开个案中较易查明的特殊情形，如若破产管理人之前只是作为专业顾问介入危机企业或债务人的活动，则上述关于相应义务产生的论断只能部分适用。毕竟作为专业顾问其并无保管债务人财产的义务，亦不拥有《破产法》第22条第3款规定的权限。除非相关主体能举证证明该专业顾问于何时以何种方式获得了相应信息。另一方面，破产管理人亦可通过举证证明个案的特殊情况来改变上述义务产生及产生时点的推断。

（2）如若破产财团所拥有的资金在破产程序进行的较长时间段内处于闲置状态，则该笔资金即可进行固定利率存款。于此涉及的资金数额须依据破产程序规模的大小来加以确定。对于该笔资金是否为破产程序所需的判定，则应由破产管理人根据个案纷繁复杂的情况加以自由裁量。较大额度的存款亦可在较短时间内获得高利息收入。关键点在于管理人从商人的视角是否能察觉获悉相应的投资机会。一笔巨额存款可能在数日或数星期获得高额的利息回报。然而通常情况下，获得较优利息的存款期限要长达数月，甚至更长。但如若投资的费用与投资回报相当，则破产管理人将不承担相应的投资义务。

（3）通常情况下，这种适当投资方式以向境内金融机构存款获取利息的方式来实现。这一存款账户必须是每天计息，并可随时提取的，而并不同于通常的Giro账户。因此，这一账户并非用于交易，而是为了投资收益的目的（Schürmann in Schimansky/Bunte/Lwowski，Bankrechts－Handbuch，4. Aufl.，§ 70 Rn. 2）。原则上，不应强求破产管理人必须查明所有的存款利率，而通常只要求其利用自己或债务人现有的与金融机构的合作关系。只有当上述金融机构提供的商业条款极为不利时,破产管理人才应通过调查转向与另一金融机构达成存款协议。并且此时通过另觅金融机构所增加的利息收入必须大于由此产生的额外费用。

(4)如若上述前提条件未满足,且在接下来的几个月时间内亦无法满足,则破产管理人的适当投资义务将消灭。对于这一义务存在与否的判定亦取决于由此产生的收益与费用从经济角度来说是不是合理的。

d)依据《破产法》第60条第1款的规定,破产管理人不仅应有违反其尽职勤勉义务的情形,而且要存在过错,这一过错要件达到过失程度即可(Schmidt/Thole,InsO,18. Aufl., § 60 Rn. 36)。

e)综上所述,二审法院对于被告责任的判决存在如下错误之处:

aa)二审法院将损害赔偿责任承担的起算时点定为破产程序正式启动之时。于此时,被告被任命为临时破产管理人已超过3个星期。但于破产程序正式启动之时即产生损害赔偿责任,似乎为时过早,而二审法院亦未陈述损害赔偿责任于此程序初始阶段即产生的理由。

bb)对于应存入银行账户而获取利息收益的资金,二审法院意识到此资金数额不菲,并可获得较高的利息收益。然而,二审法院将应可获得的利息收益以平均利率进行计算,对此其并未进行充分论证。尤其未详细加以审查的是,破产管理人是否能按照上述规则获得平均利率存款的要约。

cc)对于可供投资的闲置资金,二审法院确认为自破产管理人被任命之时起超过15,000欧元的部分。也即自破产程序正式启动之时起即有超过38,000欧元的闲置资金可供投资。自程序开始时的情况来判断,这一预估可以成立。尽管事后回顾来看,自始可供投资的38,460.61欧元资金自2008年5月起即不断减少,并至2009年9月仍不断被侵蚀,但这一切并无法事先预见。并且事后看来,亦有超过30,000欧元的资金可进行6个月的投资并获得收益。就此而言,可供投资的资金数额显然不菲,且投资期限超过数月。即便考虑到破产管理人调查所需时间,在此期限内亦可能产生破产管理人利用闲置资金投资的义务。

dd)二审法院亦确认,在仍存在适当投资义务的9个月过程中,利息收益为每月不超过15欧元。但二审法院未根据本案的具体情况进行经济分析,亦未对破产管理人适当投资义务的继续存在加以论证。二审法院亦无法确认上述资金在接下来几个月里可再进行投资并获得收益。

2. 对于破产程序终止后利息收入损害赔偿的问题,二审法院的判决亦未进行详细论证。但值得肯定的是,二审法院意识到于此时仍存在《破产法》第60条第1款规定的损害赔偿责任。破产管理人的报酬属于有待明确的破产财团债务,在破产程序依《破产法》第213条终止之时,应依据《破产法》第214条第3款的规定对其提供适当担保(HK-InsO/Landfermann, 7. Aufl., §214 Rn. 5; Uhlenbruck/Ries, InsO, 13. Aufl., §214 Rn. 10; MünchKomm-InsO/Hefermehl, 3. Aufl., §214 Rn. 12)。在破产管理人报酬尚未明确的情况下,并非依照《民法典》第232条及以下条款来提供担保,而是由破产管理人继续保管可用于清偿管理人报酬的相应资金。在此情况下,破产管理人实际上就必须承担一种履职后的义务,也即在其作为破产管理人履职完毕后至其报酬确认支付时仍将相关资金进行适当的保管投资。二审法院对此期间相关问题依照上述标准进行了论证。

3. 二审法院在损害赔偿数额中扣除利息税和两德统一费的做法令人惊讶,其并未意识到应当由原告在获得损害赔偿后承担相应的纳税义务。

a)依据《基本法》第103条第1款的规定,法院不得在事先未告知的情况下就当事人在程序进程中不必预见到的事项进行听审。换言之,法院本应表明其法律观点并给予当事人表达观点的机会。法院告知义务的目的在于避免令人意外的判决,并通过听审明确当事人的主张及诉求(BGH, Beschluss vom 10. Juli 2012-II ZR 212/10, WM 2012, 1771 Rn. 6; vom 16. Mai 2013-VII ZR 63/11, NJW-RR 2013, 969 Rn. 7

ff; vom 23. Oktober 2013 - IV ZR 122/13, VersR 2014, 398 Rn. 5; BVerfGE 84,188,189 f.)。

b)在本案中,二审法院未经听审即就损害赔偿数额中扣除利息税及两德统一费作出了判决,尤其是相关法律资料中并未体现法院事先履行了告知义务。如若存在相应的告知,则原告在二审中将可就免税额度等事项进行陈述,必要时可依据《民事诉讼法》第139条第5款就此提交书面意见。考虑到原告本能做出的相关陈述,二审法院本可就此相关问题作出不同的判决。这一论断亦适用于两德统一费的缴纳问题。依据《两德统一税费法》第3条的规定,此税费缴纳的税基不是应纳税的利息所得,而是所应缴纳的利息税。

二审法院并未意识到,依据《所得税法》第24条第1项的规定,原告应对其获得的损害赔偿承担相应的纳税义务。并且原告所获得的损害赔偿中部分金额将用于缴纳相关税费,因此,被告应支付的利息损失不应扣除相应的税费(BGH, Urteil vom 18. Dezember 1969 - VII ZR 121/67, BGHZ 53,132,138; vom 22. März 1979 - VII ZR 259/77, BGHZ 74,103, 116; vom 10. Februar 1987 - VI ZR 17/86, NJW 1987, 1814, 1815)。而只有当原告因此而获得极大的税收额外利益时,才应对损害赔偿的计算进行额外特别考量(BGH, Urteil vom 31. Mai 2010 - II ZR 30/09, WM 2010, 1310 Rn. 25; vom 15. Juli 2010 - III ZR 336/08, WM 2010, 1641 Rn. 45; vom 1. März 2011 - XI ZR 96/09, WM 2011, 740 Rn. 9)。

综上所述,本案合议庭依据《民事诉讼法》第562条第1款撤销二审判决,并依据《民事诉讼法》第563条第1款第1句发回二审法院重审。

判例二　破产财产不足清偿破产财团债务时的管理人责任

关键词:破产财团债务;不足清偿;管理人责任

案件编号：BGH，Urteil vom 06. 05. 2004-IX ZR 48/03

案件检索：NJW 2004，3334

相关法条：德国《破产法》第 60、61、92 条

（一）判决要旨

1.《破产法》第 61 条

a）只有当破产管理人在设立破产财团债务时存在义务违反的情况，其才须依《破产法》第 61 条对相关破产财团债务不足清偿承担损害赔偿责任。

b）于缔结合同的情况下，相关破产财团债务成立的时间通常取决于相关合同请求权实体构成要件是否得到满足。个案中依据合同的约定，这一时间点亦可能处于合同缔结之后。

c）如若破产管理人发现破产财产不足以清偿所有破产财团债务，且破产财团债权人亦无法期待在可预见的时间范围内获得清偿，则存在《破产法》第 61 条意义上的无法清偿的损失。

d）《破产法》第 61 条涉及的是消极利益损失赔偿请求权。

2.《破产法》第 60、92 条

a）如若破产管理人义务违反的行为造成了破产财团的损失，则其须依《破产法》第 60 条向破产财团债权人承担损害赔偿责任。

b）在破产管理人发现破产财产不足清偿破产财团债务之前，如若破产管理人义务违反的行为造成了破产财团损失，并由此导致了破产财团债权人遭受损失，则此损失原则上为个别损失，并可由债权人在破产程序中主张损害赔偿。

（二）案件事实

被告为 K 股份有限公司（以下称为债务人企业）的破产管理人。作为破产财团债权人的原告因被告无法偿付破产财团债务而将其诉至法院，并请求损害赔偿。债务人企业的破产程序于 1999 年 12 月 2 日正式启动，被告作为破产管理人试图重整债务人企业，并一直维系债务人企业的继续经营。在其于 1999 年 12 月 2 日向债务人企业供应商的致信中，其告知了债务人企业进入破产程序的情况，并表示将确保自

1999 年 12 月 2 日起供应商所提供的一切货物及服务的款项得到及时全额支付。

2000 年 3 月被告从原告处订购了货物,原告按期交付了货物,并约定应于货物交付日的下一个月的 15 号支付货款。上述货物订购具体情况如下:①2000 年 3 月 6 日交付了价值 168,168 德国马克的货物,根据 2000 年 10 月 13 日的对账单,尚有 20,924.02 德国马克货款尚未结清。②2000 年 3 月 30 日交付了价值 1,394,505 德国马克的货物,根据 2000 年 9 月 11 日、12 日、28 日以及 10 月 4 日、9 日、11 日、16 日、19 日的对账单,尚有 744,376.32 德国马克货款尚未结清。由此,被告所欠货款共计 765,300.34 德国马克。

2000 年 7 月,被告作为破产管理人变卖了债务人企业的存货,并于 2000 年 11 月 1 日将债务人企业的机器设备、生产设施及无形财产(以下称为企业资产)变卖给另一企业。债务人企业存货变卖的价款则依据交付日的货物清点加以确定,自 2000 年 11 月至 2001 年 5 月 1 日分两笔支付。企业资产的出售价款共计 1200 万德国马克,自 2001 年 2 月起进行分期支付。2000 年 11 月 24 日,出售债务人企业存货的第一笔货款 9,185,905.43 德国马克到账。被告于同日将此笔货款中的 8,060,400 德国马克转入债权人及供应商受偿账户。然而,其后债务人企业存货及资产的购买方就再未支付任何价款。2001 年 3 月 7 日,被告致函破产法院,告知破产财产不足偿付破产财团债务。

州法院支持了原告的诉讼请求,但要求原告亦须在获得损害赔偿的同时将对破产财团债务清偿请求权转让给被告。被告提起的上诉未获得作为二审法院的州高等法院支持。被告向本院提出上诉,并要求驳回原告的诉讼请求。

(三)判决理由

Ⅰ.

二审法院认为,被告应依据《破产法》第 61 条第 1 句对原告承担损害赔偿责任。于被告作为破产管理人到期无法偿付破产财团债务之时,即产生了损害赔偿之责任。其是否能于将来清偿破产财团债务于此并不重要。在本案中,被告亦不存在《破产法》第 61 条第 2 句所规定之情况,因此无法免除其损害赔偿责任。《破产法》第 61 条第 1 句包含了所有破产财产无法清偿破产财团债务的情形。在被告将 8,060,400 德国马克转入债权人受偿账户之前,其理应事先确认有无破产财团债务处于尚未偿付状态,并通过审慎会计记账而发现应向原告支付到期货款,其现实中的不知并不能免除其责任。并且其亦不应寄希望于通过其后获得拖欠的出售价款来清偿破产财团债务,从而免除其责任。

Ⅱ.

本案合议庭并不认可上述判决理由。

1. 二审法院以错误的理由肯定了破产管理人依据《破产法》第 61 条所应承担的损害赔偿责任。

a) 从结论角度来说,二审法院正确地将基于《破产法》第 61 条所产生的损害赔偿责任认定为对个别债权人,而非对全体破产程序参与人的损害赔偿责任(Kübler/Prütting/Lüke, InsO § 61 Rn. 3; MünchKomm-InsO/Brandes, § § 60,61 Rn. 32 zu 2.; Rn. 34),并可在破产程序中由受到损害的破产财团债权人向破产管理人主张(BGH, Urt. v. 27. Februar 1973-VI ZR 118/71, WM 1973, 556, 557)。

b) 此外,值得肯定的是,二审法院亦意识到,即使破产财团其后可能的进账收入将能满足,乃至超过现存破产财团债务,但这亦无法免除破产管理人基于《破产法》第 61 条第 1 句所应承担的损害赔偿责任。如若破产管理人已发现存在破产财产无法清偿破产财团债务的情况,且其无法通过破产财团可立即获得的收入来满足未获清偿的破产财团债务,则存在《破产法》第 61 条意义上的无法清偿的损害(BGH, Urt. v. 27. Februar 1973 aaO; v. 25. März 1975-VI ZR 75/73, WM 1975, 517; v. 10. Mai 1977-VI ZR 48/76, WM 1977, 847, 848)。本案即是这一情况。被告自己亦承认,尽管存在针对债务人企业存货及资产购买方的价款支付请求权,但由相关主体自愿偿付货款无疑是不可能的,亦不能让破产财团债权人等待漫长且存在不确定性的法律诉讼。然而,存在疑问的是,是否在破产管理人无法偿付到期破产财团债务之时,即产生了《破产法》第 61 条意义上的无法偿付的损失;或者,尽管破产管理人无法立即偿付破产财团债务,但基于破产财团即将获得的价款支付将能使破产财团债务获得足额清偿,于此情形下是否即不会产生破产管理人的损害赔偿责任。

c)本案合议庭认为,《破产法》第 61 条仅仅规定了破产管理人违反义务设定破产财团债务而须承担的责任。并且《破产法》第 61 条并未涉及任何破产财团债务成立后破产管理人须承担的义务,由此规定无法推导出破产管理人须对基于其后原因而导致的损害承担赔偿责任(Gerhardt, ZInsO 2000, 574, 582; Häsemeyer, Insolvenzrecht 3. Aufl. Rn. 6. 40; HK-InsO/Eickmann, 3. Aufl. § 61 Rn. 3, 6; Kübler/Prütting/Lüke aaO § 61 Rn. 1; Uhlenbruck, InsO § 60 Rn. 19, § 61 Rn. 1; Laws, MDR 2003, 787, 792; Kaufmann, InVo 2004, 128, 129 f.)。

《破产法》第 61 条解决的是破产财团债权人与破产管理人的利益冲突问题,且为了潜在破产财团债权人的利益而由破产管理人承担将来破产财产不足清偿破产财团债务的风险。此立法权衡是鉴于债务人破产情况下合同谈判与缔结的特殊情况而作出的,其目的在于弱化与破产债务人缔结合同而会增加的法律风险(BT-Drucks. 12/2443 S. 129 zu § 72)。对于确定破产管理人须承担上述损害赔偿责任的关键点在于,破产管理人于破产财团债务设定之时即已意识到,破产财产预计将无法完全清偿破产财团债务(BT-Drucks. 12/2443 aaO)。《破产法》第 61 条第 2 句所规定的举证责任亦与之相适应。

进一步而言,《破产法》第 61 条的立法历程亦反映了这一规定适用范围的局限性。当初破产法委员会报告(第二稿)第 3. 2. 3 条的标题即为"(破产管理人)在设定破产财团债务时的法律责任"。该条立法理由的阐述为:"本条涉及的是破产管理人在设定破产财团债务情况下的法律责任。其必须依据第 3. 2. 2 条的规则对破产财团债务的清偿负责。"也即按照破产管理人一般责任条款承担相应法律责任(Zweiter Bericht der Kommission für Insolvenzrecht 1986 S. 84)。上述基本理念亦体现在其后《破产法》政府草案本的立法理由中。

《破产法》政府草案本的立法理由指出，使破产管理人对破产财团债务承担相应责任的目的在于：在无须提供特别担保的情况下促成第三方与破产管理人缔结合同，从而便于债务人企业维系继续经营（BT-Drucks. 12/2443 aaO）。尽管如此，这一规定的目的亦在于避免破产管理人责任的过分扩大（BT-Drucks. 12/2443, S. 129 zu § 71; Lüke, in: 50 Jahre Bundesgerichtshof, Festgabe aus der Wissenschaft Bd. III S. 701, 702, 710）。破产管理人与相关交易对象应各自承担其所应承担的风险领域，并应避免破产管理人责任风险的过分扩大化（Lüke aaO S. 717）。与通常商事交易不同，破产程序中交易风险的升高是由于交易对象为破产者，与破产者交易所须承担不能清偿的风险要显著高于与正常经营者交易的风险，而这一相对提升的交易风险亦是使破产管理人承担相应义务的理由所在。由此，破产管理人在设定破产财团债务时必须极其慎重地审查其是否能清偿此笔破产财团债务。如若设定的破产财团债务不能得到（完全）清偿，则其应放弃设定该破产财团债务（Lüke aaO S. 715）。破产管理人必须明确，如无意外，其将能用破产财产足额及时清偿基于交易而产生的破产财团债务（Zweiter Bericht der Kommission für Insolvenzrecht S. 84; Kübler/Prütting/Lüke aaO § 61 Rn. 7; Uhlenbruck, InsO § 61 Rn. 4）。

破产管理人于破产财团债务设定之后保护相关破产财团债权人的义务于旧法中即已明确，并通过现行《破产法》第 53 条及以下和第 60 条的规定得以实现，由此无须再通过其他条款加以特别保护。上文论及的《破产法》第 61 条规定的目的亦验证了这一点。这一规定应填补旧法下破产管理人对破产财团债权人责任承担的空白（BT-Drucks. 12/2443, S. 129 zu § 72）。在旧法框架下，联邦最高法院的判决就曾指出，尽管旧《破产法》（KO）并未向与破产管理人缔结合同的债权人提供充分保护，但其作为破产财团债权人理应就其合同履行过程中会产生的损失获得充分保护。基于此，在破产管理人违反义务的情形下，应承担相应的责任（BGHZ 99, 151, 156 f; 100, 346, 350; BGH, Urt. v. 18. Januar 1990-IX ZR 71/89, WM 1990, 329, 332）。此外，德国联邦最高法院在旧法框架下作出的另一判决指出,破产管理人承担责任的另一种情形是,尽管其清偿了特定的破产财团债务,但其并未顾及其后到期的破产财团债务,而导致其无法获得足额清偿(BGH, Urt. v. 5. Juli 1988-IX ZR 7/88, ZIP 1988, 1068, 1069)。

d)二审法院忽视了如下问题:被告在设定破产财团债务时是否已明确其将无法(足额)清偿该笔破产财团债务。二审法院尤其未对被告提交的证据加以审查认定。

2. 进一步而言,二审法院亦未对《破产法》第 60 条规定的责任承担前提条件进行全面审查。

a)原告亦有权基于《破产法》第 60 条的规定提起相应诉讼。而《破产法》第 92 条的规定既未包含上述情形,亦无法相应适用。

如若破产管理人损害了破产财团债权人的利益,则通常存在个别损害,而可由相关债权人在破产程序中主张(BGH, Urt. v. 27. Februar 1973 aaO; v. 25. März 1975 aaO; v. 10. Mai 1977 aaO; Smid aaO S. 477 Rn. 70; MünchKomm-InsO/Brandes, § § 60, 61 Rn. 118)。如若由于破产管理人的原因导致了破产财团价值的减少,且由此造成了破产财团债权人的不能受偿损失,则上述规则亦同样得以适用(BGH, Urt. v. 5. Oktober 1989-IX ZR 233/87, ZIP 1989, 1407, 1408)。

学术界主张将《破产法》第 92 条相应适用于破产财团债权人,但此时所涉及的损失应为发现破产财产不足清偿破产财团债务之后由于破产财团价值减少而造成的损失(Bork, Kölner Schrift zur Insolvenzordnung 2. Aufl. S. 1333, 1337 Rn. 11; Kübler/Prütting/Lüke aaO § 92 Rn. 51; Pape/Uhlenbruck, Insolvenzrecht Rn. 613; MünchKomm - InsO/Brandes, § 92 Rn. 8; Uhlenbruck/Hirte, InsO § 92 Rn. 22; Uhlenbruck, InsO § 208 Rn. 30; HK-InsO/Eickmann aaO § 92 Rn. 2)。如若破产财团债权人从一开始即只能获得部分受偿,而其后又由于破产管理人的义务违反导致了破产财团价值减少,进而减少了其受偿额度,则就产生了涉及全体破产财团债权人的共同损失(Gesamtschaden),从而使《破产法》第 92 条得以相应适用。而在本案中,导致原告利益受损的破产财团价值减少发生于确认破产财产不足清偿破产财团债务之前的三个多月，而于当时破产财产是足够清偿所有破产财团债务的。于此情况下则显然无法适用《破产法》第 92 条。

b）原告得以依据《破产法》第 60 条主张损害赔偿的前提是，被告于向上述债权人受偿账户转账 8,060,400 德国马克之时存在义务违反之情形，并由此导致了原告所主张的损失。然而，二审法院就此问题并未进行阐释。

aa）如若原告所享有的债权相较于受偿账户所涉及的债权处于优先或同一受偿顺位，则被告即有可能存在违反破产法义务的情形。例如，如若受偿账户涉及的是清偿普通债权或无担保的破产财团债务，则属于上述情况。被告认为，如若其知晓原告债权的存在，则其仍可通过转出的资金清偿原告的债权。这一主观论断对于义务违反的判定无关紧要。相反，只有当上述清偿账户的资金是用于清偿相较于原告债权处于优先受偿顺位的债权时，才可认定被告适当履行了义务。而只有当上述账户清偿的债权为担保债权人时，方才满足前述情况（Kübler/Prütting/Pape aaO § 53 Rn. 15；MünchKomm – InsO/Hefermehl，§ 53 Rn. 12，15；Uhlenbruck/Berscheid，InsO § 53 Rn. 3；BGHZ 100，346，350；BGH，Urt. v. 18. Januar 1990 aaO）。

bb）根据被告的主张，上述账户所涉及的债权人可能对债务人企业存货出售价款享有担保权。于此情况下，无论此担保权所享有的主体是普通债权人，还是破产财团债权人，只要此担保权是有效成立，则被告就无须承担损害赔偿责任。如若相应的担保权有效成立，则债务人企业存货出卖的价款就可转入上述受偿账户而清偿相应债务。破产管理人亦有义务将相应担保物的变价款用于清偿相应的担保债权（BGH，Urt. v. 2. Dezember 1993–IX ZR 241/92，WM 1994，219 f.）。在此情况下，相应的资金转出行为符合破产管理人所应履行的义务。但上述内容必须以破产管理人与此账户所涉及债权人达成有效担保协议为前提。然而，如若被告未依据《破产法》第 171 条保留本应属于破产财团的担保物变价费用，则上述资金转账行为即违反了破产管理人应尽的义务。此外,如若上述受偿账户所涉及的债权人不仅同意延期清偿其债权,而且亦授权被告就该笔担保物变现资金进行不利于其债权受偿的处分时,被告亦会被认定为违反了其应尽义务。

cc)如若上述资金账户所涉及的债权人并无优先受偿的地位,如就债务人企业存货变卖价款的担保权并未有效成立,则被告即有可能须承担相应的损害赔偿责任。具体情况区分如下:

(1)如若上述资金账户所涉及的债权人只是普通债权人,则上述资金转账的行为就违反了《破产法》第53条规定的优先清偿破产财团债务的义务,并将导致被告须承担《破产法》第60条规定的损害赔偿责任。如若破产管理人将债权错误地认定为破产财团债务,且对此存在过错,则亦应承担损害赔偿责任(MünchKomm-InsO/Brandes, §§60,61 Rn. 18)。

(2)即使上述账户所涉及的债权人均为与原告一样的破产财团债权人,被告的损害赔偿责任亦未被完全排除。如若被告由于过错未发现其在转账之时已存在破产财产无法清偿破产财团债务的情况,或者其转账行为将会导致原告债权完全不能获得清偿或只能获得部分清偿,则其将承担损害赔偿责任(MünchKomm-InsO/Hefermehl, §208 Rn. 33;Uhlenbruck, InsO §208 Rn. 14)。于此至关重要的是,被告是否可以预料到其出售债务人企业资产本应获得的价款将会无法收回。

如若被告已无法同等清偿上述账户所涉及的已届清偿期限且无异议的债权及原告的债权,由此使原告遭受不能完全受偿的损失,则不论上述情况是否存在,被告均应承担相应责任。破产财团债务一旦已届清偿期限,破产管理人即应清偿(MünchKomm-InsO/Hefermehl, §53 Rn. 51; Kübler/Prütting/Pape aaO Rn. 35; Hess/Weis/Wienberg, InsO 2. Aufl. §53 Rn. 43)。由此,破产管理人应在任何一笔破产财产分配前对是否应及时全额清偿相应破产财团债务进行慎重审查。如若多笔破产财团债务均到期且无异议,且于当时均无法获得全额受偿,则基于这些债权的同等受偿顺位,破产管理人应使这些债权得到同等的按份受偿。如若其未履行上述义务,则应对受到歧视待遇的破产财团债权人就减少的受偿额承担损害赔偿责任。这一问题亦有赖于查明,破产管理人是否在此情况下已经发现存在(暂时的)破产财产不足清偿破产财团债务(MünchKomm - InsO/Pape, InsO § 208 Rn. 25 f.; Uhlenbruck, InsO § 208 Rn. 11)。但无论如何,破产管理人均无权将暂时无法获得完全清偿的法律风险转嫁给一个债权人。由此,被告不得主张其可通过其后出售价款的追回来清偿原告债权的抗辩。然而,如若被告可以很快获得上述价款的受偿,或者破产财团可通过其他众多途径获得资金,则被告将不承担损害赔偿的责任。而在本案中,被告至 2001 年 2 月方能获得相应价款的支付,且亦不存在其他任何资金来源,这一状况显然不符合上述条件。

综上所述,二审法院的判决适用法律错误,认定事实不清,本案合议庭撤销二审判决,并发回二审法院重审。

Ⅲ.

对于接下来程序的进行,本案合议庭作出如下提示:

1. 如若某一无争议的破产财团债权已届清偿期,且无法得到足额清偿,原告亦举证证明了其已遭受了消极利益损失,则基于《破产法》第 61 条的诉讼请求应获得支持。只要原告基于《破产法》第 61 条主张相关损害赔偿请求权,则二审法院应进一步查明,被告是否可基于《破产法》第 61 条第 2 句免除其责任。如若不存在《破产法》第 61 条第 2 句免责的情况,则二审法院应依原告的陈述查明具体的损害赔偿数额。

a) 对于破产管理人而言,其可在两种情况下免除其责任。第一种情况是,其举证证明客观上本存在足够的破产财产用于偿付破产财团债务;第二种情况是,其举证证明其主观上亦不应知破产财产不足清偿破产财团债务(MünchKomm-InsO/Brandes, § § 60,61 Rn. 35)。

破产管理人所提交的证据必须是客观可信的债务人企业现金收付表,且这一现金收付表至相应破产财团债务设定时始终被加以审查更新(Lüke, in: 50 Jahre Bundesgerichtshof aaO S. 711; MünchKomm-InsO/Brandes, § § 60,61 Rn. 37; Laws, MDR 2003, 787, 791)。《破产法》第 61 条亦将此视为破产管理人应尽的义务。这一现金收付表的预估基础应在于破产财团当时的现金流状况，对尚待偿付债务的合理预估以及债务人企业在继续经营状态下将来商业交易的发展趋势（Kübler/Prütting/Lüke aaO § 61 Rn. 7）。如若债务人企业享有的债权存有在合理期限内得到偿付的疑问，则其不能纳入上述现金收付表（MünchKomm-InsO/Brandes，§ § 60,61 Rn. 37）。如若破产管理人无法对债务人现金收付作出合理预估，则其不得被免责（Pape，Festschrift für Kirchhof 2003 S. 391，398 f.）。

b）破产管理人免责事由确立的时间点应为相应破产财团债务请求权成立之时。于此原则上的关键点在于相关请求权成立的构成要件于实体法上获得满足的时间点。通常情况下，这一时间点为合同缔结之时，但亦存在例外之情形。例如，对于在破产程序正式启动前即存在的持续性债务关系，且其依据《破产法》第 108 条、第 55 条第 1 款第 2 项规定的后一种情形而成为破产财团债务，则相关责任的产生不得早于法律允许的最早的合同解除时点（Braun/Kind，InsO § 61 Rn. 4；§ 209 Abs. 2 Nr. 2；BGH，Urt. v. 3. April 2003 - IX ZR 101/02，ZIP 2003，914，917）。此外，对于由破产管理人与相关主体签订的合同，其债务成立的时点亦可依据合同约定处于合同缔结之后。这一情况往往存在于供货合同中，即供货商于破产管理人要求之时方才向债务人企业提供相关货物。于此情况下，《破产法》第 61 条所涉及的时点应为"破产管理人无须违约即可阻止作为破产财团债权人的合同相对方交付货物或提供服务"之时。如若于此时破产管理人已可发现破产财产无法偿付破产财团债务，则破产管理人须承担《破产法》第 61 条规定的责任。但如若其提供证据证明存在《破产法》第 61 条第 2 句规定的情况，则其将免责。然而，如若破产管理人违反其对破产财团债权人应尽的破产法上的相关义务，则其仍可能依据《破产法》第 60 条的规定承担相应责任。

在本案中，对于 2000 年 3 月所订购两批货物的价款，似乎并不能排除相关货物价款支付义务成立的时点在 2000 年 3 月合同缔结之后。由此，且考虑到相关货物的供应是应被告的要求而进行的，所以应加以查明的是,是否以及于何时被告向原告提出了供货请求。

c)此外,二审法院错误地将《破产法》第61条所规定的请求权认定为积极利益损害赔偿请求权。

aa)《破产法》第61条第1句规定的内容为:“如若由破产管理人所设立的破产财团债务无法得到足额清偿,则破产管理人须对破产财团债权人所遭受的损失承担损害赔偿责任。”这一表述并未明确,破产管理人在无法清偿破产财团债务情况下是应对积极利益,还是应对消极利益进行损害赔偿。即便破产管理人已经偿付了破产财团债务的大部分,而由于破产财产不足而无法偿付剩余部分,亦无法排除破产管理人只需对消极利益损失进行赔偿。

bb)从系统及历史解释的角度而言,《破产法》第61条所涉及的损失应限定在消极利益损失。《破产法》第60条是取代旧《破产法》第82条所作出的对破产管理人责任的一般性规定。依此规定,如若管理人违反了破产法相关义务,且存在过错,则其应对破产程序所有参与主体负有损害赔偿责任。该条所设定的法定责任即通常是对消极利益损失的赔偿。而《破产法》第61条相对于第60条乃破产管理人责任的特别规定,其所涉及的利益损失亦应与第60条的规定相一致,也即消极利益的损失。

而对积极利益进行损害赔偿原则上只适用于债务人未履行约定义务的情况下(《民法典》第281条)。于合同约定之外对此损失承担赔偿责任则属于极端例外,例如,《民法典》第179条第1款对无权代理情况下代理人责任的设定。并且此款规定对责任的设定十分明确,即由相对方选择是由代理人继续履行,还是承担损害赔偿责任。而《破产法》第61条并未明确表述相类似的法律责任。进一步而言,《破产法》第61条所涉及的义务违反行为并不等同于不履行合同约定义务的行为。破产管理人于此时应承担责任的理由不在于其未偿付破产财团债务,而在于其尽管事先意识到或应当意识到破产财产将无法清偿破产财团债务,但其仍缔结了相关合同。其可归责性在于其于当时知道或应当知道其可能无法(完全)履行合同但仍缔结了合同,而不在于其缺乏合同履行能力的本身。由此，破产财团债权人应被置于审慎破产管理人不应缔结相关合同情况下所处的境地。

从立法历史角度亦能支持上述观点。如同《破产法》政府草案本中所表述的（BT-Drucks. 12/2443 S. 129 zu § 72），《破产法》第 61 条规定提出的重要原因在于联邦最高法院在 1987 年 4 月 14 日的判决中背离了其在早先判决中所持的观点，也即否定了破产管理人提请潜在破产财团债权人注意无法受偿风险的义务（BGHZ 100，346，349 ff.）。而依据此判决之前的判决，破产管理人不仅须承担上述警示义务，而且旧《破产法》第 82 条规定的破产财产不足清偿破产财团债务情况下的责任亦以消极利益损失为限（BGH，Urt. v. 4. Juni 1958 – V ZR 304/56，WM 1958，962，964）。就现行《破产法》相关法律条文而言，并不能得出"立法者想重回更早之前判决所设定责任承担状态"的结论。尽管如此，值得注意的是，在《破产法》政府提案本的立法理由中指出："在可能存在破产财产不足清偿破产财团债务的情况下，破产管理人应依破产管理人的一般义务警示相关合同当事人。如若延续德国联邦最高法院 1987 年 4 月 14 日判决要旨，将会造成第三方不再愿意与破产的债务人企业进行交易，从而明显增加债务人企业继续经营的难度。"（BT-Drucks. 12/2443 S. 129 zu § 72.）进一步而言，将《破产法》第 61 条规定的责任限定在消极利益损失赔偿的理由在于，这一责任类似于股份有限公司董事会或有限责任公司经理在违反破产申请义务情况下所须承担的责任。如若董事会或经理延迟提出破产申请，且于延迟破产申请阶段仍进行新的交易，则其应对新债权人所遭受的消极利益损失承担损害赔偿责任（BGHZ 126，181，192 ff.；138，211，215 f.；BGH，Urt. v. 2. Oktober 2000 – II ZR 164/99，DStR 2001，1537；Großkomm – AktG/Habersack，4. Aufl. § 92 Rn. 79；Scholz/Karsten Schmidt，GmbHG 9. Aufl. § 64 Rn. 58；Goette，Die GmbH 2. Aufl. § 8 Rn. 238）。《破产法》第 60 条所涉及的破产管理人的忠实勤勉义务亦与《股份公司法》第 93 条第 1 款及《有限责任公司法》第 43 条第 1 款所涉及的忠实勤勉义务相一致。并且破产管理人在进行决策时往往处于极大的且并非自己原因造成的时间压力之下,并由此增加其对债务人财务状况作出准确判断的难度。由此,其承担赔偿责任的范围亦不应大于上述董事会或有限责任公司经理所须承担责任的范围。学术界的观点亦几乎一致倾向于将责任范围限定在消极利益损失(Blersch,in Breutigam/Blersch/Goetsch,InsO §61 Rn. 5;MünchKomm-InsO/Brandes, §§60,61 Rn. 38;v. Olshausen,ZIP 2002,237,239;Uhlenbruck,InsO §61 Rn. 11;Pape,ZInsO 2003,1013,1017;2004,237,249)。

cc)上述观点亦可通过目的性解释来支撑。相对于《破产法》第60条对破产管理人责任的一般性规定,第61条中所隐含的举证责任倒置实际上使债权人处于更为有利的地位。并且第61条的规定依据《破产法》第21条第2款第1项的规定亦适用于基于《破产法》第21条第2款第2项情形1及第55条第2款规定可以设定破产财团债务的临时破产管理人。而在司法实践中,原本法院在任命临时破产管理人时往往不会对其行为作出一般性禁止规定,而会对其进行概括性授权。但上述做法其后在联邦最高法院2002年7月18日的判决中被认定为违法,联邦最高法院要求破产法院必须进行个别性授权,并明确具体的管理处分权限。然而,如若破产管理人的责任范围由消极利益扩大至积极利益的损失赔偿,则显然会提升破产管理人的责任风险,并使得上述对具体管理处分事项进行个别授权的要求在法律实践中无法得到真正实施。而这与《破产法》第61条规定原本的立法目的是不相适应的。

d)综上所述,原告应获得的应仅是消极利益损失的赔偿,也即使其回复到其未缔结合同之状态。由此,如若其欲主张对迟延付款的利息损失加以赔偿,则其必须举证证明其在未缔结合同的情况下,其亦能获得其所主张的与迟延利息相应的金额。

e)原告亦不得依其损失金额参与破产财产的分配。且其在向破产管理人主张损害赔偿责任的情况下亦须依据《民法典》第255条将对破产财团的参与分配请求权转让给破产管理人。

2. 如若原告依据《破产法》第60条主张由于破产管理人的义务违反行为而导致了破产财团价值的减少,进而请求损害赔偿,则二审法院须查明,上述转账所涉及的资金账户是用于清偿何种债权。于此本案合议庭想提请注意的是,只有当被告采取了适当措施确保所有破产财团债务可被及时准确的记账时,其才可主张在进行上述转账时并不知原告债权的存在。目前尚不存在任何证据能对此加以证明。原告在上诉答辩中亦主张,被告显然对其负责履行破产财团债务的工作人员缺乏指导和监督。此主张可在重审中被采纳。此外,被告所为的转账数额不菲,其构成了可供支配的破产财团价值的大部分。由此,其行为可能被认定为《破产法》第 60 条第 2 款意义上的具有重大意义的决策行为,从而需在一定情况下对第 60 条第 2 款相关责任承担的构成要件予以查明。

3. 原告在上诉答辩中主张,被告在 1999 年 12 月 2 日的信函中所作出的个人承诺实际上意味着其个人将承担由于合同履行而会产生的相应法律责任。二审法院对此仍须进一步查明。但本案合议庭想指出的是,如若仅存在被告对所有供应商及债权人作出的确保款项支付的一般性承诺,则很难构成其个人的保证责任。更确切地说,破产管理人必须明确表示其将承担法律规定责任之外的保证责任(BGH, Urt. v. 12. Oktober 1989-IX ZR 245/88, WM 1989, 1904, 1908 f.)。

4. 由于《破产法》第 60 条所规定的请求权及第 61 条所规定的请求权实际上是两种可供选择的诉讼请求,且涉及的争讼焦点亦不相同,所设定的权利保护目的亦有所区别,所以原告亦须明确其主张《破产法》第 60 条请求权及第 61 条请求权的先后顺序。如若无法明确上述两种请求权谁为主体诉讼请求,谁为辅助诉讼请求,则该诉讼将会因缺乏明确性而依据《民事诉讼法》第 253 条第 2 款第 2 项不被允许(BGH, Urt. v. 28. September 1989-IX ZR 180/88, WM 1989, 1873, 1874 f.; v. 23. Oktober 2003-IX ZR 324/01, NJW-RR 2004, 275, 277 f.)。尽管原告依据上述两条规定获得的均是消极利益的损害赔偿,但其具体涉及的赔偿金额将可能有所区别。由于《破产法》第 60 条所涉及的是存在过错情况下而导致的破产财团价值的减少,因此其赔偿数额与积极利益损失数额相同;而第 61 条所涉及的赔偿数额则通常低于积极利益损失数额。在目前状态下,尚不可基于《民事诉讼法》第 253 条第 2 款第 2 项的规定驳回原告起诉。这一方面是由于二审法院未查明相关的事实,并进行妥当的法律分析,另一方面亦应给予原告机会,通过本判决的提示进一步明确其具体的诉讼请求。

判例三　破产管理人私利商业决策的法律责任

关键词:忠实义务;竞业禁止义务;债权人利益最大化;责任

案件编号:BGH,Urteil vom 16. 3. 2017-IX ZR 253/15

案件检索:NJW 2017,1749

相关法条:德国《破产法》第 60 条

(一)判决要旨

1. 破产管理人是否应对错误的商业决策承担损害赔偿责任取决于其是否以实现债权人利益最大化为目的,且应考虑债权人在破产程序中作出的相应决议。

2. 破产管理人不得为了私人之利益而利用本应属于其管理的债务人企业的商业机会。

(二)案件事实

KWB 公司(以下称为债务人企业)于 2000 年 1 月 1 日正式进入破产程序。在原破产管理人(被告)被解职后,原告自 2011 年 6 月 6 日起担任债务人的破产管理人。原告依据《破产法》第 60 条要求被告就其任职破产管理人期间的义务违反行为承担损害赔偿责任。

债务人企业是区域的房地产商。在进入破产程序前,其在 W 建筑地块建成了住宅小区,并已出售部分住宅。其中包括 24 号房产,其出售价格为 7 万德国马克。与此同时,债务人企业亦负责该住宅小区的物业管理,并延续至破产程序正式启动后。债权人会议于 2007 年 11 月 28 日决议对债务人企业破产清算,并将破产财产进行变现。

2008 年,24 号房产的所有者意欲出售该住宅,并请求债务人企业的经理予以协助。24 号房产所有者是否首先欲将该住宅出售给债务人企业或作为破产管理人的被告,目前尚存争议。基于 2008 年 12 月 17 日经公证的房屋买卖合同,被告以个人名义以 3000 欧元的价格购买了 24 号房产。作为债务人企业的破产管理人,其一方面以小区物业的名义同意了该笔房产交易,另一方面亦以作为房屋原所有权人的房地产商名义取消了回购优先权的登记。在被告购买此房产后,其将房屋交由债务人企业管理和出租。

在担任破产管理人后,原告于 2013 年 12 月 1 日将债务人所拥有的物业整体打包出售给 L 公司。该企业其后亦向被告发出要约,表示愿意以 10,000 欧元购买 24 号房产,其后将报价提高至 45,000 欧元。就上述事项双方并未达成一致,被告仍拥有 24 号房产。

此后,原告提起诉讼,要求被告赔偿 42,000 欧元的损失,并要求被告支付共计 600 欧元(每个月 20 欧元,共计 30 个月)的租赁管理费用。原告在二审中放弃了支付 600 欧元租赁管理费用的诉讼请求。此外,原告主张被告应赔偿相应的租金损失。其理由在于:被告利用其特殊地位优先出租了其所持有的住宅,并获得 18,212 欧元的租金(314 欧元每月,共计 58 个月),由此应赔偿其他未出售住宅相应期间的租金损失共计 23,625.6 欧元。本案二审法院驳回了原告的诉讼请求。原告向本院提出上诉,并主张 24 号房产的回购优先权,以及要求被告赔偿 42,000 欧元及相应利息。

(三)判决理由

Ⅰ.

二审法院认为,在债权人会议于 2007 年 11 月 28 日决议对债务人企业实施破产清算后,被告即无权以破产管理人的身份为债务人企业购买相应房产。即便破产管理人可以债务人企业名义购买相应房产,但基于债务人企业当时的财务状况,购买相应房产的行为将充满风险,从而使得作为破产管理人的被告有义务不得从事相应行为。此外,破产管理人亦无竞业禁止义务。即便存在竞业禁止的义务,被告亦无义务必须为债务人企业获得上述房产。原告关于被告利用其有利地位而优先出租其持有房产的主张亦无法成立。原告并未提供详细充分证据证明被告存在上述行为。此外,自 2011 年 11 月 1 日起,原告亦将被告持有的住宅重新对外出租。就此而言,相应的损失亦是基于原告的破产管理行为的。

Ⅱ.

本案合议庭对上述判决理由并不认同。依据上诉中原告的陈述及提交的证据可以判定,被告在担任破产管理人期间,以极低的价格获得了相关房产,而不是为了破产财团的利益进行相关交易,因此应依据《破产法》第 60 条的规定承担损害赔偿责任。

1. 于破产程序启动前后,如若存在破产财产减少而导致债权人利益受损的情况,破产管理人有权向导致破产财产减少的责任人请求损害赔偿。如若此损害赔偿请求权针对的是原破产管理人,则应由新任破产管理人提出(《破产法》第 92 条)。而在本案中,被告即被指责利用了本可归于债务人企业的有利交易机会,使得本可增加的债务人财产未能得到增加,从而对债权人整体利益造成了损害。

2. 被告在担任破产管理人期间本可为了债务人企业的利益而以优惠价格购买相应房产,但却自行购买,因此违反了《破产法》第 60 条的规定,而应就未履行忠实勤勉义务的行为承担损害赔偿责任。

a) 如若破产管理人对《破产法》规定的义务违反存在过错,则其应对全体破产程序参与人承担损害赔偿责任(《破产法》第 60 条第 1 款第 1 句)。破产管理人在破产程序中显然承担保管及合理运营破产财产的义务(BGH, Urteil vom 26. Juni 2014 IX ZR 162/13, WM 2014, 1434 Rn. 11; vom 16. Juli 2015 IX ZR 127/14, WM 2015, 1644 Rn. 8; vom 3. März 2016 IX ZR 119/15, WM 2016, 617 Rn. 15)。这一义务源于破产管理人的忠实勤勉义务,而破产法上的忠实勤勉义务亦以商法及公司法上的忠实勤勉义务为参照,但亦应考虑破产程序的特殊性(BGH, Urteil vom 26. Juni 2014, aaO Rn. 16)。破产企业继续运营中破产管理人所进行的商业判断应以实现债权人利益最大化的破产法价值目标为基准(《破产法》第 1 条, BVerfGE 116, 1, 13),并应以债权人会议确定的程序目标,也即破产清算、企业资产整体出让或重整计划,来实现上述破产程序的终极价值目标(Uhlenbruck in Festschrift für K. Schmidt, 2009, S. 1603, 1617 f.; Lüke in Kübler/Prütting/Bork, InsO, 2009, § 60 Rn. 37; MünchKomm - InsO/Brandes/Schoppmeyer, 3. Aufl., § 60 Rn. 29a; MünchKomm - InsO/Ganter/Lohmann, 3. Aufl., § 1 Rn. 20,44 ff.; Berger/Frege/Nicht, NZI 2010, 321, 328)。

b)破产管理人在破产程序中保管及合理运营破产财产义务的履行不仅仅是维持破产财团现状即可。例如,本案合议庭在曾经的判决中即指出,破产管理人对于破产财团闲置的资金不是只要妥善保管即可,而是应通过存款方式获得相应的利息(BGH, Urteil vom 26. Juni 2014, aaO Rn. 15)。这不只是防范破产财团的资金因通货膨胀而贬值,而亦在于闲置资金本身即可产生法定孳息,即利息。尽力使破产财产增值亦是破产管理人破产财产管理义务的一部分(Jungmann, EWiR 2014, 563, 564)。考虑到破产程序中的具体情况,债务人企业的继续经营亦可达到破产财产增值的目的(BT - Drucks. 12/2443, S. 129; BGH, Urteil vom 26. Juni 2014 IX ZR 162/13, WM 2014, 1434 Rn. 16; BAGE 143, 321 Rn. 60; HmbKomm - InsO/Weitzmann, 6. Aufl., § 60 Rn. 9),但在企业继续经营过程中,破产管理人的行为亦应以债权人利益最大化的破产程序价值目标以及债权人会议决议对程序目标的设定为指导方针。

c)破产管理人上述义务的具体内容则应依个案的具体情况加以明确。在本案中,基于原告的陈述和提供的证据可以明确以下几点:aa)被告在担任破产管理人期间所购买的房产,其本身应具有的价值为45,000欧元,但其却以3000欧元的价格购得;而被告表示,该房产本来可以1000欧元的价格购得,甚至可以无偿获得。bb)这一房产所在地块中部分房产归债务人企业所有。cc)与此同时,债务人企业亦是该住宅地块的物业管理人。其可对被告所购买的房产实施管理,并且实际上其在被告购买后亦对该房产实施了管理。dd)债权人会议已经决议清算债务人企业;在所有房产出售完毕前,应继续运营债务人企业，并且实际上债务人企业也一直在运营。ee）被告所购置的房产其后以每月 214 欧元的租金对外出租。ff）债务人企业所持有的房产已整体打包出售。由此可以断定的是，被告本应为了破产财团的利益进行房产交易，但在本案中却从事了利己性房产交易，并且即便为了破产财团的利益进行房产交易，亦不会增加额外的费用及风险。即便认定被告在债务人企业经营困难的情况下，并考虑多种不受控的因素，其应拥有较大的商业判断及预测的空间（可参见 Schmidt/Thole, InsO, 19. Aufl., § 60 Rn. 14; HmbKomm-InsO/Weitzmann, 6. Aufl., § 60 Rn. 29 f., 33; MünchKomm-InsO/Brandes/Schoppmeyer, 3. Aufl., § 60 Rn. 29a; Berger/Frege/Nicht, NZI 2010, 321, 328），但在本案中，被告所作出的商业决策，也即以上述优惠价格为自己，而不是为债务人企业购买上述房产，显然有违破产管理人的忠实勤勉义务。

3. 被告因违反破产管理人的忠实勤勉义务而须依《破产法》第 60 条承担损害赔偿责任的理由亦在于：被告不顾债权人及债务人企业的利益，而为了一己私利充分利用了与债务人营业相关且本应属于债务人的交易机会。

a）二审法院认为，由于《破产法》对竞业禁止义务并未明确规定，因此破产管理人并不向债务人承担此义务。此观点正确之处在于，公司法上相应规定无法直接适用于破产管理人。尽管立法者指出破产管理人的忠实勤勉义务以商法及公司法上的忠实勤勉义务为参照，但必须得考虑到破产管理人职责的特殊性以及个案中与其履职相关的特殊情况。

b）依据《股份公司法》第 88 条第 1 款第 1 句的规定，股份公司董事会成员在未经监事会许可的情况下，不得从事其他商业活动，且不得自行或为他人经营与公司相竞争的业务。此外，《股份公司法》第 88 条第 1 款第 2 句规定，股份公司董事会成员在未经监事会许可的情况下，亦不得担任其他商事组织的董事或经理职务，亦不得成为承担无限责任的出资人。在上述规定中，董事作为公司领导者的法律地位不言而喻，而这一法律地位亦要求董事必须尽全力服务于公司

(MünchKomm-AktG/Spindler,4. Aufl.,§88 Rn.1.)。对于破产管理人而言,上述规定并无法适用。其通常会被指定为多个破产程序的管理人,而无法尽全力服务于一个破产案件。

然而,独立于上述规则,公司法上亦有专门的竞业禁止规定。例如,无限公司的股东在未经其他股东同意的情况下,不得从事与公司相竞争的业务,亦不得成为其他同类型公司的无限责任股东(《商法典》第112条第1款)。同样的规定亦适用于两合公司的无限责任股东(《商法典》第161条第2款)。在上述情况下,股东的竞业禁止义务亦源于股东的忠实义务(BGH,Urteil vom 5. Dezember 1983 II ZR 242/82,BGHZ 89,162,165;Baumbach/Hopt/Roth,HGB,37. Aufl.,§112 Rn.1)。

c)上述《股份公司法》第88条第1款规定的董事竞业禁止的规定同样适用于人合公司中负责经营管理的股东(BGH,Urteil vom 23. September 1985 II ZR 257/84,NJW 1986,584,585)、营业合伙中负责经营管理的合伙人(BGH,Urteil vom 4. Dezember 2012 II ZR 159/10,WM 2013,320 Rn.20 f.)以及有限责任公司的经理(BGH,Urteil vom 26. Oktober 1964 II ZR 127/62,WM 1964,1320,1321;vom 8. Mai 1967 II ZR 126/65,WM 1967,679,680)。有限责任公司的经理、人合公司的负责经营管理的股东以及营业合伙中负责经营管理的合伙人必须在涉及公司或合伙利益的事项中为了公司,而不是自己或他人的利益行事。在将公司或合伙运营管理职责交付给上述人员之时,上述商事组织的出资人即相信,上述人员会忠于其承诺,而为了企业经营事项无私奉献;上述人员亦须为了企业的利益进行运营管理,并将其自身利益置于次席(BGH,Urteil vom 23. September 1985,aaO)。依忠实义务亦可推导出,上述人员未经允许,不得从事或受人之托从事与企业相竞争的义务,亦不得为了自己的利益或以其他方式阻碍或者破坏企业已经签订合同的履行。上述人员亦须为了公司的利益,而不是为了自己利益去利用相关交易机会。如若违反上述义务,则其须就产生的损失承担赔偿责任。其亦不得将本属于企业经营范围,且基于特定情况应归于企业的交易机会为己所用［“交易机会理论”（Geschäftschancenlehre），BGH，Urteil vom 4. Dezember 2012，aaO Rn. 21］。

d）上述理论亦适用于负责破产企业继续经营事务的破产管理人。其尽管并非为债务人或其出资人所授权，但其从被任命为管理人之时起即获得了不亚于经营管理负责人的权限。依据《破产法》第 80 条第 1 款的规定，其有权管理和处分破产财产。这一权限是与破产程序服务于债权人及债务人利益的目标设定相关联的，而破产程序并非为了实现管理人的营利目的所设（BVerfGE 113，1，13 f zu § 56 InsO）。与之相适应，管理人权限的行使亦只得为实现破产程序的价值目标。如若存在可使破产财产增加的商业交易机会，且这一交易机会本属于企业经营范围，亦应归于债务人企业，则其不得将此交易机会为己所用。

e）于哪些前提条件下相应的商业交易机会应归于破产财团，而使破产管理人不得将相应交易机会为己所用，则取决于个案的具体情况。依据联邦最高法院所确立的公司法上的交易机会理论，如若公司已签订相关合同，或者已为合同缔结做了必要准备而使得合同签订已经万事俱备，则此商业交易机会就已归于公司。此外，如若企业营业的主要负责人以公司的名义进行缔约谈判（BGH，Urteil vom 4. Dezember 2012 II ZR 159/10，WM 2013，320 Rn. 26），或者一项有利的合同要约是基于其特殊法律地位而获知，则此商业交易机会亦应归于公司。并且与公司经营行为相关联的交易机会亦应为公司所用（Fleischer，NZG 2003，985，986 f.）。在破产管理人负责继续运营债务人企业的情况下，上述规则亦应适用于破产管理人。

f）24 号房产的交易本身即属于债务人企业的营业领域，出售 24 号房产的要约亦是向债务人企业的经理发出，而此经理于当时为破产管理人工作。当时已存在的合同草案即排除了作为破产管理人的被告成为该房产的买方。如若不是被告利用其破产管理人的特殊法律地位而将此商业交易机会为己所用，此房产将不会出售给被告。并且由于债务人企业至资产打包整体出售之时仍处于运营的状态，所以购买此房产亦不与债权人会议的进行清算的决议相违背。

综上所述,原告上诉理由成立,本案合议庭依据《民事诉讼法》第562条第1款撤销二审判决,并依据《民事诉讼法》第563条第1款第1句发回二审法院重审。于此本案合议庭想指出的是:根据被告的陈述,该房产的出售方并不是想将房产出售给债务人企业,所以债务人企业购买此房产事实上不可能。而根据债务人企业经理的证言,出售方不愿出售给债务人企业的理由在于债务人企业已陷入破产。对于债务人企业的经理而言,其在获知相应交易机会的情况下,理应尽其所能为企业赢得这一交易机会(BGH,Urteil vom 4. Dezember 2012 II ZR 159/10,WM 2013,320 Rn. 31)。这一规则亦适用于破产管理人。换言之,作为破产管理人的被告于当时应纠正出售方的错误想法,消除其顾虑。

评析

一、破产程序中管理人的商业判断

德国学者认为,在破产程序中管理人就取得了类似企业经营管理人的法律地位。[①] 上述判决实际上亦在反复强调这一点。德国联邦最高法院2017年3月的判决更是明确指出:“管理人尽管并非由出资人授权,但其获得的权限不亚于经营管理负责人的权限。然而,这一权限授予的目的是服务于债权人及债务人,并尤其应以实现债权人利益最大化为指针。与此同时,基于破产法中债权人意思自治的基本原则,亦应以债权人会议确定的程序目标来实施上述权限。”我国学者亦指出,债务人财产保值增值原则一方面限制了管理人权力滥用,另一方面为管理人履职确定评价标准和依据。[②] 与此同时,学者亦强调破产程

---

① Berger/Frege,ZIP 2008,204 ff.

② 参见齐明:《论破产法中债务人财产保值增值原则》,载《清华法学》2018年第3期。

序中的债权人自治,[3]但债权人往往依赖于管理人提出的方案,管理人也往往成为实质意义上商业判断的决策者。

另外,法官缺乏企业运营方面的专业知识和经验仍是不争的事实。我国最高人民法院的法官亦认为法院不宜介入市场机制下的有关商业判断和经营决策。[4] 然而,债务人财产保值增值,抑或债权人利益最大化原则虽可作为管理人的行为准则,但实际上亦赋予了管理人进行商业判断的自由裁量空间。由此,犹如公司正常经营过程中的高管,破产管理人亦须在破产程序中作为主导主体进行一系列的商业判断。我国学者甚至认为,相对于美国破产法的"正当经营范围",我国《企业破产法》的列举式立法实际上给了管理人更多的商业判断空间。[5]

尽管破产管理人拥有的广阔裁量空间便于主导程序的进行,但在破产相关市场尚未发育成熟的背景下,中国的破产管理人时常将一些本应由管理人作出商业判断的事项提请法院决策,从而产生了管理人"缺位"与法院"越位"的问题。[6] 2018 年最高人民法院《全国法院破产审判工作会议纪要》第 8 条即明确要求:"人民法院应当支持和保障管理人依法履行职责,不得代替管理人作出本应由管理人自己作出的决定。管理人应当依法管理和处分债务人财产,审慎决定债务人内部管理事务,不得将自己的职责全部或者部分转让给他人。"进一步而言,如若缺乏足够有效的约束和激励机制,一方面,破产程序的参与主体不得不面临破产管理人的能力及道德缺失的风险;另一方面,管理人往往积极作出商业判断的意愿不强,而倾向于采取低风险措施以避免责任承担。由此导致的结果将是债权人的决策空间被大大限缩,债权人利益最大化的目标难以实现。

---

③ 参见李永军:《重申破产法的私法精神》,载《政法论坛》(中国政法大学学报)2002 年第 3 期,第 30 页。

④ 参见郁琳:《破产程序中管理人职责履行的强化与监督完善——以管理人的法律地位和制度架构为视角》,载《法律适用》2017 年第 15 期,第 42 页。

⑤ 参见贺丹:《上市公司重整:实证分析与理论研究》,北京师范大学出版社 2012 年版,第 98 页。

⑥ 参见杜军:《管理人制度完善的路径与思考——〈全国法院破产审判工作会议纪要〉的解读(一)》,载《人民法院报》2018 年 3 月 21 日,第 7 版。

二、破产管理人的忠实勤勉义务

作为债务人企业的运营管理负责人,破产管理人亦得承担忠实勤勉义务。上述判决均论及破产管理人的忠实勤勉义务实际上亦以商法及公司法上的忠实勤勉义务为标杆。但商法及公司法上的忠实勤勉义务不可能完全照搬至破产管理人,而必须考虑破产管理人职责及履职时的特殊情况,特别是破产管理人所面临的企业危机决策环境以及巨大的时间压力。我国《企业破产法》实际上亦考虑了这一点,而在第28、74条规定了破产管理人可聘用必要工作人员和债务人的经营管理人员。此外,亦值得注意的是,我国《企业破产法》第130条明确规定:"管理人未依照本法规定勤勉尽责,忠实执行职务的,人民法院可以依法处以罚款;给债权人、债务人或者第三人造成损失的,依法承担赔偿责任。"这一表述不仅与我国《公司法》第149条规定的表述基本相同,而且更明确了破产管理人应承担的忠实勤勉义务。

从忠实勤勉义务出发,上述三个判决分别分析得出了破产管理人设定破产财团债务时的审查义务以及合理运营破产财产义务。实际上,合理运营破产财产的义务亦可分为积极义务以及消极义务。例如,2014年判决所确定的对闲置资金进行适当投资的义务即属于积极义务,而2017年判决中所明确的竞业禁止义务即为消极义务。特别是德国公司法上的忠实义务(Treuepflichten)不仅要求相关人员承担竞业禁止的义务,而且须依据个案的具体情况判断公司董事是否履行了保护公司利益和防止公司损失的义务。⑦ 进一步而言,破产管理人在破产程序中合理运营破产财产的义务不仅仅是维持破产财团现状,而亦须积极经营,包括对破产财产以适当方式进行投资。2017年的判决虽然主要涉及的是竞业禁止的义务,但实际上德国联邦最高法院在此判决中亦反复强调管理人的积极经营义务。我国学者亦认为,管理人应意识到积极经营破产财产是债务人财产增值的唯一路径。处于静止状态的破产财产非但不会升值,反而会因各种原因出现价值贬损,进一步损害债权人的利益。而破产管理人将破产财产直接货币化并用以清偿

---

⑦ Frodermann/Schäfer in: Handbuch des Aktienrechts, 2009, S. 375, Rn. 202.

债权人固然不违法,但是违背对物"充分利用"的财产法价值观。然而不得不面对的现实是,在"风险回避心理"的驱使下,管理人选择消极管理模式成为大概率的事件,从而任凭本可升值的财产原封不动甚至自然贬值。⑧ 就此而言,破产管理人积极经营义务亦有赖于相关法律责任的设定,而德国联邦最高法院 2014 年的判决应可提供一实例参考。

存在疑问的是,破产管理人积极经营义务具体如何界定?2014 年的判决只是明确破产管理人对于破产财团闲置的资金应通过存款方式获得相应的利息。即便如此,有德国实务界人士批评指出,德国联邦最高法院的这一判决中充满了模糊抽象的法律概念,如"金额不菲的资金""较长时间处于闲置状态"等,而这将会造成法律实践中的不确定性。而且联邦最高法院在此判决中一方面要求破产管理人须以有利的利息进行资金存放,但另一方面却未要求破产管理人全面审查以发现最佳利率的义务。此外,德国联邦最高法院亦未对资金存放的安全性做出明确要求。⑨ 于我国,具体而言,破产管理人是否可将破产财团闲置资金进行短期理财?显然,此乃个案中投资收益、费用以及风险的综合考量,并须始终以债权人利益最大化为指针。实际上,德国联邦最高法院 2014 年及 2017 年的两个判决中都强调了破产管理人在破产程序中进行商业判断的复杂性,亦强调了其需要一定的时间进行尽职调查,而尽职调查所需要的时间又得依个案的具体情况加以确定。进一步而言,如若破产管理人在 2017 年的判例中以债务人企业名义以优惠价格获得相关资产,但能否再转手获利亦具有不确定性。毕竟,个案中情况纷繁复杂,司法裁判有时难免是"事后诸葛"。由此,破产管理人显然承担着巨大责任风险,其责任风险的合理化亦是不得不解决的问题。

于此首先值得考虑的是破产程序参与人,尤其是债权人的意思自治。德国《破产法》第 149 条规定:"债权人委员会可决议要求破产管

---

⑧ 参见韦忠语:《破产财产经营论》,载《法商研究》2016 年第 2 期,第 98 页。

⑨ Wagner, NZI 2014, 757, 761.

理人就破产财团资金以何种方式进行投资。如若未组成债权人委员会,抑或债权人委员会对此未提出要求,则破产法院可提出相应的具体要求。债权人会议对此可另行作出决议。”此外,德国《破产法》第160条还规定了若干破产管理人须经债权人委员会同意方可进行的重大事项。由此值得考虑的是,是否可通过债权人委员会的事前授权或事后同意降低破产管理人的责任风险,并由债权人风险自担。债权人委员会亦可在必要时将相关事项提交债权人会议表决。然而,债权人委员会或债权人会议的决策无疑会导致商业交易机会的稍纵即逝。

此外,仍值得一提的是,德国《破产法》第156条第1款规定:“破产管理人应在报告期日汇报债务人的经济状况和其破产缘由。其亦应向债权人报告是否可将债务人企业营业整体或部分保留,并如何通过破产重整方式实现这些目标,并且这一方式会对债权人受偿产生何种影响。”该法第157条又明确规定,债权人会议在报告期日对暂停或出售营业作出决议。与此同时,该法第158条规定,破产管理人在报告期日前出售或停止营业应经债权人委员会的同意。此外,德国《破产法》第22条第1款第2句第2项规定:“除非破产法院为了避免破产财产价值贬损而批准暂停营业,否则临时破产管理人不得在破产程序正式启动前暂停营业。”结合上述规定,德国学者认为,在第一次债权人会议前,继续营业应是原则(Fortführungsgrundsatz),其目的在于确保债权人在受偿方式方面拥有自主决策的空间。[10] 换言之,破产管理人在第一次债权人会议前不仅应在原则上尽力维持企业的继续经营,而且应通过尽职调查与信息供给来确保债权人基于意思自治的商业判断。然而,为了维系债务人企业继续经营,破产管理人往往不得不行使合同履行选择权或者设立新的破产财团债务。由此,并考虑到德国《破产法》第61条的规定以及德国联邦最高法院2004年的判决,德国破产管理人承担的责任风险不可谓不大。

三、破产管理人的责任设定与风险合理化

于破产管理人责任设定方面,德国《破产法》第60条第1款规定:

---

⑩ Spieker, NZI 2002, 472; Menke, BB 2003, 1133, 1138.

"破产管理人如果违反本法规定的义务且其对该义务违反行为存在过错,则其须向所有破产程序参与人承担损害赔偿责任。破产管理人在履行其职务时必须尽到一般的、谨慎的营业领导人(Geschäftsleiter)所应尽的注意义务。"实际上,德国《破产法》第60条第1款第1句的规定与德国《股份公司法》第2款第1句的规定基本相同,由此两者责任承担的构成要件亦基本一致。按照德国学界对德国《股份公司法》第93条第1、2款的解析,公司董事对公司承担损害赔偿责任构成要件一般包括以下四个方面:首先,责任人必须具有公司董事的身份。其次,必须存在违反忠实勤勉义务的行为。再次,公司董事对其义务的违反必须存有过错。最后,必须因公司董事义务违反行为导致了公司的损失,也即损失和义务违反行为之间存在因果联系。[11] 值得注意的是,就"过错"要件而言,德国公司法上要求公司董事具有履行其职务必备的专业知识和经验,在其缺乏相应专业知识和经验的情况下,其可以求助于相关专业人士,其依据专业人士提供的意见所为的行为一般不被认为对义务违反存在过错。[12]

然而,对于破产管理人而言,其一方面作为专业人士负有更重的尽职调查义务,另一方面作为外部人亦需要时间了解企业状况,并往往在进行决策时处于极大的时间压力之下。由此应对破产管理人责任的承担或免除作出区别于正常经营公司董事责任承担的个性化分析。此外,于此需提请注意的是,德国联邦最高法院在2004年的判决中指出:"只有当清偿账户的资金是用于清偿相较于原告债权处于优先受偿顺位的债权时,才可认定被告适当地履行了其义务。如若上述资金账户所涉及的只是普通债权人,则上述资金转账的行为就违反了优先清偿破产财团债务的义务。而如若上述资金账户所涉及的债权人亦为破产财团债权人,则其转账行为就违反了破产管理人应使同顺位债权人平等受偿的义务。"就此而言,明确债权清偿的受偿顺位及对同顺位债权人进行平等清偿是任何破产管理人都必须知道且应履行的义务。

---

⑪ Frodermann/Schäfer in: Handbuch des Aktienrechts, 2009, S. 375 ff., Rn. 200 ff.

⑫ Frodermann/Schäfer in: Handbuch des Aktienrechts, 2009, S. 376, Rn. 206.

进一步而言,德国《破产法》第 60 条为破产管理人一般责任条款,而《破产法》第 61 条相对于第 60 条乃破产管理人责任的特别规定,其涉及的是破产财产不足清偿破产财团债务情况下责任承担的问题。由此,第 61 条所涉及的利益损失亦应与第 60 条的规定相一致,也即为消极利益损失。德国联邦最高法院在 2004 年的判决中从体系、目的及立法历史角度对此进行了阐释。在消极利益损害赔偿的情况下,相关主体将恢复到未缔结合同之状态,损失额也往往小于积极利益的损失额。并且只有当破产管理人无法通过破产财团可立即获得的收入来清偿破产财团债务时,其才会被认定为造成了《破产法》第 61 条意义上的无法清偿损害。此外,相关主体在向破产管理人主张损害赔偿责任的情况下亦须依据《民法典》第 255 条将对破产财团的参与分配请求权转让给破产管理人。就此角度而言,德国联邦最高法院似乎亦试图将破产管理人的责任风险合理化。实际上,正如德国《破产法》政府草案本立法理由中所阐释的:“使破产管理人对破产财团债务承担相应责任的目的一方面在于便于债务人企业维系继续经营,另一方面实际上亦在于避免破产管理人责任的过分扩大。”⑬换言之,其预防警示的制度设计考量应强于其在现实中的应用。

“破产管理人责任风险合理化”的倾向亦体现在德国《破产法》第 61 条第 2 句免责条款的制度设计上。然而,德国联邦最高法院 2004 年判决对德国《破产法》第 61 条第 2 句免责条款的适用则秉持相对严格的态度。其在 2004 年的判决中指出:“破产管理人所提交的证据必须是客观可信的债务人企业现金收付表,且这一现金收付表至相应破产财团债务设定时始终被加以审查更新。”其亦指出:“在个案中亦不排除破产管理人可通过非违约方式阻止合同相对方履行。”此外,在破产财产不足清偿破产财团债务时,破产管理人应使破产财团债权人公平受偿,而不是将不能足额受偿的风险转嫁给一个或部分破产财团债权人,破产管理人亦须对此进行持续性的审查关注。

⑬ Begr. zum RegE InsO, BT-Drucks. 12/2443, S. 129.

四、展望——商业判断规则的适用

虽然德国《破产法》对管理人责任的规定只有第60、61条,但笔者检索到的涉及第60条的德国联邦最高法院的判决及裁定就有121个,而涉及第61条的德国联邦最高法院的判决及裁定亦有88个。这一方面说明这一问题由立法穷尽一切既不可能,也无必要,而只能留待司法在个案中具体问题具体分析;另一方面,破产管理人履职的责任风险由此亦可见一斑。毋庸置疑,任何运营决策都具有一定的不确定性和风险性,在责任设定的同时必须确保决策主体责任风险的合理化,上述德国联邦最高法院在2014年10月9日的判决中有关债权人委员会责任风险合理化的论述亦是印证。在破产管理人取得类似企业经营管理人法律地位的背景下,使其责任风险合理化的有效武器应是商业判断规则的适用。商业判断规则在美国的产生和发展,正是基于公司董事责任风险合理化及股东获得高投资回报的利益诉求,其目的在于避免无人愿意经营公司、进行有益商业冒险局面的产生。[14] 于德国,早在1937年就有学者建议要对公司董事责任承担做出特殊处理,从而使公司董事在公司经营管理决策过程中拥有合理的自由裁量空间。[15] 更广为人知的则是1997年4月21日的"ARAG/Garmenbeck"判决。德国联邦最高法院在该判决中明确指出,公司董事在公司经营管理决策过程中应被赋予一定的自由裁量权限(Handlungsspielraum),否则公司将很难开展正常的经营活动。只要公司董事负责任地以公司利益为目标在谨慎细致调查基础上进行了企业决策行为,则其自由裁量权限的行使就是在合理范围之内。[16] 最终,通过2005年的《企业完整性及股东撤销权现代化法》实现了公司董事责任风险合理化从判例法向成文法的转化。依据德国《股份公司法》第93条第1款第2句的规定:"如果公司董事在做出企业经营决策过程中基于合理理由曾可以相信,其是在

---

⑭ 参见常健、张强:《商业判断规则:发展趋势、适用限制及完善》,载《法商研究》2013年第3期,第137页。

⑮ Fleischer, ZIP 2004, 685.

⑯ BGH v. 21. 4. 1997, ZIP 1997, 883, 885 f.

获取适当信息的基础上,并以公司利益为首要目标而进行决策的,则其行为将不会被认定为义务违反行为。”这一规定实际上明确了错误的企业经营决策和公司董事义务违反之间的区别,也即公司董事在企业经营决策权限范围内所为的决策即使事后证明是错误的,也不会导致其承担损害赔偿责任。[17] 其后,《德国上市公司治理指引》通过2007年的修订也在第3.8条中对商业判断规则作出了规定。

然而,存在疑问的是,商业判断规则是否适用于破产管理人?保守派认为,商业判断规则确立的关键点在于,股份有限公司股东也希望企业从事一些具有一定风险的行为,由此其才可能获取更高的投资回报。破产管理人承担义务的相对主体是破产程序参与人,也即债务人企业及其债权人,而公司董事承担义务的相对主体则是公司。在破产程序中,债权人作为企业实际拥有人往往不愿再承担更多的风险。在此前提下,破产管理人的职责和义务就大大区别于正常运转公司的董事的职责和义务,由此商业判断规则就不应适用于破产管理人。此外,破产管理人在破产程序中进行决策的过程也较公司董事的决策过程具有较大的特殊性,特别是破产程序中的强制性规定以及企业危机的现实状况大大限制了破产管理人的决策空间。[18] 更值得推崇的观点是:考虑到破产管理人在破产程序中取得了类似企业经营管理人的法律地位,因此商业判断规则理应适用于破产管理人。[19] 我国学者亦认为,在破产实务中引入公司法理论上的“商业判断规则”,将可以降低破产管理人经营破产财产的内部成本(执业风险),进而形成对管理人经营破产财产的有效激励。[20] 实际上,破产管理人不仅在破产程序中拥有一定的商业判断空间,而且由于债权人在破产清算程序中获得的清偿数额往往很小,因此其也会愿意通过适当承担企业继续经营风险或企业重整风险的方式获取更高数额的清偿。

---

⑰ Begr. zum RegE UMAG, BT-Drucks. 15/5092, S. 11.

⑱ Jungmann, NZI 2009, 80, 82 ff.

⑲ Berger/Frege, ZIP 2008, 204 ff.

⑳ 参见韦忠语:《破产财产经营论》,载《法商研究》2016年第2期,第103页。

就破产程序中商业判断规则适用的前提条件，视线可再转至公司法。按照德国学界的主流观点，商业判断规则的适用必须满足以下五个前提条件：第一，所涉及事项必须是有关企业经营决策的问题。所谓企业经营决策是指对企业未来前景所做的预测，其具有“后果不确定”以及“存在决策自主空间”的特点。[21] 第二，该决策行为必须出于善意，也即德国《股份公司法》第 93 条第 1 款第 2 句中的“公司董事基于合理理由曾可以相信”。第三，该决策行为是为了公司的利益。第四，公司董事与公司之间必须不存在利益冲突。第五，该决策行为是以适当信息为基础而做出的。此外，为了降低商业判断规则被滥用的可能性，德国立法者在立法理由中明确指出，由于德国《股份公司法》第 93 条第 1 款第 2 句是第 1 句的例外，因此第 1 句对举证责任的分配也不适用于第 2 句的规定，而是由公司董事举证证明商业判断规则适用的前提条件已经满足。[22] 于此需提请注意的是，破产管理人不仅在破产程序中受到更多的法定义务和程序规则的约束，而且作为专业人士须承担强化的信息获取义务以及对信息真实性的审查义务。并且破产管理人必须是为了实现企业价值最大化的目标而作出相应商业判断，而如若破产管理人与债务人企业或债权人存在利益冲突，则商业判断规则在此都不应予以适用。上文提及的德国联邦最高法院 2017 年的判决即是典型的情况。此外，如果破产企业继续经营或破产企业的出售是经债权人大会表决通过的，或者破产管理人提交的重整计划草案由债权人大会表决通过并经法院批准，则债权人大会表决通过或法院的批准就通常已经可以证明破产管理人行为的适当性，由此也就不存在责任承担及商业判断规则适用的问题。

---

[21] Schäfer, ZIP 2005, 1253, 1256.

[22] Begr. zum RegE UMAG, BT-Drucks. 15/5092, S. 12.

第五章　债务人自行管理制度

判例一　债务人自行管理情况下管理层的责任承担

关键词：债务人自行管理；管理层；责任

案件编号：BGH, Urteil vom 26.04.2018-IX ZR 238/17

案件检索：NJW 2018, 2125

相关法条：德国《破产法》第60、61条，第270条第1款第2句

（一）判决要旨

如若债务人公司在破产程序中获批自行管理，则其管理层须参照《破产法》第60、61条的规定承担相应责任。

（二）案件事实

2014年3月30日法院裁定正式启动S有限责任公司（以下称为债务人企业）的破产重整程序，并批准债务人自行管理，任命R博士为财产监督人。被告曾是债务人企业重整顾问，并自2014年9月17日担任债务人企业经理。其后，被告与其他几位公司经理共同制定了重整计划草案，并就债权人受

偿、工作岗位保留以及债务人企业继续运营等事项作出了规定。2014年11月4日，债权人会议表决通过该重整计划草案。在重整计划获法院批准后，法院于2015年1月28日裁定终止重整程序。在重整期间，债务人企业于2014年12月9日向原告订购了一批女式服装，并要求原告于2015年4月30日交付该批服装。其后，原告依约履行了合同义务，但债务人企业拖欠其货款共计87,120.49欧元。2015年6月18日，更名为SV有限责任公司的债务人企业再次提交破产申请，法院亦裁定启动破产程序。其后，原告起诉要求被告对其因债权无法受偿而遭受的87,120.49欧元以及相关利息、诉讼费用等损失承担赔偿责任。上诉法院拒绝了该诉讼请求，原告遂向本院提出上诉。

(三)裁定理由

Ⅰ.

上诉法院认为，基于《有限责任公司法》第43条第2款的规定，有限责任公司经理的责任原则上限定在对内向公司承担责任。只有当有限责任公司经理是为了实现自身的经济利益而缔结合同时，或者基于其个人信誉而促成合同缔结时，其才会例外地基于过错而向与企业签订合同的相对方承担责任。本案中并不存在上述情况。债务人企业获批债务人自行管理及被告参与制定重整计划草案亦无法改变上述基本原则。原告亦未证明，其是基于被告作为重整负责人及值得信赖的重整计划起草者而与债务人企业缔结合同。此外，亦无法类推适用《破产法》第60、61条要求被告承担责任。《破产法》第274条只规定了财产监督人依照《破产法》第60条所应承担的责任，而并未规定参照适用《破产法》第61条，更未明确规定重整负责人须参照《破产法》第60、61条承担责任。立法者已意识到债务人自行管理情况下责任承担的问题，并对财产监督人责任的承担规定了参照适用《破产法》第60条。立法者在《破产法》第270条及以下的债务人自行管理规定中未对重整负责人相关责任承担问题作出规定，其本意是寄希望于债务人自行管理有效运行，并愿意承受与之相伴的潜在风险。

即便在债务人自行管理情况下存在自行管理人，亦无法得出可参照适用破产管理人及财产监督人责任承担规则的结论。此时自行管理人所涉及的仅仅是债务人企业本身,而无法穿透债务人企业使其管理层承担相应责任。如若《破产法》第61条并不适用于财产监督人,而有限责任公司的经理亦非独立的自行管理人,则其责任的承担亦只能按民法相关规定以及《有限责任公司法》第43条的规定加以判定。

有观点认为,由有限责任公司经理在债务人自行管理情况下承担《破产法》意义上的责任将可避免其“轻易行事”。这一观点并不令人信服。如若有限责任公司的经理错误决策,且存在过错,并由此给破产财团造成了损失,则其将依公司法对公司承担损害赔偿责任。

Ⅱ.

上述判决理由存有错漏之处。本案合议庭认为,应可参照适用《破产法》第61条,在满足《破产法》第61条规定的前提条件情况下由被告对原告承担损害赔偿责任。

1. 上诉法院的正确之处在于其意识到《破产法》第61条在本案中无法直接适用。依据《破产法》第60条第1款第1句的规定,如若破产管理人违反《破产法》设定的义务,且存在过错,则其应对所有破产程序参与人承担损害赔偿责任。此外,《破产法》第61条第1句规定,如若破产管理人无法清偿其所设立的破产财团债权,则其本人须对由此给破产财团债权人造成的损失承担损害赔偿责任。此两条规定明确了破产管理人损害赔偿责任承担的情形。而在本案中并未任命破产管理人,而是批准了债务人自行管理。依据《破产法》第270条第1款第1句的规定,在债务人自行管理情况下,债务人将在财产监督人的监督下管理处分破产财产。而由于缺乏破产管理人的任命,《破产法》第60、61条的规定即无法直接适用于债务人自行管理,亦无法直接适用于本案中的被告。

2. 然而,在破产企业为法人企业的情况下,如若获批债务人自行管理,则《破产法》第60、61条的规定可类推适用于破产企业的管理层。本院认为,如若法律中存在非预设的立法空白,且案件所涉及的法律事实与相关法律规定中的要件事实相对应,则可假定,立法者会以与现有法律规定相同为出发点，经由利益权衡得出与现有法律规定相同的利益权衡结果，从而可对案件所涉及的问题类推适用现有法律规定（BGH，Urteil vom 21. Januar 2010–IX ZR 65/09，BGHZ 184，101 Rn. 32；vom 14. Dezember 2016–VIII ZR 232/15，BGHZ 213，136 Rn. 33）。

3. 由于《破产法》第270条第1款第2句对《破产法》第60、61条的援引并未直接涵盖债务人企业的经营管理机构，所以该法对于债务人自行管理情况下债务人企业经营管理机构责任的承担即存在非预设性的立法空白。

a）债务人自行管理制度是通过1994年破产法改革正式确立的。于立法之时，立法者已意识到之前的和解程序中原则上保留债务人管理处分权限的规定可充分利用破产企业经营管理层的运营管理知识和经验，并可促使债务人企业尽早提交破产申请（BT–Drucks. 12/2443，S. 222 ff.）。此外，通过债务人自行管理将可避免商业合作伙伴对债务人企业管理层及重整方案的信心丧失（BT–Drucks. 17/5712，S. 39）。在债务人自行管理程序中，与通常破产程序中任命破产管理人不同，法院将指定财产监督人对债务人加以监督（BT–Drucks. 12/2443，S. 223）。而财产监督人的法律责任则通过《破产法》第274条对第60条的援引得以明确。

b）依照立法者的构想，在债务人自行管理情况下债务人将保留对破产财产的管理处分权限。并且立法者亦意识到，那些未能避免债务人企业陷入破产境地的管理者可能不会将债权人利益置于优先地位，或并不会以实现债权人利益最大化为目标去管理处分破产财产。因此，在债务人自行管理情况下，立法者规定由财产监督人对其加以监督（BT–Drucks. 12/2443，S. 222 f.）。换言之，在债务人自行管理情况下，债务人与财产监督人将进行适当分工：债务人将继续负责企业的经营，而财产监督人则一方面对债务人的经营行为进行管控和支持，另一方面亦享有一些破产管理人所享有的权限，尤其是破产撤销权的行使（BT–Drucks.，aaO S. 223）。在债务人获批自行管理而保有管理处分权限的情况下，其亦应在破产程序中按照一般规则对其义务违反行为负责。

c)《破产法》实际上已通过第 270 条第 1 款第 2 句对破产程序一般规则的援引原则上明确了《破产法》第 60、61 条在债务人自行管理程序中的适用。

aa)对于法人企业而言,在债务人自行管理情况下,将存在债务人企业本身与其经营管理机构的区分(Schlegel, Die Eigenverwaltung in der Insolvenz, 1999, 165)。实际上,在债务人自行管理程序中,债务人企业的经营管理层行使了大部分在一般破产程序中由破产管理人行使的权限。例如,债务人企业的经营管理层在债务人自行管理的情况下将可行使合同履行的选择权以及对担保物的变价权(BT-Drucks. 12/2443, S. 223)。

bb)2012 年的《企业重整促进法》强化了债务人自行管理制度。通过新增的《破产法》第 276a 条的规定,债务人企业的监事会、股东会及相应机构将无法再对经营管理层施加实质性影响(BT-Drucks. 17/5712, S. 42)。为了增强经营管理层的独立性,《破产法》第 276a 条第 2 句规定,对于企业运营管理机构成员的任免必须以财产监督人的同意为前提。并且债务人企业的运营管理必须以实现债权人利益最大化为目标(BT-Drucks., aaO; Prütting/Huhn, ZIP 2002, 777, 779; Schmidt, BB 2011, 1603, 1607; Jacoby in FS Vallender, 2015, 261, 272)。就此而言,立法者为债务人自行管理情况下经营管理层设定的义务范围显然要广于破产管理人(Kessler, Die Aktiengesellschaft in der Eigenverwaltung, 2006, 77, 79),而后者只依据《破产法》第 60、61 条的规定承担责任。

cc)对于债务人自行管理情况下经营管理层的行为将会引发的潜在责任承担,立法者亦是心知肚明(BT-Drucks. 12/2443, S. 222)。当债务人企业的经营管理层被赋予了广于其公司法意义上的权限,也即本应由破产管理人享有的职权,则亦应构建相应的责任承担规则(Erster Bericht der Kommission für Insolvenzrecht, 1985, S. 126)。而《破产法》正是通过第 270 条第 1 款第 2 句对第 60、61 条的援引来寻求实现上述目的。按照立法者的观点,通过《破产法》第 270 条第 1 款第 2

句的援引,对于债务人自行管理事项领域之外的相关程序的进行,将适用破产程序的一般性规定(BT-Drucks.,aaO S. 223)。而该一般性规定亦包含了《破产法》第60、61条的规定(Schlegel,Die Eigenverwaltung in der Insolvenz,1999,182;Gulde,Die Anordnung der Eigenverwaltung durch das Insolvenzgericht,2005,37;MünchKomm-InsO/Tetzlaff,3. Aufl.,§270 Rn. 180)。甚至有可能的是,立法者欲通过这一援引来解决上述构建相应责任承担规则的问题。

d)然而,立法者并未完全明确,在债务人自行管理,且由其经营管理层运营管理企业的情况下,《破产法》第270条第1款第2句对一般破产程序规则的援引又如何涉及《破产法》第60、61条的规定。就此而言,立法亦存在非预设的立法空白。

aa)由于债务人无论如何均将依据一般规则对其义务违反行为承担责任,并且在破产情况下其责任财产亦有限。因此,如若《破产法》第60、61条的适用仅限于债务人,对于破产程序的参与主体而言则意义不大。很难假定,立法者只想设定一项毫无实际意义的规则。更令人可信的解释是,立法者在通过《破产法》第270条第1款第2句援引《破产法》第60、61条时忽视了区分债务人为自然人及法人的两种情况(Jacoby in FS Vallender,2015,261,268)。

bb)立法者在立法时本欲将债务人自行管理程序亦适用于自然人(BT-Drucks. 17/5712,S. 40),而遗憾未对债务人代理机构责任承担的问题细加考虑。直至在《重整促进法》修法之时,立法者才对自行管理债务人及其自行管理机构的区分进行了论述。其指出,如若债务人自行管理适用的是公司,则自行管理并非指由某一特定自然人作为自行管理负责人,而是涉及破产公司依照相应法律所应有的整个运营管理机构(BT-Drucks. 17/5712,S. 42)。这一表述仍然是模糊不清的,但亦证明,立法者对于债务人自行管理经由债务人代理机构实施的特殊性并没有全面清晰的认识。但从立法者的表述可以明确的是,在债务人为法人的情况下,债务人自行管理的真正实施者为其运营管理机构。在债务人自行管理由公司运营管理机构实施的情况下,债务人公司本身就被虚化了,而真正代表其的是仍在运行的公司经营管理机构。

cc)上述情况亦引出了未被立法者加以阐述的问题:公司的运营管理机构是否应依照《破产法》第60、61条的规定,就义务违反负责?通过《破产法》第274条第1款的援引,债务人自行管理中的财产监督人须依照《破产法》第60条第1款对其违反监督义务的行为负责(BT-Drucks. 12/2443,S. 224)。而依据《破产法》第274条第2款的规定,财产监督人的监督对象实乃经营管理层,而非债务人(Jacoby in FS Vallender,2015,S. 261,268 f.)。在监督者须就义务违反行为承担责任的情况下,作为被监督对象,且直接负责企业运营的管理层亦理应承担相应责任,尤其是考虑到其在债务人自行管理情况下所应承担的特殊义务。尽管立法者对《破产法》第270条第1款第2句援引《破产法》第60、61条的问题有所虑及,但对上述管理层责任承担的问题却未详加论述。假使立法者想在设定财产监督人责任的同时免除公司管理层的责任,则其完全可立法明确规定。更准确而言,在《破产法》第270条第1款第2句援引《破产法》第60、61条的背景下,立法者的沉默并不意味着实施自行管理的公司管理层无须承担责任(Schlegel, Die Eigenverwaltung in der Insolvenz, 1999, 182 f.; Spliedt in FS Vallender, 2015,613,623,Bitter/Baschnagel,ZInsO 2018,557,572)。

4. 进一步而言,上述立法空白并不能通过适用资合公司管理层的责任承担规则进行有效填补。

a)由于在公司破产且采取债务人自行管理的情况下,公司管理层不仅将享有公司法意义上的权限,而且将行使本属于破产管理人的部分职权,所以必须设定相应的责任承担规则应对可能的义务违反(Erster Bericht der Kommission für Insolvenzrecht,1985,S. 126)。

aa)在债务人自行管理情况下,公司的管理层将有权管理和处分破产财产,且可依据《破产法》第282条的规定对担保物进行变价。并且公司管理层还可依据《破产法》第279条行使合同履行选择权,并可基于《破产法》第109、113条的规定行使特殊的合同解除权。此外,公司管理层可依据《破产法》第283条第1款对申报的债权提出异议,从而阻止相关债权被纳入债权表。公司管理层还可在破产程序中继续尚未进行完毕的诉讼（Schmidt/Undritz, InsO, 19. Aufl., §270 Rn. 18; Kessler, Die Aktiengesellschaft in der Eigenverwaltung, 2006, 77）。就上述而言，公司管理层在债务人自行管理情况下获得了非源自公司法的权限（Madaus, KTS 2015, 115, 124; Häsemeyer, Insolvenzrecht, 4. Aufl., Rn. 8.13; Jacoby in FS Vallender, 2015, 261, 262）。与之相应，财产监督人的监督亦首先涉及公司管理层行使的破产法权限（Jacoby, aaO S. 269）。而基于公司管理层在债务人自行管理情况下的职责领域主要涉及破产法相关事项，学界亦将其称为承担相应职责的"自行管理人"（Häsemeyer, aaO; Madaus, aaO S. 125; Schmidt/Undritz, aaO Rn. 17; Pape/Uhländer/Berner, InsO, §270 Rn. 9），抑或自我事务的"破产管理人"（Spliedt in FS Vallender, 2015, 613）。为了破产程序参与人而设的破产法意义上的注意保护义务并不取决于是由破产管理人主导破产程序，还是由公司管理层在债务人自行管理情况下负责破产事务（Jacoby, aaO S. 268）。

bb）如若公司管理层未适当履行其破产法相关义务，则其理应承担相应责任（Erster Bericht der Kommission für Insolvenzrecht, 1985, S. 126）。这亦符合"权责一致"的基本原则。而责任设定应促使行权者为了相关者利益审慎行权（MünchKomm-InsO/Brandes/Schoppmeyer, 3. Aufl., §60 Rn. 1a; Schaal, Die Haftung der Geschäftsführungsorgane einer insolvenzrechtlich eigenverwaltenden GmbH oder AG, 2017, S. 256 f.）。与之相同，对破产管理人的责任设定亦促成了破产管理人适当行权（BGH, Beschluss vom 19. September 2013 - IX AR (VZ) 1/12, BGHZ 198, 225 Rn. 12, 26 f.）。这一设想同样适用于债务人自行管理情况下的公司管理层，也即应在赋权的同时作出相关责任设定。

b）《有限责任公司法》第43条第2款以及《股份公司法》第93条第2款第1句所规定的责任只是对内责任的设定，从而无法对义务违反情况下遭受损失的破产程序参与人提供适当保护。

aa）《有限责任公司法》第43条第2款以及《股份公司法》第93条

第2款第1句所规定的损害赔偿责任只限定在由于义务违反行为对公司利益造成的损失。换言之,在公司管理层违反义务的情况下,其只对公司负责,而无须对公司的债权人负责。于公司法上,公司管理层所应承担的审慎注意义务要求其确保公司合法行事,并履行法定之义务(BGH, Urteil vom 10. Juli 2012-VI ZR 341/10, BGHZ 194, 26 Rn. 22)。尽管这一合法性确保义务亦扩展适用于债务人自行管理(Spliedt in FS Vallender, 2015, 613, 629),但这一义务的承担却只存在于公司管理层与公司之间,而并不涉及外部第三人。《有限责任公司法》第43条第1款以及《股份公司法》第93条第1款只规定了公司管理层对公司之义务,而并非为了保护公司债权人利益而设。就此而言,《有限责任公司法》第43条第1款以及《股份公司法》第93条第1款并非如同《民法典》第823条第2款那样的保护条款(BGH, aaO Rn. 23)。公司管理层亦只有在个别情形下才对外依据特别的请求权基础承担责任,例如侵权责任(BGH, aaO Rn. 24)。

bb)公司管理层的义务违反即便会造成破产程序参与人损失,也不一定会造成公司利益损失(MünchKomm-InsO/Brandes/Schoppmeyer, 3. Aufl., § 60 Rn. 1)。例如,如若公司管理层违反破产申请义务延迟提交了破产申请,则将会给债权人受偿造成不利影响,但却未给公司造成损失(Baumbach/Hueck/Haas, GmbHG, 21. Aufl., § 64 Rn. 219)。相类似,在公司提交破产申请后,公司管理层为公司设定的债务亦不必然会导致公司受损(BGH, Urteil vom 30. März 1998-II ZR 146/96, BGHZ 138, 211, 216 f.)。同样的情况亦体现在破产财团债务的设定上,尤其是在公司已获得全部对待履行的情况下(Schaal, Die Haftung der Geschäftsführungsorgane einer insolvenzrechtlich eigenverwaltenden GmbH oder AG, 2017, S. 179 ff.; BGH, Urteil vom 11. Dezember 2006-II ZR 166/05, WM 2007, 257 Rn. 10; Altmeppen, ZIP 2008, 1201, 1206)。此外,如若公司的资金被用于为公司购置相应资产,亦不会造成公司的损失(BGH, Urteil vom 5. Oktober 1989-IX ZR 233/87, ZIP 1989, 1407, 1408 f.; vom 21. März 1994-II ZR 260/92, ZIP 1994, 872, 873; Spliedt in

FS Vallender,2015,613,628;Schaal,aaO S. 152 f.)。而如若公司管理层对取回权或别除权所涉及的标的物进行处置,且所得价款亦被用于清偿相关债务或返还给取回权人,则公司亦不会遭受损失(Jacoby in FS Vallender,2015,261,265;Schaal,aaO S. 207 f.)。

c)即便公司在公司管理层存在义务违反情况下须对破产程序参与人承担责任,且公司可基于《有限责任公司法》第43条第2款以及《股份公司法》第93条第2款第1句的规定就其损失向公司管理层追偿,这亦无法为破产程序参与人提供充分的法律保护[Thole/Brünkmans,ZIP 2013,1097,1102 ff.;Klein/Thiele,ZInsO 2013,2233,2244;Haas,ZHR 178 (2014),603,610 ff.;Weber/Knapp,ZInsO 2014,2245,2250;Kebekus/Zenker in FS Kübler,2015,331,335;Häsemeyer,Insolvenzrecht,4. Aufl.,Rn. 8. 14;Kolmann,Schutzschirmverfahren,2014,Rn. 862;Schlegel,Die Eigenverwaltung in der Insolvenz,1999,1172 ff.,185]。

aa)对于破产管理人给破产程序参与人造成的个别损害,将由破产财团依据《破产法》第55条第1款第1项及《民法典》第31条承担相应的损害赔偿责任(MünchKomm-InsO/Brandes/Schoppmeyer,3. Aufl.,§60 Rn. 112;Jaeger/Gerhardt,InsO,2007,§60 Rn. 186)。《民法典》第31条于此的意义在于,该规定使得破产财团须对破产管理人违约或侵权行为承担相应的赔偿责任(BGH,Urteil vom 1. Dezember 2005-IX ZR 115/01,ZInsO 2006,100 Rn. 16;BAG,ZInsO 2007,781 Rn. 24)。与之相同,债务人公司亦须对其管理机构义务违反向债权人承担相应责任(BGH,Urteil vom 5. Dezember 1958-VI ZR 114/57,MDR 1959,202;vom 8. Juli 1986-VI ZR 47/85,BGHZ 98,148,151 ff.;RGZ 91,72,75)。在此法律背景下,尤其是考虑到破产公司责任财产有限,实际上并无必要再从《破产法》第60、61条推导出公司须对其管理机构行为承担责任(MünchKomm-InsO/Tetzlaff,3. Aufl.,§270 Rn. 175,Madaus,KTS 2015,115,125;Bachmann,ZIP 2015,101,103;Kübler/Flöther,Handbuch Restrukturierung in der Insolvenz Eigenverwaltung und Insolvenzplan,2. Aufl.,§18 Rn. 6;ders. ZIP 2012,1833,1842;Undritz,BB 2012,

1551, 1554; Kessler, Die Aktiengesellschaft in der Ei – enverwaltung, 2006,79;Bilgery,ZInsO 2014,1694,1697;Erster Bericht der Kommission für Insolvenzrecht,1985,S. 126)。即便通过《破产法》第 60、61 条的规定可将上述损害赔偿请求权提升为破产财团债权(Bitter/Baschnagel,ZInsO 2018,557,568 f. ;反对提升为破产财团债权的观点参阅 Schaal,Die Haftung der Geschäftsführungsorgane einer insolvenzrechtlich ei genverwalteten GmbH oder AG,2017,144 f. ;Thole/Brünkmans,ZIP 2013,1097,1102;Bachmann,ZIP 2015,101,103 f.),但在破产财产有限的情况下,这种债权受偿顺位的提升亦无法为债权人提供充分的法律保护。此外,《破产法》第 56 条规定的破产管理人由自然人担任,且破产管理人须对外承担无限责任的规定亦体现了为债权人提供充分法律保护的立法理念[MünchKomm–InsO/Tetzlaff,aaO § 270 Rn. 180;Madaus,aaO S. 125 f. ;BGH, Beschluss vom 19. September 2013 – IX AR (VZ) 1/12, BGHZ 198,225 Rn. 26 f.]。假使在债务人自行管理情况下只有债务人公司对外承担责任,则显然与上述立法理念不符(Erster Bericht der Kommission für Insolvenzrecht,1985,S. 127)。

bb)《破产法》第 60、61 条规定的目的在于,在债务人之外,追加另一有支付能力者对义务违反承担责任。而如若此两条规定在债务人自行管理情况下只适用于债务人,则显然无法达到上述目的(Kübler/Flöther, aaO; Schmidt/Uhlenbruck/Spliedt, Die GmbH in Krise, Sanierung und Insolvenz,5. Aufl. ,Rn. 9. 140;Kessler,aaO)。换言之,《破产法》第 60、61 条的规定使得利益受损者可直接向破产管理人求偿(MünchKomm–InsO/Brandes/Schoppmeyer,aaO § 60 Rn. 1 f.)。而在债务人自行管理情况下,如若从《破产法》第 60、61 条规定中亦只明确债务人公司对外承担责任,进而由债务人公司依据《有限责任公司法》第 43 条第 2 款以及《股份公司法》第 93 条第 2 款第 1 句的规定向公司管理层追偿,则显然并不公平适当。此外,破产程序参与人可向公司管理层直接主张损害赔偿请求权亦可使债务人获得免除责任承担的请求权(Freistellungsanspruch, Münch Komm–InsO/Brandes/Schoppmeyer,3. Aufl. , § 60 Rn. 113)。

cc）综上所述，《破产法》第60、61 条规定如若只涉及债务人公司对外承担责任，则只会强化公司管理层对内的责任承担，而无助于对外部债权人的利益保护。依此单一责任承担模式，债务人公司依据《破产法》第 60、61 条的规定对外就公司高管义务违反承担责任后，其不得不就由此给其造成的损失依据《有限责任公司法》第 43 条第 2 款以及《股份公司法》第 93 条第 2 款第 1 句的规定向公司管理层追偿（Lücke/Simon in Saenger/Inhester, GmbHG, 3. Aufl., § 43 Rn. 50; Bitter/Baschnagel, ZInsO 2018,557,568）。但在此情况下，债权人即很难通过债务人公司对公司管理层的请求权使其所享有的请求权得以实现。如若债务人公司不愿转让其对公司管理层的请求权，则债权人只能先起诉债务人公司，并要求就债务人公司对管理层的追索权采取诉讼保全（Jacoby in FS Vallender,2015,261,263）。然而，在破产程序中，公司对管理层行使追索权所获得的资金并非专供上述受到损害的债权人受偿，而应纳入破产财产供全体债权人受偿（Jacoby, aaO S. 265）。就此而言，《破产法》第 60、61 条规定的意义亦在于使受损害者避免经由破产财团再至破产管理人财产的复杂责任追偿路径（MünchKomm - InsO/Brandes/Schoppmeyer, aaO § 60 Rn. 1）。

d）亦为关键的是，债务人自行管理情况下合同之债的无法履行往往源自于合同缔结时公司管理层的过错。如上所述，如若被告使原告基于对其的信赖而签订合同，则会基于缔约过失产生责任承担的问题。但本案情况并非如此。

aa）在本案中，被告为债务人公司订购了上述服装，但并未表明其个人将承担任何责任，亦未向原告表示将确保合同履行及受偿。如若破产管理人或公司管理层明知无法（完全）履行而仍设定破产财团债务，且无其他特殊情况，则其并非基于缔约过失而承担责任。

bb）于本案情形下，基于缔约过失而须承担责任的观点并不能成立，具体理由如下：

（1）尽管立法者已明确了在破产财团不足情况下破产管理人的告知义务，但其亦在《破产法》第 61 条中设立了责任承担的特殊规则

(BT-Drucks. 12/2443, S. 129)。假使立法者只想通过缔约过失责任对破产管理人及债务人自行管理下的公司管理层的责任作出设定，则其完全可以放弃上述特别性规定，或者只通过一项原则性规定对此问题加以明确。实际上，立法者的本意是有必要通过《破产法》第61条的规定对破产管理人的责任承担进行特殊设定。

(2)此外，立法者在其后的《债法现代化法》的立法理由中明确阐述了缔约过失责任制度的进一步发展，特别是通过引入《民法典》第311条第3款的规定回应了学界及实务界所关心的第三人承担缔约过失责任的问题，并明确此责任承担的构成要件包括了“基于第三人行为缔约当事人所产生的信赖应超过一般信赖”(BT-Drucks. 14/6040, S. 163)。就此而言，如若破产管理人或债务人自行管理情况下的管理层并未通过其明确的意思表示获得缔约当事人的信赖，则不存在第三人承担缔约过失责任的问题。本案的情况即是如此。

5. 综上所述，并不存在其他适当的法律手段来填补上述非预设性的立法空白，而只能通过公司管理层在债务人自行管理情况下就其违反破产法义务的行为参照《破产法》第60、61条的规定承担损害赔偿，方能填补此非预设性的立法空白。由此，亦能实现自行管理情况下债务人公司与一般破产程序中债务人公司责任承担的同等化(MünchKomm-InsO/Tetzlaff, 3. Aufl., § 270 Rn. 70; HmbKomm-InsO/Fiebig, 6. Aufl., § 270 Rn. 43; FK-InsO/Foltis, 9. Aufl., § 270 Rn. 43; Kübler/Flöther, Handbuch Restrukturierung in der Insolvenz Eigenverwaltung und Insolvenzplan, 2. Aufl., § 18 Rn. 26 ff.; ders. ZIP 2012, 1833, 1842; Bitter/Baschnagel, ZInsO 2018, 557, 571 ff.; Marotzke, KTS 2014, 113, 117 f.; Hill, ZInsO 2010, 1825, 1828 f.; Madaus, KTS 2015, 113, 125 f.; Bilgery, ZInsO 2014, 1694, 1697; Schaal, Die Haftung der Geschäftsführungsorgane einer insolvenzrechtlich eigenverwaltenden GmbH oder AG, 2017, S. 254 ff.)。

a) 早在20世纪80年代，破产法委员会发布的破产法改革报告中就指出，在债务人自行管理情况下，债务人公司的管理层亦应等同于破产管理人而适用相应规定。而通过《破产法》第270条第1款第2句对

《破产法》第 60、61 条的援引，亦可实现上述主张。

aa)破产法委员会曾反对引入债务人自行管理制度，其认为：在破产程序中应对破产管理人和公司管理机构的职能范围进行区分。如若引入债务人自行管理，则自行管理人既要作为债务人的代表机构履行相应职能，亦要履行本应由破产管理人履行的相应职责，而这将导致上述必要区分无法实现。债务人公司管理机构应维护股东的利益，而破产管理人则应顾及债权人的需求(Erster Bericht der Kommission für Insolvenzrecht, 1985, S. 125 f.)。破产法委员会亦指出，在债务人自行管理的情况下，债务人公司管理机构将履行公司法之外的破产法意义上的职责，而这些职责的履行显然并非易事。就此而言，债务人公司管理机构恐怕难担此重任(Erster Bericht der Kommission für Insolvenzrecht, 1985, S. 126)。

bb)尽管如此，破产法委员会指出，如若引入债务人自行管理制度，则债务人公司的管理层须对其违反破产法义务的行为承担责任。其认为，在债务人自行管理情况下，债务人公司的管理层即取得了破产管理人的法律地位，而这将导致对破产管理人适用的责任承担规则亦适用于债务人公司的管理层(Erster Bericht der Kommission für Insolvenzrecht, 1985, S. 126)。1999 年《破产法》的立法者亦通过《破产法》第 270 条第 1 款第 2 句对一般破产程序的概括性援引，特别是对《破产法》第 60、61 条的援引明确了违反破产法义务情况下责任的承担并不取决于破产程序中是否指定了破产管理人。并且立法者明确指出了债务人自行管理情况下是由债务人企业的管理层自行管理(BT-Drucks. 17/5712, S. 42)。伴随着赋权，债务人企业的管理层亦应依据《破产法》第 60、61 条的规定承担相应责任。

b)与破产法委员会的观点相一致，债务人公司的管理层在债务人自行管理情况下所获得的权限使其越发接近一般破产程序中破产管理人的法律地位(Thole/Brünkmans, ZIP 2013, 1097, 1102; Bachmann, ZIP 2015, 101, 103; Gulde, Die Anordnung der Eigenverwaltung durch das Insolvenzgericht, 2005, 31 f.; Kessler, Die Aktiengesellschaft in der

Eigenverwaltung,2006,77,79),而这一点在确定其责任承担时亦无法被忽视。换言之,债务人公司的管理层在获得破产管理人所享有的相应权限的同时,亦应依照《破产法》第 60、61 条承担相应法律责任(Erster Bericht der Kommission für Insolvenzrecht, aaO; Bachmann, aaO,S. 103 f. ;Jacoby in FS Vallender,2015,261,269)。

aa)债务人公司的管理层在债务人自行管理程序启动后将不仅只行使公司法意义上的相应权限,而且亦将承担破产法赋予其的职责(Madaus,KTS 2015,115,124)。在债务人自行管理情况下,债务人公司的管理层将行使破产管理人的相应权限,且依据《破产法》第 276a 条第 1 句的规定将于此方面不再听命于公司监事会或股东会(BGH,Urteil vom 9. März 2017-IX ZR 177/15,WM 2017,673 Rn. 8)。依据《破产法》第 279 条的规定,公司管理层可就待履行完毕的合同行使选择权,其亦可依照《破产法》第 109、113 条行使合同解除权,依据《破产法》第 282 条第 1 款第 1 句对担保物行使变价权,依据《破产法》第 283 条第 1 款第 1 句对申报的债权提出异议,并可在破产程序中继续尚未进行完毕的诉讼(BGH, Beschluss vom 7. Dezember 2006, aaO)。然而,公司管理层在行使上述权限时,应优先考虑债权人的利益(BT-Drucks. 17/5712, S. 42; Prütting/Huhn, ZIP 2002, 777, 779; Schmidt, BB 2011,1603,1607;Jacoby in FS Vallender,2015,261,272)。

bb)在债务人公司管理层在自行管理程序中行使众多破产管理人职权的同时,其亦应如同破产管理人那样于此职权范围内就可能的义务违反承担相应责任。

(1)学界公认,针对破产管理人的义务违反行为,债权人委员会及法院的监督并不能为破产程序参与人提供全面有效的法律保护(MünchKomm-InsO/Brandes/Schoppmeyer,InsO,3. Aufl. , § 60 Rn. 1)。与之相同,财产监督人的监督亦无法完全防止债务人公司管理层在自行管理情况下可能给程序参与人造成的损害。对破产程序参与人利益保护的关键在于债务人公司管理层亦须如破产管理人那样依据《破产法》第 60、61 条承担相应责任。

(2)如若在债务人公司管理层违反义务的情形下,只有财产监督人依据《破产法》第 274 条第 1 款、第 60 条第 1 款承担责任,而作为决策者的管理层却可免除破产法上的相关责任,则显然是不适当的(Schaal,Die Haftung der Geschäftsführungsorgane einer insolvenzrechtlich eigenverwaltenden GmbH oder AG,2017,S. 259)。在债务人自行管理情况下,以债务人名义实际行使自行管理之权的公司管理层无疑应就职权行使依据《破产法》第 60、61 条承担相应责任(Madaus,aaO S. 125 f.; Thole/Brünkmans,ZIP 2013,1097,1102 ff.)。

c)破产管理人所应承担的个人责任源于其所获得的职权(MünchKomm-InsO/Brandes/Schoppmeyer,3. Aufl.,§60 Rn. 1a)。这一责任承担的机理亦同样适用于自行管理情况下获得类似于破产管理人法律地位的债务人公司管理层。

aa)为了实现破产程序的目的,破产管理人履行其职权,亦因此对众多权利主体承担相应义务乃至责任。伴随着破产管理人职权的行使,相关权利主体亦得承受相应风险。例如,破产管理人可能并未意识到相关主体享有的别除权或取回权,或者其无法及时清偿破产财团债权,而这均将会给相关主体造成损失。对于新债权人而言,其基于破产程序启动后新缔结的合同而成为破产财团的债权人,亦必然承担着相应的法律风险。破产程序的本旨一方面并不允许相关主体完全转嫁此风险,另一方面亦不认可在义务违反情况下完全由其承担损失。而由破产管理人就其相关职权行使承担个人责任则成为一种有效的解决途径。

bb)由于在债务人自行管理情况下,破产管理人的大部分职权交由债务人公司管理层享有,因此公司管理层的责任承担范围将在破产程序启动之后有所扩大。在公司管理层依据《破产法》第 279 条第 1 句、第 103 条行使合同履行选择权而要求继续履行合同的情况下,合同的相对方往往并不能有效防范风险,特别是在破产财团极可能不足清偿的情况下。此外,即便存在破产财团不足清偿的可能,但如若债务人公司管理层并未解除持续性合同,则该合同的相对方亦不得不继续履行合同,并承担债权无法(全额)受偿的风险。为了确保债务人公司管理层能正当行使其在债务人自行管理情况下获得的破产管理人的权限,就有必要使其依照《破产法》第60、61条承担相应责任(Schaal, Die Haftung der Geschäftsführungsorgane einer insolvenzrechtlich eigenverwaltenden GmbH oder AG, 2017, S. 256 ff.)。如若将依据《破产法》第60、61条承担个人责任视为对破产管理人获得相应权限的有益补充(MünchKomm-InsO/Brandes/Schoppmeyer, aaO § 60 Rn. 1a),则这一利益权衡亦适用于在债务人管理情况下获得破产管理人相应权限的公司管理层。对于破产管理人,抑或自行管理情况下债务人公司的管理层而言,这一个人责任承担所带来的风险亦是适当的,因为只有如此方可确保其正当履行其职权(MünchKomm-InsO/Tetzlaff, aaO § 270 Rn. 173, 177; Kübler/Flöther, Handbuch Restrukturierung in der Insolvenz Eigenverwaltung und Insolvenzplan, 2. Aufl., § 18 Rn. 28; Schaal, aaO S. 260; BGH, Urteil vom 18. Juli 2013-IX ZR 219/11, BGHZ 198, 64 Rn. 19)。

cc)同样不可忽视的是,负责自行管理的债务人公司管理层可能在公司提交破产申请时即亦负责公司运营管理,而亦可能对公司陷入破产境地负有一定责任(HmbKomm-InsO/Weitzmann, 6. Aufl., § 61 Rn. 5)。如若确定存在上述情况,则通常情况下其不应获得自行管理的权限(BT-Drucks. 12/2443, S. 222; Erster Bericht der Kommission für Insolvenzrecht, aaO S. 125)。某种意义上而言,对于债务人自行管理的批准及管理处分权限的保留实际上是为了企业重整而进行了信赖预支。且不论公司管理层之前可能的经营决策失误,其应感谢通过债务人自行管理而可进行重整的"最后一搏"。由此,与此职权保留相伴的责任严格化亦不可避免。而如若只保留其职权,却免除其破产法上的责任,则显然并非公平适当(Schaal, Die Haftung der Geschäftsführungsorgane einer insolvenzrechtlich eigenverwaltenden GmbH oder AG, 2017, S. 268 f.; HmbKomm-InsO/Weitzmann, aaO)。由公司管理层承担相应破产法上的责任亦可对其"不惜一切代价进行重整"的风险偏好加以有效管控应对,并且对公司管理层的责任设定亦可使其谨慎行事,从而间接促成重整成功可能性的提升。

dd)进一步而言,依据《破产法》第 270 条第 2 款第 1 项的规定,债务人自行管理的批准以债务人公司管理层提出申请为前提条件之一。由于债务人公司管理层在自行管理情况下亦须履行相应的破产法义务,因此其在提交申请前将会审慎考虑其在自行管理情况下所应履行的义务。并且由于注意义务的承担并不取决于公司管理层个体的履职能力,亦不以相应知识经验为前提,所以只要公司管理层无法履行上述破产法义务,其就应承担与其破产法履职行为相对应的破产法责任(BGH,Urteil vom 20. Februar 1995-II ZR 143/93,BGHZ 129,30,34)。此外,由于依据《破产法》第 276a 条公司管理层在债务人自行管理情况下不再在破产程序事项方面听命于公司的监事会或股东会,所以其亦应对其自主履职行为负责。

d)依据《破产法》第 270 条第 2 款第 2 项的规定,只有当债务人自行管理不会导致债权人不利益时,法院方可批准债务人自行管理。而上述债权人亦包括破产财团债权人(MünchKomm-InsO/Tetzlaff,3. Aufl.,§ 270 Rn. 51;Schmidt/Undritz,InsO,19. Aufl.,§ 270 Rn. 10)。在相关主体责任承担方面,如若破产程序参与人于债务人自行管理程序中只获得相较于一般破产程序较低程度的法律保护,则不能排除会对其造成不利益。债务人自行管理程序与一般破产程序的同等化亦要求破产管理人与作为自行管理人的债务人公司管理层在责任承担方面的一致性(Jacoby in FS Vallender,2015,261,265,270)。于责任承担方面,财产监督人在监督失职情况下的责任承担并不能提供足够的补充。如若债务人公司管理层免除其在债务人自行管理情况下依照《破产法》第 60、61 条所应承担的责任,则债务人自行管理程序将会被指责为是为了管理层利益而限制其责任承担,而实际上立法者的真正目的在于通过债务人自行管理达到促进重整的效果(BT-Drucks. 17/5712,S. 1 ff,17 ff.)。债务人自行管理程序不应被理解为有利于债务人公司管理层的免责宣言。债务人自行管理滥用的防止亦有赖于使债务人公司管理层依照《破产法》第 60、61 条承担如同破产管理人那样的法律责任。为自行管理情况下债务人公司管理层提供相较于一般破产程序中破产管理人的责任优待根本经不起仔细推敲。

e)《破产法》第 270 条及以下条款规定的债务人自行管理制度源自于《和解条例》中有关债务人保留管理处分权限的规定(Gottwald/Haas, Insolvenzrechts-Handbuch, 5. Aufl., § 86 Rn. 8)。与之相类似,《强制拍卖与管理法》(ZVG)第 150b 条第 1 款第 1 句亦规定,如若强制管理涉及农林业或园艺业不动产,则将任命债务人为强制管理人。这一规定的目的亦在于充分利用债务人对所涉及财产的管理经验及工作能力(Gottwald/Haas, aaO Rn. 12)。这一考量亦体现于债务人自行管理制度的设计初衷(BT-Drucks. 17/5712, S. 19; Erster Bericht der Kommission für Insolvenzrecht, 1985, S. 125)。在强制管理程序中,如若债务人如上所述被任命为强制管理人,且其为法人,则其法定代理人,或者说管理层即成为管理人(Stöger, ZVG, 21. Aufl., § 150b Rn. 2.8)。与之相同,在债务人自行管理情况下,如若债务人为法人,则其管理层亦成为自行管理人,而其是否如同破产管理人那样被任命为管理人于此并不重要。重要的是其须如同破产管理人那样依据《破产法》第 60、61 条的规定承担相应法律责任。

6. 尽管《破产法》第 274 条第 1 款就财产监督人的法律责任只援引了第 60 条的规定,而并未援引第 61 条的规定,但这一限制性的援引是由于债务人保留了管理处分权限,而财产监督人并不拥有设定债务的权限,其当然亦无须承担《破产法》第 61 条规定的责任(MünchKomm-InsO/Tetzlaff/Kern, 3. Aufl., § 274 Rn. 72; Ringstmeier in Ahrens/Gehrlein/Ringstmeier, InsO, 3. Aufl., § 274 Rn. 12; Huhn, Die Eigenverwaltung im Insolvenzverfahren, 2003, Rn. 685)。然而,如若法院依照《破产法》第 277 条第 1 款第 1 句的规定裁决债务人的特定行为须经财产监督人同意方能生效,而财产监督人同意了债务人设定破产财团债务的行为,但最终破产财团债务无法得到(足额)清偿,则其须依据《破产法》第 277 条第 1 款第 3 句以及第 61 条的规定承担相应责任(HK-InsO/Brünkmans, 9. Aufl., § 274 Rn. 9; Ringstmeier, aaO; Huhn, aaO Rn. 684 f.; HmbKomm-

InsO/Weitzmann,6. Aufl.,§61 Rn. 5)。对于债务人公司的管理层而言,基于其所享有的管理处分权限,其不仅应承担《破产法》第 60 条规定的法律责任,而且应承担《破产法》第 61 条规定的法律责任。其只承担《破产法》第 60 条规定的责任的论断毫无依据。

综上所述,在本案中,与上诉法院的判决不同,本院认为被告须参照《破产法》第 61 条的规定承担相应法律责任。因此,本院依据《民事诉讼法》第 562 条第 1 款、第 563 条第 1 款第 1 句撤销原判决,发回重审。上诉法院应在重审中查明《破产法》第 61 条规定的责任承担构成要件是否得到满足。

判例二　债权人会议对自行管理的其后撤销

关键词:其后撤销;债权人会议

案件编号:BGH,Beschluss vom 21.07.2011-IX ZB 64/10

案件检索:NZI 2011,760

相关法条:德国《破产法》第 78 条第 1 款,第 272 条第 1 款第 1 项

(一)判决要旨

如若债权人会议决议申请撤销债务人自行管理,则该决议不可经由《破产法》第 78 条第 1 款的程序被撤销。

(二)案件事实

2009 年 3 月 23 日,F 有限责任公司(以下称为债务人企业)基于支付不能提交了破产重整申请,并申请债务人自行管理。同日,破产法院决定采取临时财产保全措施,并任命 B1 为临时破产管理人。2009 年 6 月 1 日,破产法院正式裁定启动了破产程序,并批准了债务人自行管理,同时任命 B1 为财产监督人。在第一次债权人会议上,出席债权人会议的 40 名债权人(共持有 72,655,283.63 欧元的债权)决议撤销债务人自行管理。作为债务人企业高管的 B2(持有债权额 7806 欧元)在此债权人会议中请求撤销债权人会议的上述决议。其指出,撤销债务

人自行管理将引发债务人企业客户及商业合作伙伴的不安,进而导致最终信任丧失。并且在撤销债务人自行管理情况下,企业职工会对重整失去信心,而公司高级员工的薪资减让亦将失效。因此,其认为撤销债务人自行管理将导致重整失败及企业清算。由此,债权人会议的上述决议有违债权人的整体利益。

破产法院认为B2所提出的撤销债权人会议上述决议的申请缺乏充分理由,因此拒绝其申请。B2随后提出上诉,上诉法院亦驳回其上诉请求。B2遂向本院提出上诉,请求撤销债权人会议的上述决议。

(三)裁定理由

1. 于理论界存有争议的是:持反对意见的少数债权人是否可通过《破产法》第78条第1款规定的程序,请求破产法院审查,债权人会议申请撤销债务人自行管理的决议是否有违债权人整体利益。

a)第一种观点认为,基于《破产法》第270条第1款第2句的规定,《破产法》第78条作为一般性的程序规定亦适用于《破产法》第272条所涉及的相关债权人会议决议,且《破产法》第272条第1款亦未明确排除《破产法》第78条的适用。更为关键的是,亦存在多数决滥用的问题,尤其是大债权人或者小债权人均可以债权额多数或人数多数的方式决议申请撤销本可实现债权人整体利益最大化的债务人自行管理(FK - InsO/Foltis, 6. Aufl., § 272 Rn. 10; HK - InsO/Landfermann, 5. Aufl., § 272 Rn. 3)。

b)第二种观点尽管认为并不能完全排除《破产法》第78条的适用,但亦指出,撤销债务人自行管理通常不会对债权人利益造成损害(Uhlenbruck, InsO, 13. Aufl., § 272 Rn. 3)。

c)第三种观点则认为,对于债权人会议所作出的申请撤销债务人自行管理的决议,持反对意见的少数债权人并不享有《破产法》第78条所规定的法律救济途径。债权人通过债务人自行管理而获得的费用减少的利益并非《破产法》第78条所保护的法益。在撤销债务人自行管理并回复到正常破产程序的情况下,《破产法》第78条所保护的债权人的整体利益并不会因此受损。《破产法》第272条体现的是债权人的意思自治,尤其是自行决定程序进行的方式。这一点亦体现在《破产法》并未要求债权人对申请撤销债务人自行管理说明理由上。由此,在债权人会议无须对其申请撤销债务人自行管理决议说明理由的情况下,如若法院可依申请经由《破产法》第 78 条所规定的程序审查该决议的合理性,则显然自相矛盾(Pape in Kübler/Prütting/Bork, InsO, 2007, §272 Rn. 3, 3a; MünchKomm - InsO/Wittig/Tetzlaff, 2. Aufl., §272 Rn. 9)。

2. 本案合议庭赞同上述第三种观点。

a)在破产程序正式启动情况下,破产财产的管理处分权限交由独立的破产管理人行使应为预设的一般情形(Begründung RegE, BT - Drucks. 12/2443, S. 222)。与此同时,债权人应有权决定破产财产是由管理人,还是在债务人自行管理情况下由债务人管理处分。这一管理处分权限的归属并不取决于程序所追求之结果,抑或破产财产的变价方式,更不取决于债务人的主观判断。有关债务人自行管理的规定亦体现出债权人意思自治相较于法院及债务人的影响力具有优先性(BT - Drucks. 12/2443, S. 100; Windel in Riesenhuber, Das Prinzip der Selbstverantwortung, 2011, S. 449, 469)。破产法院在破产程序正式启动裁定中只是对债务人自行管理申请暂时作出裁决(BT - Drucks. 12/2443, S. 223),且这一裁决亦无法通过法律救济途径被撤销(BGH, Beschluss vom 11. Januar 2007-IX ZB 10/05, NZI 2007, 240 Rn. 7 ff.)。而最终是否例外地授予债务人自行管理的权限,则取决于债权人会议的决议。债务人并不能违背债权人的意愿要求获得债务人自行管理的权限。尤其是《破产法》第 270 条第 2 款第 2 项规定,在债权人申请破产的情况下,债务人自行管理的批准还须以该债权人同意为前提。并且《破产法》第 271 条第 1 句规定,如若债权人会议决议采取债务人自行管理模式,则法院必须批准债务人自行管理申请。反之,基于《破产法》第 272 条第 1 款第 1 项的规定,如若债权人会议决议申请撤销债务人自行管理,则法院亦无须进行实质审查而遵从债权人会议的决议。债权人会议所作出的申请撤销债务人自行管理的决议完全是债权人的自由决策，法律亦未就此设定任何前提条件。在债权人会议依据《破产法》第 271 条第 1 句以及第 272 条第 1 款第 1 项规定作出相应决议的情况下，法院须依此决议作出相应裁决，且法律并未针对此裁决规定任何法律救济途径。现行法律对法院批准债务人自行管理主要分为以下两种情形设定前提条件：①在作出正式启动破产程序裁定的同时依据《破产法》第 270 条第 2 款（不）批准债务人自行管理申请；②如若个别债权人其后要求采取债务人自行管理模式，则只有在债务人自行管理不会导致程序迟延及对债权人其他不利益的情况下，法院才可批准其后债务人自行管理申请（BGH，Beschluss vom 11. Januar 2007-IX ZB 10/05，NZI 2007，240 Rn. 12 bis 16；HmbKomm - InsO/Fiebig，3. Aufl.，§ 272 Rn. 2；Pape in Kübler/Prütting/Bork，InsO，2007，§ 272 Rn. 2；MünchKomm - InsO/Wittig/Tetzlaff，2. Aufl.，§ 272 Rn. 7，8；Uhlenbruck，InsO，13. Aufl.，§ 272 Rn. 1，3 f.）。如若法院须对债权人会议依据《破产法》第 272 条第 1 款第 1 项规定所作出的申请撤销债务人自行管理的决议进行实质审查，也即审查此决议是否符合债权人的整体利益，则将有违上述规定的宗旨（Pape aaO Rn. 3 f.）。假设法院将审查此决议是否符合债权人的整体利益，则债权人会议将不得不在作出上述决议的同时详细阐明其理由。于此情况下，强化债权人意思自治的立法宗旨将无法实现。更确切地说，立法的基本理念是由债权人，而非法院最终决定是否采取债务人自行管理模式。

b）另一方面，赞同《破产法》第 78 条适用的观点亦缺乏有效论据。尤其是该观点认为，由于在债务人自行管理情况下通常可维系商业合作伙伴的信任，而如若转移管理处分权限则将对既有的信任合作关系产生严重损害，因此撤销债务人自行管理将可能有损债权人的整体利益（FK-InsO/Foltis，6. Aufl.，§ 272 Rn. 10）。准确而言，此时涉及的问题是决策的合理性，这应由债权人会议自主决策，而无须由法院进行存在自由裁量空间的合理性审查。这一决策判断的自主权同样适用于对程序费用的考量。尽管债务人自行管理原则上可达到降低程序费用的效果，但债权人会议亦可在债务人自行管理会造成债权人利益受损的情况下，申请撤销债务人自行管理。此外，尽管立法者引入债务人自行管理的目的之一在于降低程序费用（Begründung RegE，BT-Drucks. 12/2443，S. 223），但其并未将此设定为债务人自行管理批准的前提条件。即便债务人自行管理的撤销将导致程序费用的上升，立法者亦未禁止债权人提出撤销债务人自行管理的申请。因此，避免撤销债务人自行管理产生的程序费用不利益并非应受保护的法益，亦不可成为违背债权人会议决议而保留债务人自行管理的合理理由（MünchKomm-InsO/Wittig/Tetzlaff，2. Aufl.，§272 Rn. 9；Pape in Kübler/Prütting/Bork，InsO，2007，§272 Rn. 3a）。

c）撤销债务人自行管理所涉及的关键问题在于，是应由法院任命的破产管理人，还是应由债务人来对遭受经营危机的企业进行重整或清算（Uhlenbruck，InsO，13. Aufl.，§270 Rn. 6；Frind，ZInsO 2002，745，751 ff.）。这一决策类似于破产管理人的选任，而对于破产管理人的选任亦依据《破产法》第57条的规定最终交由债权人会议自主决策。由于《破产法》第57条第3、4句对债权人会议自主选择破产管理人作出了特别性规定，所以债权人会议的相关决议无法被撤销，尤其是无法经由《破产法》第78条规定的程序被撤销（BGH，Beschluss vom 17. Juli 2003-IX ZB 530/02，NZI 2003，607 f.；vom 7. Oktober 2004-IX ZB 128/03，NZI 2005，32 f.）。就此而言，对于债权人会议依据《破产法》第272条第1款第1项所作出的申请撤销债务人自行管理的决议，亦应适用上述规则。

进一步而言，正在立法程序中的《企业重整促进法草案》亦未改变上述法律状况。《企业重整促进法草案》尽管将简化债务人自行管理批准的前提条件，但仍将是否采取债务人自行管理的最终决定权交由债权人会议。立法草案对第272条第1款第1项的修改内容只是为了限制大债权人对债务人自行管理批准与否的操控，也即不仅须获得参与表决者债权额多数，而且须获得参与表决者人数多数才能提出撤销债务人自行管理申请（RegE，BT-Drucks. 17/5712 S. 19，42）。并且这一立法草案并未改变不得审查债权人会议申请撤销债务人自行管理决议合理性的立法现状。

综上所述,本院对于B2的上诉请求不予受理。对于债权人会议依据《破产法》第272条第1款第1项所作出的申请撤销债务人自行管理的决议,持反对意见的少数派债权人并不享有任何法律救济手段,亦无法申请通过《破产法》第78条第1款规定的程序撤销上述债权人会议决议,同时无权对破产法院拒绝其申请的决定提出上诉。上诉法院错误受理其上诉申请的裁决亦无法使其获得相应的法律救济途径。此外,上诉法院应审查其受理B2上诉申请的合法性。

判例三　重整准备程序中破产财团债务的设定

关键词:重整准备程序;破产财团债务;债权降位;破产撤销

案件编号:BGH,Beschluss vom 16.06.2016-IX ZR 114/15

案件检索:NJW 2016,2572

相关法条:德国《破产法》第55条第2、3款,第270b条第3款

(一)判决要旨

1. 如若破产法院依据《破产法》第270b条第3款授权债务人在重整准备程序中设定破产财团债务,且此为概况性授权,则债务人就此并无选择权。于此方面将适用有关强势临时破产管理人设立破产财团债务的相关规定。

2. 如若债务人维系即有劳动合同,则相关职工工资和企业应缴纳的社会保险费用为破产财团债务。

3. 在上述情况下,《破产法》第55条第3款相应予以适用。

4. 只有当基于劳动合同发生的债权尚未清偿完毕时,相关尚未清偿完毕的债权才会在破产程序启动后依据《破产法》第55条第3款的规定由破产财团债权转变为普通债权。

(二)案件事实

原告为M有限责任公司(以下称为债务人企业)的财产监督人,其

主张撤销作为被告的社会保险机构所获得的社保费用清偿。

债务人企业于2014年2月7日提出破产重整申请、自行管理申请和重整准备程序启动申请，破产法院于2014年2月10日裁定启动重整准备程序（Schutzschirmverfahren），并授权债务人可依据《破产法》第270b条第3款，第55条第2款设定破产财团债务。债务人企业于2014年2月17日致信被告，告知企业进入重整准备程序的情况，并承诺将如期缴纳企业应缴纳的社会保险费用，但提醒该社会保险费用支付行为有可能在破产重整程序正式启动后被撤销。其后，债务人于2014年3月10日向被告支付了社会保险费用32,019.79欧元，于4月2日又支付了社会保险费用32,174.09欧元，并于4月1日再次提醒被告上述支付行为可能在破产重整程序正式启动后被撤销。

2014年5月1日，破产法院裁定正式启动破产重整程序，并批准了债务人自行管理，同时任命原告为财产监督人。随后，财产监督人要求撤销上述的社会保险费用支付行为，并要求被告返还共计64,193.88欧元，但被告予以拒绝。

在破产法院批准重整计划并依据《破产法》第258条终止破产重整程序后，上述撤销权诉讼依据重整计划的规定继续由财产监督人进行。州法院支持了原告的诉讼请求，被告随后向本院提出上诉。

（三）裁定理由

Ⅰ.

州法院的判决理由为：原告依据《破产法》第259条第3款获得了在破产重整程序终止后继续撤销权诉讼的权限。依据《破产法》第130条第1款第1句第2项的规定，该撤销权诉讼应获得支持。并且被告所享有的债权并非破产财团债权，且债务人企业是在提交破产申请后进行了上述支付行为。尽管《破产法》第55条第2款的规定依据《破产法》第270b条第3款第2句的规定在重整准备程序中予以适用，但由于上述债务并非由临时破产管理人所设立，且于债务人与被告之间亦不存在持续性的债务关系，所以《破产法》第55条第2款的规定并不能适用于本案。此外，不仅被告并非相关劳动合同关系的主体，而且被告所提供的保险亦无法使破产财团受益，而是有利于相关职工，因此，《破产法》第 142 条亦无法适用。综上所述，判决被告依据《破产法》第 259 条第 3 款第 2 句的规定向债务人企业返还上述支付的社会保险费用。

Ⅱ.

1. 州法院判决的正确之处在于，原告在破产重整程序终止后拥有进行撤销权诉讼的权限。

a）依据《破产法》第 280 条的规定，在债务人自行管理的情况下，只有财产监督人才可行使破产撤销权。依据《破产法》第 259 条第 1 款的规定，在破产重整程序终止后破产管理人的职责亦告终止。尽管对于财产监督人而言，并无明文规定《破产法》第 259 条第 1 款的规定得以相应适用，但《破产法》第 270c 条明确规定了在债务人自行管理情况下财产监督人对应破产管理人的替代性作用，且《破产法》第 274 条亦明确了有关破产管理人的部分规定亦适用于财产监督人。因此，《破产法》第 259 条第 1 款的规定亦适用于财产监督人。

b）基于上述同样的理由，《破产法》第 259 条第 3 款的规定也适用于财产监督人（BGH, Beschluss vom 24. März 2016-IX ZR 157/14, DB 2016, 1013）。而《破产法》第 259 条第 3 款规定的适用前提条件在本案中亦得以满足。

aa）本案中的重整计划在第二节陈述部分 F 款 I 项规定：如若财产监督人至迟在审议及表决期限前一个星期主张相应撤销权，则依据《破产法》第 259 条第 3 款授权财产监督人在重整计划获批及破产重整程序终止后，继续进行未终结的破产撤销权诉讼。本案即是如此。

bb）财产监督人于 2014 年 9 月 16 日提起撤销权诉讼，破产法院于 2015 年 1 月 2 日裁定批准重整计划，于 2 月 12 日裁定终止重整程序。该撤销权诉讼在破产重整程序终止前尚未审结。

cc）由于重整计划并未就《破产法》第 259 条第 3 款第 2 句规定的事项另行作出规定，所以本案所涉及的撤销权诉讼将为了债务人利益进行，并在胜诉情况下向债务人返还相应款项。

2. 然而,本案的撤销权诉讼缺乏相应的法律依据。被告依据《破产法》第130条第1款第1句第2项规定所主张的撤销权构成要件在本案中并未得到满足。此规定适用的前提是普通债权人在破产程序正式启动前获得了担保或清偿,而州法院错误地将本案所涉及的债权认定为普通债权。

a)本案被告所享有的债权并非《破产法》第38条意义上的普通债权。在本案中,破产法院依据《破产法》第270b条第3款授权债务人可在重整准备程序中设定破产财团债务。《破产法》第270b条第3款第2句同时规定于此情况下《破产法》第55条第2款予以相应适用。

aa)在破产法院依据《破产法》第270b条第3款授权债务人设定破产财团债务的情况下,《破产法》中有关强势临时破产管理人行使此权限的相应规定及原则同样适用于债务人。债务人可依据《破产法》第55条第2款的规定设定破产财团债务。《破产法》第270b条第3款的规定是在《企业重整促进法》改革过程中由联邦众议院法律委员会建议新增的,其目的在于通过法院授权使债务人取得类似于强势临时破产管理人的法律地位,从而增强交易对象对债务人的信任感,并为债务人企业重整提供有力支持。债务人可以选择通过法院批准获得个别性的破产财团债务设定权限,或者经法院批准获得概括性权限(BT-Drucks. 17/7511,S. 37)。

在本案中,债务人申请获得设定破产财团债务的权限,破产法院据此批准债务人获得设定破产财团债务的权限。由于破产法院在批准决定中并未明确将设定破产财团债务限定于特定事项,所以本案中应为概况性授权。此外,尽管债务人的申请中提及个别性授权,但并未详尽阐述个别性授权具体涉及哪些交易。于此之外,债务人申请中亦无任何线索可表明其申请的是个别性授权。如若债务人获得的是概况性授权,则其就取得了类似于强势临时破产管理人的法律地位(BT-Drucks. 17/7511,aaO)。于此情况下,并非由债务人在个案中自行选择哪些交易产生的债权是普通债权,哪些交易产生的债权是破产财团债权。关键性的因素在于法律的规定,特别是《破产法》第55条第2款的规定（Pape in Kübler/Prütting/Bork, InsO, 2012, § 270b Rn. 78; HK-InsO/Landfermann, 8. Aufl., § 270b Rn. 46）。

bb）州法院认为，本案中债务人所设定的破产财团债务并非《破产法》第 55 条第 2 款第 1 句意义上的破产财团债务。债务人在本案中对被告所承担的债务并非是基于《破产法》第 270b 条第 3 款授权而产生，而是基于在破产申请前已缔结的劳动合同关系而产生。《破产法》第 55 条第 2 款第 1 句的适用与《破产法》第 55 条第 1 款第 1 项的适用并无不同，均必须要通过破产管理人或债务人的行为才能设立相应的破产财团债务（Pape/Schaltke in Kübler/Prütting/Bork, aaO, 2010, § 55 Rn. 213; FK-InsO/Bornemann, 8. Aufl., § 55 Rn. 50）。

cc）与州法院观点不同的是，本案合议庭认为，由于债务人要求继续履行已经存在的劳动合同，因此本案中破产财团债务将基于《破产法》第 55 条第 2 款第 2 句的规定而产生。

（1）在强势临时破产管理人要求继续履行破产申请前已存在的劳动合同的情况下，职工工资即为《破产法》第 55 条第 2 款第 2 句意义上的破产财团债务（BGH, Urteil vom 3. April 2003-IX ZR 101/02, BGHZ 154, 358, 364）。而在债务人获得《破产法》第 270b 条第 3 款授权的情况下，如若债务人要求继续履行破产申请前已存在的劳动合同，则亦与上述情况相应地产生了《破产法》第 55 条第 2 款第 2 句意义上的破产财团债务（MünchKomm-InsO/Hefermehl, 3. Aufl., § 55 Rn. 233; FK-InsO/Bornemann, aaO, § 55 Rn. 56; Jaeger/Henckel, InsO, § 55 Rn. 96; Uhlenbruck/Sinz, InsO, 14. Aufl., § 55 Rn. 97 ff.; HK-InsO/Lohmann, 8. Aufl., § 55 Rn. 31）。本案即是这样的情况。

（2）由于企业应缴纳的社会保险费用实际上亦是职工劳动报酬的有机组成部分，并随之取得破产财团债务的地位，所以本案中被告所享有的社会保险费用债权亦应为破产财团债权。只有当企业向相关机构缴纳了其应缴纳的社会保险费用，其才完全履行了劳动报酬的支付义务。职工的劳动报酬不可能部分是破产财团债权，部分是普通债权。向相关机构支付的社会保险费用亦应取得与向职工支付的工资同等的法律地位。于此必须进行整体性的考量。由此，相关社会保险费用不应是普通债权，相关支付行为亦无法在破产程序中被撤销。这一观点亦可从《破产法》第 55 条第 3 款中得到印证。只有当企业应缴纳的社会保险费用是破产财团债权时，《破产法》第 55 条第 3 款所规定的债权顺位降次才有意义。

(3)即便债务人告知了潜在的撤销风险，亦不能使破产财团债权变为普通债权。如上所述，如同强势临时破产管理人一样，债务人无权决定哪些交易产生的债权将成为破产财团债权，而是基于法律规定产生了相应的破产财团债权。破产财团债权的清偿是不可撤销的，而本案亦不涉及债务人普通债权清偿的问题。

dd)进一步而言，上述基于《破产法》第 55 条第 2 款第 2 句规定产生的破产财团债务并不会因《破产法》第 55 条第 3 款的规定而被降为普通债权。

(1)尽管《破产法》第 270b 条第 3 款第 2 句只提及了《破产法》第 55 条第 2 款的适用问题，而未涉及《破产法》第 55 条第 3 款的适用，但由此产生的立法空白应通过类推适用予以填补，也即在债务人依据《破产法》第 270b 条第 3 款获得设立破产财团债务授权的情况下，《破产法》第 55 条第 3 款的规定亦类推适用于重整准备程序。

如若欲否定此立法空白的存在，则必须存在足够的依据证明立法者有意识地排除了《破产法》第 55 条第 3 款的适用。但显然并无足够论据证明这一观点。事实上，《破产法》第 270b 条第 3 款的规定是由联邦众议院法律委员会在立法过程之后建议新增的。该款规定的目的在于为债务人赢得交易伙伴信赖提供有力支持，使其通过法院批准取得类似于强势临时破产管理人的法律地位，同时将临时财产监督人的作用限定在监督职能上(BT-Drucks. 17/7511, S. 37)。但上述立法理由并未提及《破产法》第 55 条第 3 款适用的问题，亦未对此条款不适用进行立法阐释。由此可以推断的是，联邦众议院法律委员会试图实现个别点上的立法优化，但却未对此优化产生的效果进行全局性的统筹考量，从而产生了立法空白。

《破产法》第 55 条第 3 款的规定是通过 2001 年的《破产法及相关法律修订案》(Gesetz zur Änderung der Insolvenzordnung und anderer Gesetze vom 26. Oktober 2001)加入的,其目的在于化解《破产法》第 55 条第 2 款适用中存在的争议问题,并消除可能引发重整失败的风险(BT-Drucks. 14/5680,S. 25 f.)。由此,对于与强势临时破产管理人具有类似法律地位的债务人而言,显然缺乏明显的理由去排除《破产法》第 55 条第 3 款的适用。尤其是考虑到《破产法》第 270b 条第 3 款本身即具有通过强化债务人自行管理来促成重整成功的立法目的,《破产法》第 55 条第 3 款的类推适用就更显而易见了,且亦是目前学界的主流观点(HK - InsO/Landfermann, 8. Aufl., § 270b Rn. 45; Schmidt/Undritz, InsO, 19. Aufl., § 270b Rn. 14; Graf - Schlicker, InsO, 4. Aufl. § 270b Rn. 26; Buchalik, ZInsO 2012, 349, 356; Geißler, ZInsO 2013, 531,537)。

(2)然而,《破产法》第 55 条第 3 款规定的债权受偿顺位降次的前提条件在本案中并未得到满足。

(a)依据《破产法》第 55 条第 3 款第 1 句的规定,联邦劳工署所预支的职工工资在破产程序中只能作为普通债权得到受偿。《破产法》第 55 条第 3 款第 2 句同时规定第 1 句的规定亦适用于《社会法典(三)》第 175 条第 1 款所列明的债务人企业须支付的费用。依据《社会法典(三)》第 175 条第 1 款的规定,在破产程序启动前三个月内尚未支付的所有社会保障费用可由联邦劳工署先行代为支付。尽管如此,与《社会法典(三)》第 169 条规定不同的是,《社会法典(三)》第 175 条第 2 款第 1 句规定,社会保障费债权仍由相关社会保障机构享有,而并非如同职工工资债权那样让与联邦劳工署享有。在相关社会保障机构获得相应清偿的情况下,相关社会保障机构有义务向联邦劳工署返还其获得的相应清偿。只有当债务人企业向相关社会保障机构清偿了其应支付的社会保障费用后,相关债权才得以消灭。于上述情况下,《破产法》第 55 条第 3 款的规定无法得以适用。

(b)《破产法》第 55 条第 3 款规定的目的在于,通过由联邦劳工署预支职工工资保障金来确保强势临时破产管理人可以继续维系相关劳动合同,确保企业连续运营。尽管强势临时破产管理人可设定破产财团债务,但如果联邦劳工署基于此而主张其预支的职工工资债权为破产财团债权,则往往会导致破产财团的不足(BT-Drucks. 14/5680, S. 25)。并且《破产法》第55条第3款第1、2句规定适用的前提均为相关职工工资或社会保障费用尚未支付,而本案并非此情况。因此,《破产法》第55条第3款适用的前提条件并未得到满足(LG Hamburg, ZInsO 2015, 451, 456; MünchKomm-InsO/Hefermehl, 3. Aufl., § 55 Rn. 237; Schmidt/Thole, InsO, 19. Aufl., § 55 Rn. 44; HK-InsO/Lohmann, 8. Aufl., § 55 Rn. 33)。

(c)学界亦存在这样一种观点:在破产程序正式启动前,由债务人所为的相关支付亦依据《破产法》第55条第3款被降为普通债权(Schmidt/Undritz, aaO, § 270b Rn. 14)。然而,值得注意的是,《破产法》第55条第3款第2句只是法律后果的援引。《破产法》第55条第3款第1、2句以及《社会法典(三)》第169条第1款、第175条第1款第1句和第2款适用的前提条件均为债务人尚未支付相关报酬或费用。并且将破产财团债权降为普通债权实际上只有间接性的后果,即普通债权的清偿可依据《破产法》第130条及以下条款被撤销。然而,显然缺乏充分依据证明立法者意欲达到这一效果。

(d)本案合议庭认为,《破产法》第130条所涵盖的债权人是指在未得到提前清偿情况下,应在破产程序中作为《破产法》第38条意义上的债权人及第39条意义上的后顺位债权人(BGH, Urteil vom 6. April 2006-IX ZR 185/04, WM 2006, 1018 Rn. 11 f.; vom 20. Februar 2014-IX ZR 164/13, BGHZ 200, 210 Rn. 12)。由强势临时破产管理人或获得授权的债务人所设定的破产财团债务,虽亦为《破产法》第38条意义上的破产债权,但却是破产财团债权。并且由于法律保护交易主体对于破产财团债权清偿优先顺位的信赖利益,因此对破产财团债权的清偿或清偿担保行为不可被撤销(BGH, Urteil vom 20. Februar 2014-IX ZR 164/13, BGHZ 200, 210 Rn. 11)。破产财团债权及普通债权的区分只有在破产程序正式启动后才有意义，且并不会因为清偿行为本身而改变破产财团债权或普通债权的性质。而《破产法》第55条第3款规定的破产财团债权降为普通债权的适用前提是此债权尚未得到清偿。在《破产法》第55条第3款所涉及债权尚未清偿的情况下，此类债权虽在设定时依据《破产法》第55条第2款的规定为破产财团债权，但于破产程序正式启动后却为了达到维系企业经营的目的而被降为普通债权。如若上述债权已得到清偿，则不存在降为普通债权的问题。清偿行为本身亦不会改变债权在破产程序正式启动后被认定为破产财团债权。如非如此，则将违背对信赖利益的保护。

(e)此外，《破产法》第55条第3款第1句所规定的破产财团债权降为普通债权适用的前提是相关债权依据《社会法典(三)》第169条的规定让与联邦劳工署享有，且以申请联邦劳工署提供职工工资保障金为前提。而在申请联邦劳工署提供职工工资保障金之前，债务人所为的相关职工工资及社会保障费用支付应为破产财团债权。并且由于《破产法》第55条第3款第2句援引适用《破产法》第55条第3款第1句的规定，因此在适用前提方面并无不同。

综上所述，州法院的判决适用法律错误，本案合议庭依法予以改判，并驳回原告诉讼请求。

判例四　债务人自行管理程序中担保物权的放弃

关键词：职权配置；担保权放弃

案件编号：BGH, Urteil vom 09.03.2017-IX ZR 177/15

案件检索：NZI 2017,345

相关法条：德国《破产法》第52条第2句，第190条第1款第1句，第270条第1款第1句，第270c条第2句

(一)判决要旨

1. 担保债权人申报债权，且未注明是就担保物未足额受偿部分申

报债权，并不意味其放弃了就担保物优先受偿的权利。

2. 只有当担保物重新无负担地归入破产财团供普通债权人受偿，担保物优先受偿权的放弃才为有效。

3. 在批准债务人自行管理的情况下，担保债权人放弃优先受偿权的意思表示须向债务人发出方为有效。

（二）案件事实

被告向 MR（以下称为债务人）提供了一笔贷款以供购置相关机器设备及配件，并以此机器设备作为贷款债权的担保。2013 年 4 月 8 日被告基于债务人的延期清偿行为解除了贷款合同。2013 年 5 月 31 日，就债务人财产的破产程序正式启动，且债务人获批自行管理，而本案原告被任命为财产监督人。破产法院正式启动破产程序的裁定第 7 项指出："债权人须在 2013 年 7 月 18 日前向财产监督人书面申报债权。债权人亦须毫不迟延地告知财产监督人其债权是否存有担保，具体担保物，担保物权的种类及产生缘由以及被担保债权的数额。如若相关主体未告知或未及时告知财产监督人，且存有过错，则其须对由此产生的损失负责。"

原告于 2013 年 6 月 20 日致信告知被告，其可获取作为担保物的机器设备，且债务人亦对此表示同意，具体领取日期可与债务人协商确定。被告首先就其债权数额超过担保物价值部分申报了债权，其后又于 2013 年 9 月 4 日致信原告表示其放弃担保物的优先受偿权，并就其享有的债权申报债权。但债务人并未获知此信函相关信息。2014 年 2 月 10 日，上述机器设备以 32,725 欧元的价格对外出售。2014 年 3 月 6 日，债务人自行管理被撤销，原告被任命为破产管理人。2014 年 3 月 10 日，被告向原告致信指出，由于在债务人自行管理期间其放弃担保物优先受偿权利的意思表示并非向债务人作出，因此并未成立生效。其后，原告起诉要求被告向破产财团移交上述担保物转让价款，但该诉讼请求未获得法院支持，其遂向本院提出上诉。

(三)裁定理由

Ⅰ.

上诉法院认为,由于原告在2013年6月20日的信函中已表明放弃将相关机器设备纳入破产财产,所以基于《民法典》第816条①的请求权并不成立。此外,被告放弃其担保物权的行为并未有效成立。在债务人自行管理的情况下,担保债权人放弃担保物权的意思表示应向债务人作出,而债务人并未收到担保债权人于2013年9月4日发出的信函。担保债权人向财产监督人作出的放弃担保物优先受偿权的意思表示并不能使其放弃优先受偿权的行为成立生效。由财产监督人负责接收债权申报并不意味着其亦有权接收放弃担保优先受偿权的意思表示。

Ⅱ.

上诉法院判决结果正确,但部分事实认定及法律适用存在错误。

1. 原告2013年6月20日的信函并非表示放弃将相关机器设备纳入破产财产。

a)破产管理人可以放弃将部分财产纳入破产财团,这一权限源自于《破产法》第80条规定的破产管理人管理处分破产财产的权限,但以《破产法》第32条第3款第1句规定为前提。破产管理人须向债务人作出放弃将相关财产纳入破产财团的意思表示,其后果是破产管理人不再接管相关财产,而债务人重获对相关财产的处分权限(BGH, Urteil vom 21. April 2005 - IX ZR 281/03, BGHZ 163, 32, 34 f.; vom 9. Februar 2012 - IX ZR 75/11, BGHZ 192, 322 Rn. 22; BT-Drucks. 16/3227, S. 17)。在债务人自行管理的情况下,由于财产监督人不享有相应的管理处分权限,而债务人仍保有相关权限,因此放弃将相关财产纳入破产财团的意思表示于此时并无任何意义。

b)进一步而言,在本案中,是否及在何种条件下可作出放弃将相关财产纳入破产财团的意思表示,以及由谁、向谁作出此意思表示无关紧要。在个案中,法官负责对意思表示进行解释,其须注意法定及公认的解释规则、法官的论理规则(Denkgesetze)、经验法则是否得到遵

① 关于无权处分人处分行为的规定。

守,重要的解释素材是否被忽视。在本案中,原告于 2013 年 6 月 20 日向被告发出的信函并不涉及相关机器设备归属破产财团的问题,而只是告知被告领取担保物。依据《破产法》第 282 条的规定,在债务人自行管理的情况下,本法规定的由破产管理人享有的对担保物的变价权限将由债务人行使。但债务人在行使担保物变价权时应征得财产监督人的同意。尽管原告在 2013 年 6 月 20 日的信函中并未明确表示其是以债务人的名义行事,但可以断定的是,该信函的内容并不涉及放弃将相关财产纳入破产财团,而是涉及担保物变价权的行使。并且债务人对此信函所涉及内容亦表示认可。

2. 由于被告于 2013 年 9 月 4 日表示放弃担保物优先受偿权的信函是向原告发出的,且并未为债务人所获悉,所以担保物优先受偿权的放弃并不能成立生效。由此,亦无法产生《民法典》第 816 条意义上的请求权。

a)基于《民法典》第 929、930 条的规定,被告已通过达成转移所有权及占有改定合意取得了对相关机器设备的所有权。而所有权回转的合意亦必须再依照《民法典》第 929 条及以下的规定进行,也即再达成转移所有权的合意,并在债务人已作为非所有权人占有动产的情况下实施简易交付。但本案中并不存在上述协议。尽管可能通过法律解释得出被告 2013 年 9 月 4 日信函涉及上述意思表示的结论,但所有权的转移必须亦有债务人作出相应意思表示方可实现。而本案中债务人未作出相应意思表示。并且本案被告亦未依据《民法典》第 959 条放弃所有权。其放弃间接占有的意思表示亦须向债务人发出。而本案中并不存在上述情况。因此,被告 2013 年 9 月 4 日的信函只涉及放弃担保物优先受偿权,而并不影响其对担保物所享有的所有权。

b)动产担保债权人亦可放弃其担保物权,并应在此情况下返还对担保物的占有。在破产情况下,这一返还占有的请求权将由破产管理人行使,而如若法院批准了债务人自行管理,则由债务人享有此请求权。此时担保债权人亦应向债务人发出放弃担保物权的意思表示,并由债务人受领此意思表示。而在本案中,被告并非向债务人发出放弃担保物权的意思表示,而是于 2013 年 9 月 4 日向原告发出上述信函,而此信函内容亦未为债务人所获悉。

c)即便从《破产法》第 270c 条第 2 句的规定亦无法推导出原告(财产监督人)有权受领放弃担保物权的意思表示。

aa)被告在 2013 年 9 月 4 日的信函中不仅表示放弃担保物权,而且进行了债权申报。依据《破产法》第 270c 条第 2 句的规定,在债务人自行管理的情况下,债权人应向财产监督人申报债权。因此,本案被告应向原告(财产监督人)发出申报债权的意思表示。

bb)担保债权人在申报债权时,即便未注明是就担保物未足额受偿部分申报债权,也并不意味其放弃了优先受偿权(OLG Nürnberg, ZIP 2007, 642; Jaeger/Henckel, InsO, §52 Rn. 28; MünchKomm - InsO/Ganter, 3. Aufl., §52 Rn. 39; HK-InsO/Lohmann, 8. Aufl., §52 Rn. 9; Uhlenbruck/Brinkmann, InsO, 14. Aufl., §52 Rn. 23; Graf - Schlicker/Bremen, InsO, 4. Aufl., §52 Rn. 7; Homann in Ahrens/Gehrlein/Ringstmeier, InsO, 3. Aufl., §52 Rn. 12)。担保债权人甚至可就其债权总额申报债权,进而再在破产程序中确认其就担保物未足额受偿部分(Jaeger/Henckel, aaO),进而依据《破产法》第 190 条参与分配。并且《破产法》第 28 条第 2 款第 3 句规定,如若相关主体未告知或未及时告知担保物权的存在,且存在过错,则其须对由此产生的损失承担赔偿责任。

cc)如若担保债权人申报债权的行为不会对担保债权产生影响,则亦无法从财产监督人依据《破产法》第 270c 条第 2 句所享有的接受债权申报权限中推导出受领担保债权人放弃优先受偿权意思表示的附带权限。并且由于担保物权的放弃将涉及相关实体权利,而财产监督人在债务人自行管理情况下亦不享有对债务人财产管理处分的权利,所以其亦无法受领担保债权人放弃优先受偿权的意思表示。此外,亦不可分离出单纯程序法意义上,也即仅在破产程序中的担保物权的放弃。如若存在这样的担保物权放弃,则担保债权人一方面可在破产程序中就其债权总额申报债权,并如同其他普通债权人那样获得受偿;另一方面,其所享有的担保物权于破产程序之外则将继续存在,而这将导致担保物仍存有负担。进一步而言,在破产程序终止后,担保债权人将可主张其担保权,则其实际上就获得了二次受偿。由此,只有当担保物权的放弃使得担保物重新可为破产财团自由支配时,这样的完全意义上的放弃才可使担保债权人在破产程序中就其债权总额申报债权(Jaeger/Henckel,InsO, § 52 Rn. 24;Jaeger/Meller-Hannich,InsO,5. Aufl. , § 190 Rn. 13; MünchKomm - InsO/Ganter, 3. Aufl. , § 52 Rn. 41; HK - InsO/Lohmann,8. Aufl. , § 52 Rn. 9; Graf - Schlicker/Bremen, InsO, 4. Aufl. , § 52 Rn. 7; OLG Hamm, ZIP 1994, 1373, 1375; Jaeger, Lehrbuch des Konkursrechts,8. Aufl. ,S. 123 f.)。综上所述,在债务人自行管理情况下,与财产监督人接受债权申报的权限无关,担保债权人放弃担保权意思表示的相对人只能是债务人。

基于上述理由,原告的上诉请求未获本案合议庭支持。

评析

一、债务人自行管理制度概述

尽管学界普遍认为债务人自行管理制度源自美国《破产法典》第十一章重整程序中的 debtor in possession,但实际上 1935 年德国《和解条例》(Vergleichsordnung)中即已具备了债务人自行管理的雏形,这一点亦在德国联邦最高法院 2018 年 4 月 26 日的判决中被多次提及。当然,德国现代意义上的债务人自行管理制度(Eigenverwaltung)则是通过 1994 年的破产法改革正式确立。这一方面有赖于 20 世纪 80 年代德国学界对债务人自行管理制度展开的学术研究,另一方面毫无疑问亦在继承和发展的基础上吸收转化了美国债务人自行管理制度的精华。1994 年颁布的德国《破产法》设专章第七章,共 16 条对债务人自行管理作出了具体细致的规定。并且德国《破产法》中债务人自行管理的适用范围很广,不仅适用于法人,而且适用于自然人;不仅适用于破产重整程序,而且适用于破产清算程序。

然而,与德国债务人自行管理制度同时适用于破产清算程序和破产重整程序不同,美国债务人自行管理制度只适用于重整程序。并且在债务人利益优先的背景下,美国《破产法典》将债务人自行管理设置为重整程序中的一般原则,而只有在美国《破产法典》第 1104 条(a)款规定的情形下,法院才会任命一名破产管理人。与此相对,德国《破产法》将债务人自行管理视为破产程序中的例外情形,对其授予设置了较为严格的前提条件。这一方面源自德国债权人利益最大化的破产法目标,另一方面亦源自学界及实务界对债务人自行管理制度的种种担忧质疑。在 1994 年德国《破产法》的立法过程中,德国著名的破产法实务人士团体"Gravenbrucher Kreis"就曾在 1990 年撰文指出,缺乏独立性的破产管理人选尚无法为法院所支持,更何况由债务人自行管理破产财产。[②] 德国著名法学家施密特教授亦认为,债务人企业管理团队可能滥用债务人自行管理模式,通过各种手段操控破产重整,损害债权人利益。[③] 时至德国 1999 年《破产法》实施约十年之际,部分学者仍表达了对债务人自行管理模式的怀疑和忧虑,并将之形象地称为"山羊园丁"(Bock im Garten)。这些学者认为,债务人自行管理显然与破产财产管理者独立性要求相违背。并且多数的企业危机或破产是由于管理决策失误所致,因此很难相信导致债务人企业陷入破产境地的管理团队可以通过重整挽救企业,实现债权人利益最大化。[④] 实际上,上述担忧及质疑亦或多或少源自 20 世纪 80 年代德国破产法委员会发布的破产法改革报告对债务人自行管理制度的保守意见。德国联邦最高法院 2018 年 4 月 26 日的判决中对此亦有所提及。德国立法者亦意识到债务人自行管理滥用的问题,但仍寄希望于债务人自行管理可以发挥降低程序费用,促进重整的目的。然而,学界的观点亦导致了法院的保守态度,加之过于严格的债务人自行管理批准条件使得债务人自行管理批

② Gravenbrucher Kreis, ZIP 1990, 476, 477.

③ K. Schmidt, Wege zum Insolvenzrecht der Unternehmen, 1990, S. 197.

④ Bales, NZI 2008, 216, 220 f.; Uhlenbruck/Vallender, NZI 2009, 1, 7.

准率曾经很低。德国2010年债务人自行管理的批准率只有0.67%。[⑤]

伴随着欧债危机引发的德国企业破产浪潮,1994年德国《破产法》中债务人自行管理规定的缺陷日益凸显,其不仅未起到鼓励债务人积极尽早进行企业重整的目的,反而适得其反,成为打消债务人企业司法重整积极性的重要原因之一。在此大背景下,德国立法者通过2011年的《企业重整进一步促进法》对债务人自行管理制度进行了全面的修订和完善。修订后的德国《破产法》中有关债务人自行管理制度的规定就有20条之多,并且每条的规定都甚为详细。此次改革的重点之一就是通过对债务人自行管理相关规定的修改,强化债务人自行管理制度,从而进一步促动债务人积极尽早启动企业重整程序,真正发挥重整促进功能。[⑥] 由此,本章选取了三个《重整促进法》改革后的德国联邦最高法院裁决以及一个改革过程中联邦最高法院的裁决,希冀能在对德国债务人自行管理制度及司法裁判进行相关介绍的同时,展示《重整促进法》改革的主要内容及成果。

于我国而言,2007年6月1日起施行的我国《企业破产法》在第73条中初步确立了债务人自行管理制度,但对该制度仅作出了概括性规定。《中华人民共和国企业破产法释义》中明确指出,之所以规定这一条内容是考虑到债务人更熟悉其业务和财务状况,由债务人来管理财产和营业事务可以使重整成功的可能性更大。[⑦] 实务界权威人士亦认为,在当时我国还缺乏一支高素质的管理人队伍,倘一概不允许由债务人自己担任重整人,则由人民法院指定的管理人对于企业的内情可能不甚清楚,不熟悉企业内外事务,难以提出适合的重整计划,甚至有可能持事不关己之心态进行重整工作,从而缺乏重整成功的决心,或者影响重整的结果。[⑧] 与德国的债务人自行管理制度不同,我国《企业破产法》规定的债务人自行管理只适用于重整程序中,并只适用于重整期

⑤ Brinkmann/Zipperer, ZIP 2011, 1337.

⑥ Begr. zum RegE ESUG, BT-Drucks. 17/5712, S. 2.

⑦ 参见安建主编:《中华人民共和国企业破产法释义》,法律出版社2006年版,第108页。

⑧ 参见李国光主编:《新企业破产法教程》,人民法院出版社2006年版,第282页。

间,因此债务人不可能如德国法规定那样在破产清算程序中也申请自行管理。另一方面,与美国将债务人自行管理作为司法重整程序中基本原则不同,我国债务人自行管理以法院批准为前提。从此角度而言,我国《企业破产法》在债务人自行管理制度方面的设置和定位与美国《破产法典》尚有区别,而实际上更接近于德国《破产法》。

与现有立法的简陋相比,司法界却进行了大胆的尝试。早在2007年10月25日,锦化化工(集团)有限责任公司提出的自行管理申请即得到了辽宁省葫芦岛市中级人民法院的批准。在目前上市公司重整案例中,共有10家上市公司获批债务人自行管理。但不可回避的是,基本规则的缺失以及理论知识的缺乏无疑会引发法律运行的巨大风险。毫无疑问,透过德国联邦最高法院对德国债务人自行管理制度的裁决,亦可了解德国债务人自行管理制度的法律实践经验及立法历程,从而有助于进一步完善我国债务人自行管理制度的理论体系,并指导我国相关立法改革和司法实践,避免立法上简单的"拿来主义",切实做到去其糟粕,取其精华,少走弯路。

二、债务人自行管理的批准

债务人自行管理批准规定的修订是德国2012年《重整促进法》改革的重点之一。笔者亦试图寻找德国联邦最高法院针对债务人自行管理批准的相关裁决,尤其是适用新法的裁决,但遗憾未发现完全针对债务人自行管理批准条件的裁决,但上述四个裁决都或多或少提及了对债务人自行管理利弊的理解,亦即债务人自行管理可降低破产程序费用,提高程序效率,促进重整,并且债务人自行管理可能性的存在即可促使债务人企业积极进行重整,但其最大弊端在于损害债权人利益的潜在风险。对债务人自行管理利弊的分析亦一定程度上折射出德国联邦最高法院对债务人自行管理批准条件的观点。尤其是德国联邦最高法院2011年7月21日的裁决即是对改革前债务人自行管理其后撤销制度的解析,亦对当时已发布的《企业重整促进法政府草案本》进行了简单介绍与分析;而德国联邦最高法院2017年3月9日的裁决亦提及债务人自行管理其后撤销的问题。

我国《企业破产法》并未规定债务人自行管理授予的具体前提条件，仅规定了债务人自行管理的授予须“经债务人申请，人民法院批准”。实务界权威人士曾指出，为了防止因债务人自行管理产生的流弊，《企业破产法》第 73 条特别规定了三个条件加以限制：一是债务人必须在法院裁定许可债务人重整以后提出自行管理的申请，因为经过是否裁定许可债务人重整的审查，人民法院已经对债务人企业有了一个初步的了解；二是须经人民法院批准；三是要在管理人的监督下自行管理。⑨ 就上述立法及司法界人士的表述，可见我国债务人自行管理批准的制度设计存在两大弊端：其一，债务人只有在重整期间，亦即人民法院裁定债务人重整之日起方可申请债务人自行管理。由此，债务人自行管理批准的非及时性及真空地带（亦即从重整案件受理到裁定重整的时间段）将会导致重整的非连续性，加之债务人自行管理批准规定的概况性所导致的不确定性，将可能会引发破产重整程序启动迟延的问题。具体而言，债务人企业管理层出于避免丧失控制权的考虑，往往会拖延破产重整申请，从而导致重整成功可能性降低，甚至错失重整良机。而一旦法院在受理重整申请同时依据《企业破产法》第 13 条指定破产管理人，则必将对重整连续性产生消极影响。王欣新教授即建议，可以考虑规定，债务人可以在提起重整申请的同时提出自行管理的申请，法院应对两申请同时审查。⑩ 其二，依据我国《企业破产法》第 73 条的规定，只有债务人才能申请自行管理，而依据德国《破产法》第 271 条的规定，债权人会议也可决议申请债务人自行管理，并且在这种情况下法院必须批准债务人自行管理。此外，债权人会议或债权人亦可依据德国《破产法》第 272 条的规定申请撤销债务人自行管理。而这些规定亦是“债权人意思自治”基本理念的体现。

“债权人意思自治”的基本理念亦体现在德国联邦最高法院 2011 年 7 月 21 日的裁决中，该裁决明确表达了“应由债权人，而非法院最终

---

⑨ 参见李国光主编：《新企业破产法教程》，人民法院出版社 2006 年版，第 283 页。

⑩ 参见王欣新：《论破产重整中的债务人自行管理制度》，载《政治与法律》2009 年第 11 期，第 85 页。

决定是否采取债务人自行管理模式"的基本观点。《重整促进法》的改革亦进一步强调了这一立法理念。依照新增的德国《破产法》第270条第3款的规定,在法院就债务人自行管理申请作出决定前,应听取临时债权人委员会的意见,除非该听证程序的进行明显会导致债务人财产的进一步减少。如果债务人自行管理申请获得临时债权人委员会的一致支持,则法院不得以债务人自行管理对债权人不利为由拒绝自行管理申请。此外,新增的德国《破产法》第270条第4款规定,如果法院拒绝债务人自行管理申请,则其必须书面阐明其理由。有德国学者预测,基于新增的德国《破产法》第270条第3款和第4款的规定,法院在旧法框架下对债务人自行管理较为保守严格的态度将会得到大大改观。[11] 应该说,德国《破产法》第270条第3款规定的债权人意思自治以及第4款规定的法院拒绝理由释明实现了债务人自行管理批准的助推效应。而这或许是至今德国联邦最高法院没有关于债务人自行管理批准前提条件典型裁决的原因之一。

于我国而言,首先须解决的是债务人自行管理批准的及时性问题。德国《重整促进法》改革的另一大亮点即是破产启动程序(Eröffnungsverfahren)中债务人自行管理的引入。德国立法者认为,破产启动程序中的限制性及禁止性措施,特别是临时破产管理人(ein vorläufiger Insolvenzverwalter)的任命,是债务人不愿尽早提出破产重整申请的一个重要原因,并严重影响了企业重整计划实施的连贯性,大大削弱了债务人自行管理本应给企业重整带来的好处。[12] 由此,德国立法者在新增的德国《破产法》第270a条第1款中规定,只要债务人的自行管理申请并非明显没有获得批准的可能,在破产启动程序中法院将不再颁布禁止债务人对其财产支配的命令以及其支配行为需要得到批准的命令。在此情况下,法院在破产启动程序中也将不再任命临时破产管理人,而只任命临时财产监督人(ein vorläufiger Sachwalter)。基于此规定,只要债务人在破产申请同时提起了自行管理申请,则一般情况

---

⑪ Willemsen/Rechel, BB 2011, 834, 837.

⑫ Begr. zum RegE ESUG, BT-Drucks. 17/5712, S. 39.

下其也将在破产启动程序中获得自行管理的权利。这一立法改革基本上获得了德国学界的认可。德国联邦最高法院法官、德国哥廷根大学知名校友 Pape 就曾撰文明确指出，通过这一设置，债务人重整计划的实施就不再会因为破产启动程序中的某些禁止性和限制性措施以及临时破产管理人的介入而被破坏。⑬ 值得一提的是，在第 270a 条实施后的几年里，实践中出现了破产启动程序中债务人自行管理情况下债务人设定破产财团债务的情况。而针对这一实践中新出现的问题，德国各地法院裁决不一。鉴于法律实践中的迫切必要性，德国著名的破产法实务人士团体"Gravenbrucher Kreis"在 2014 年撰文建议应立法明确，债务人在破产启动程序中经财产监督人的同意亦可设定破产财团债务。⑭ 2017 年 12 月 1 日一些学者和实务界人士举行的小型研讨会上，亦提出了相同的立法建议。⑮ 我国亦可借鉴德国《破产法》第 270a 条的规定明确裁定重整前债务人自行管理的常态化，进而吸引债务人企业尽早启动重整程序，并通过破产重整申请受理后债务人自行管理的自动授予发挥一种公示期效果，尤其是债权人可以及时向人民法院提出异议，从而为裁定重整时是否批准债务人自行管理提供裁判依据。并且对于我国而言，在法院受理破产重整申请并批准债务人自行管理后，自行管理人当然有权依据我国《企业破产法》第 42 条的规定设定破产财团债务。

然而，毫无疑问，更为关键的是具有一定确定性的适当批准条件，其不仅能吸引债务人积极尽早启动重整程序，而且可以在债权人利益保护方面发挥一种事前预防的作用。《重整促进法》改革前的德国《破产法》第 270 条第 2 款规定了批准债务人自行管理的三个前提条件：首先，必须由债务人提出自行管理的申请（德国旧《破产法》第 270 条第 2 款第 1 项）；其次，如果破产申请是由债权人提出的，债务人自行

---

⑬ Pape，ZInsO 2010，1582，1594.

⑭ Gravenbrucher Kreis，ZIP 2014，1262，1263.

⑮ Brinkmann/Denkhaus/Horstkotte/Schmidt/Westpfahl/Wierzbinski/Ziegenhagen，ZIP 2017，2430，2431.

管理的申请则必须经申请启动破产程序的债权人的同意(德国旧《破产法》第 270 条第 2 款第 2 项);最后,必须不存在造成程序迟延或对债权人利益造成不利的其他情况(德国旧《破产法》第 270 条第 2 款第 3 项)。德国联邦最高法院 2011 年 7 月 21 日裁决对上述旧法下债务人自行管理批准的前提条件亦有所提及。其中德国旧《破产法》第 270 条第 2 款第 2 项的规定一直饱受学界诟病。由此,《重整促进法》删除了该项规定。于此值得一提的是,这一修订实际上是在《重整促进法》司法部讨论案版本出台后,应德国学术界的要求而作出的相应调整。[16]另外,《重整促进法》对德国旧《破产法》第 270 条第 2 款第 3 项进行了修订,并且由于第 2 项规定被删除,第 3 项的规定被调整为第 2 项。修订后的第 270 条第 2 款第 2 项规定:"只要不存在具体情况可以证明,债务人自行管理会导致对债权人的不利益,即可依债务人申请批准自行管理。"并且德国立法者在立法理由中进一步指出,新规定不仅免除了债务人的相应举证责任,而且在无法查明债务人自行管理是否会给债权人带来不利益的情况下,法院不应从对债务人不利的角度,而是应从有利于债务人获得自行管理的角度裁决。[17]

然而,"对债权人造成不利益"的判断显然比较抽象,需要法院结合个案具体情况加以分析判断。德国科隆的地方法院在《重整促进法实施 30 个月后的评估》一文中结合其司法实践经验指出,如若债务人在破产启动程序中未完全履行相应的程序要求,额外的顾问咨询费用过高,破产程序启动过迟,存在针对债务人财产的犯罪调查,明显未履行财务会计相关义务,抑或遭到主要债权人的反对,均可视为"危害债权人利益"。[18] 但如若只是债务人在提出破产重整申请时无具体的重整构想则不应被视为"危害债权人利益";与之相对,债务人在经过重整准备程序后如若无正当理由而仍无法提交相对具体的重整方案,则

---

⑯ Smid, DZWIR 2010, 397, 408; Frind, ZInsO 2010, 1161, 1164; Pape, ZInsO 2010, 1582, 1593.

⑰ Begr. zum RegE ESUG, BT-Drucks. 17/5712, S. 38.

⑱ Laroche/Pruskowski/Schöttler/Siebert/Vallender, ZIP 2014, 2153, 2162 f.

将被视为“危害债权人利益”。[19] 我国学者亦强调在债务人自行管理批准审查中重点审查债务人有自行管理的能力以及自行管理不致滥用重整程序或对债权人利益造成损害。[20] 而我国实务界人士则如同德国实务界人士那样关注诸如公司治理结构是否完善、历史上是否存在转移资产等欺诈行为、自行管理是否存在财产流失风险以及是否有利于重整成功等各种个案细节因素。[21] 毫无疑问,对于债务人自行管理批准条件的立法可以被简化,但具体到个案,如同上述中德两国实务界人士的表述,具体考量因素必将纷繁复杂。

三、债务人自行管理其后授予和撤销

《重整促进法》的另一改进之处在于放宽了债务人自行管理其后批准(nachträgliche Anordnung)的条件。德国旧《破产法》第 271 条要求债务人自行管理其后授予还必须以法院之前曾拒绝债务人自行管理申请为前提,而新规定只要求“双过半”通过相应决议即可。相较债务人自行管理其后批准条件的放宽,债务人自行管理其后撤销的前提条件却通过《重整促进法》被严格化了。依据修改后的德国《破产法》第 272 条第 1 项的规定,债务人自行管理其后撤销不仅必须以《破产法》第 76 条第 2 款规定的债权额多数同意为前提,而且必须以参与表决的债权人人数多数同意为前提。由此,大债权人将不能通过其债权额多数来任意撤销债务人自行管理。[22] 此外,依据修订后的德国《破产法》第 272 条第 1 款第 2 项的规定,个别债权人申请撤销债务人自行管理的,不仅必须以德国《破产法》第 270 条第 2 款第 2 项规定的条件丧失为前提,而且还必须以债务人自行管理明显对其造成或可能造成重大不利益为前提。通过上述规定,债务人自行管理依个别债权人意愿被撤销的可能性就被大大降低了,而债务人实施破产重整计划的安全性

---

⑲ Laroche/Pruskowski/Schöttler/Siebert/Vallender, ZIP 2014, 2153, 2164.

⑳ 参见王欣新:《论破产重整中的债务人自行管理制度》,载《政治与法律》2009 年第 11 期,第 84 页。

㉑ 参见池伟宏:《破产重整制度的基本框架及运行机制》,载王欣新主编:《破产法茶座》(第 1 卷),法律出版社 2016 年版,第 53 页。

㉒ Begr. zum RegE ESUG, BT-Drucks. 17/5712, S. 42.

也就被大大提高了。[23] 就此角度而言,债务人自行管理情况下重整连续性仍然是德国立法者所追求的目标。需提请注意的是,德国联邦最高法院2011年7月21日的裁决发生在《重整促进法》生效之前,因此适用的仍然是272条的旧规定,但此裁决亦提及了《重整促进法(草案)》的改革,并认为改革亦不会动摇其裁决理由中的相关基本观点。毫无疑问,这一裁决的相关观点永不会过时。尤其是德国联邦最高法院在此裁决中明确指出:"如若债权人会议决议采取债务人自行管理模式,则法院必须批准债务人自行管理申请。反之,如若债权人会议决议申请撤销债务人自行管理,则法院亦无须进行实质审查而遵从债权人会议的决议。《破产法》第271、272条的规定体现出对债权人意思自治的尊重。并且如若债权人会议就申请撤销债务人自行管理作出决议,则该决议不可经由德国《破产法》第78条第1款的程序被撤销。《重整促进法》草案亦未改变不得审查债权人会议决议合理性的基本理念。"换言之,其后申请批准或撤销的立法规定一方面体现了对债权人意思自治的尊重,另一方面亦可通过债权人会议决议的方式改变乃至纠正法院之前是否批准债务人自行管理的决定。

四、重整准备程序的引入与破产财团债务的设定

《重整促进法》在债务人自行管理改革方面的最大亮点无疑在于通过第270b条引入了重整准备程序(Sanierungsvorbereitungs-verfahren,亦称为Schutzschirmverfahren)。德国联邦最高法院2016年6月16日的裁决即涉及此程序。德国《破产法》第270b条第1款规定:"如果债务人在行将支付不能或资不抵债的情况下提出破产申请和自行管理申请,并且企业重整并非明显没有任何前景,则法院可依债务人申请赋予其一定的期限去准备并提交一个企业重整方案。该期限不得超过3个月。债务人在提交申请的同时必须提交由有相关破产案件经验的税务咨询师、经济咨询师、律师或其他有相当资格的人员提供的咨询意见,以证明债务人满足了上述重整准备程序启动的前提条件。"重整准

[23] Begr. zum RegE ESUG, BT-Drucks. 17/5712, S. 42.

备程序并非独立的重整程序，而只是在破产程序框架下为企业重整进行准备的辅助性程序，其特点在于过渡性，即必然与破产程序相衔接。

在德国的重整准备程序中，债务人不仅可以自行管理重整事务，而且享有重整计划草案的提案独享权，从而可确保庭外重整情况下重整的连续性及计划性。此外，德国《破产法》第 270b 条第 2 款第 3 句规定，在重整准备程序中，法院可依据《破产法》第 21 条第 1 款，第 2 款第 1a、3～5 项的规定颁布临时保全措施；如果债务人申请法院颁布第 21 条第 2 款第 3 项规定的保全措施，则法院必须颁布该措施。更为关键的是，德国《破产法》第 270b 条第 3 款赋予了债务人一个强大的重整准备工具。该款规定："经债务人申请，法院可以赋予债务人设立破产财团债务的权利。"德国立法者在立法理由中指出，通过第 270b 条第 3 款的规定，在重整准备程序中债务人可以通过法院批准获得个别性的破产财团债务设定权限，或者经法院批准获得概括性权限。于后者情况下债务人就取得了类似于一般破产启动程序中强势临时破产管理人的法律地位，而临时财产监督人就完全只扮演监督者的角色。只有当债务人建立的破产财团债务并非企业正常经营所需时，债务人的行为才需获得临时财产监督人的许可。㉔ 德国联邦最高法院 2016 年 6 月 16 日的裁决实际上即涉及依据德国《破产法》第 270b 条第 3 款授权债务人设立破产财团债务的情况。这一裁决最为关键的地方在于：在债务人获得破产财团债务设定概括性权限的情况下，并非由债务人在个案中自行选择哪些交易产生的债权是普通债权，哪些交易产生的债权是破产财团债权，而是取决于法律的规定，特别是德国《破产法》第 55 条的规定。也即在该案中，由于债务人要求继续履行破产申请前已存在的劳动合同，职工工资即成为《破产法》第 55 条第 2 款第 2 句意义上的破产财团债务。并且由于企业应缴纳的社会保险费用实际上亦是职工劳动报酬的有机组成部分，因此随之取得破产财团债务的地位。

具体就我国而言，亦存在设置重整准备程序的制度空间，亦即法院

㉔ Beschlussempfehlung und Bericht des Rechtsausschusses zum ESUG, BT – Drs. 17/7511, S. 37.

依债务人申请,在裁定受理重整案件的同时启动重整准备程序。并且通过重整准备程序不仅可在破产重整程序框架下为庭外重整提供缓冲区,从而吸引债务人企业尽早提出破产重整申请,缓解制作重整计划草案的时间压力,化解适时进入破产重整程序的难题及债权人提出破产申请的意外风险。另一方面,通过这一缓冲区达到考察的目的,从而防止滥用或错用重整,并便于人民法院根据实际情况作出裁决。在引入重整准备程序的情况下,我国亦可立法明确债务人企业在此程序中设定破产财团债务的权限。

五、债务人自行管理中的职权配置与责任承担

于德国法下,如若债务人获批自行管理,则对于破产财产的管理处分权不再依德国《破产法》第 80 条转移给破产管理人,而由债务人扮演一种自行管理人(Eigenverwalter)的角色,并可行使大部分破产管理人享有的职权。由此首先需要解决的问题是债务人自行管理机构设置的问题,亦即是保留现有公司法意义上的决策执行机构,还是新设自行管理委员会等类似破产法意义上的机构。就德国《破产法》的相关规定以及德国联邦最高法院上述裁决透露的信息来看,德国仍然由公司法意义上的决策执行机构来继续运转债务人企业,并且新增的《破产法》第 276a 条的规定将能增强经营管理层相对于公司权力机构的独立性。有实务界人士指出,中国重整制度下的债务人自行管理,其实质是股东的自行管理,或者更准确地说,是控股股东的自行管理。㉕ 由此,债务人自行管理情况下管理层的独立性就对我国显得格外重要。此外,股东(大)会虽于债务人自行管理情况下仍可作出公司法上的决议,但不应损害破产财团及债权人的利益,且破产法之规则于此时相较于公司法之规则具有优先适用性。于我国实践中,亦有债务人企业在申请重整前事先设立了"自行管理委员会"一类的机构,设定其职责,进行前期工作,并以该机构作为重整期间企业管理的负责机构。我国学者亦认为这种做法有助于完善债务人自行管理制度,有一定的借

㉕ 参见许胜锋:《重整中债务人自行管理制度价值及风险的实用性研究》,载《中国政法大学学报》2017 年第 3 期,第 52 页。

鉴意义。[26] 从此角度出发,由公司原运营管理层成立新的债务人自行管理委员会,并适当引入重整运营管理专业人员之模式尤为值得考虑,且企业价值最大化和保护债权人利益应为其首要工作目标。

其次,最大限度上发挥债务人自行管理制度效用的关键在于债务人自行管理机构职权的合理配置。我国实务界权威人士曾撰文提及,在深圳,对于债务人自行管理的案件,根据通常的做法,债务人履行如下职责:(1)管理财产和营业事务;(2)制定重整计划草案;(3)执行重整计划。管理人(德国法意义上的财产监督人)则履行如下职责:(1)管理债务人公章并监督债务人使用;(2)调查和处分债务人财产;(3)负责债权的申报和审核工作(包括审查取回权、抵销权、要求恢复行使的担保权,以及行使撤销权);(4)指导并监督债务人起草重整计划草案;(5)代表债务人参加诉讼、仲裁或者其他法律程序;(6)组织召开关系人会议;(7)监督债务人(包括对债务人的财产管理情况、经营事务管理活动、日常财务支出及重整费用支出、债务重组和资产重组、信息披露工作等进行监督);(8)监督重整计划的执行。[27] 实际上,德国《破产法》在债务人自行管理情况下亦明确了管理人的权限保留,并主要集中在债务人财产以及债权债务状况真实性和准确性的调查,债权申报以及部分财产请求权、破产撤销权的行使方面。就此而言,上述深圳管理人仍代表债务人参加所有诉讼、仲裁或者其他法律程序,仍组织召开关系人会议的做法显然值得商榷。德国联邦最高法院 2017 年 3 月 9 日以及 2018 年 4 月 26 日的判决实际上均涉及债务人自行管理情况下职权享有的问题,只是前者细化针对担保债权人放弃担保物权的问题,特别是此意思表示必须向债务人发出方为有效;而后者概括性地指出债务人企业的经营管理层被赋予了广于其公司法意义上权限的职权,也即本应由破产管理人享有的职权。准确而言,问题关键是在"放权"和"制约"间寻

---

[26] 参见王欣新:《论破产重整中的债务人自行管理制度》,载《政治与法律》2009 年第 11 期,第 84 页。

[27] 参见许胜锋:《重整中债务人自行管理制度价值及风险的实用性研究》,载《中国政法大学学报》2017 年第 3 期,第 55 页。

找到一个最佳平衡点,从而在最大限度发挥债务人自行管理制度优势的同时,有效防止债务人自行管理制度被滥用,确保债权人利益的最大化。

德国联邦最高法院 2018 年 4 月 26 日的判决尤其意识到了债务人自行管理制度的弊端,特别是管理层的不适格以及对债务人自行管理制度的滥用。这固然有赖于加强事前批准的管控,但亦须依靠事中的监督制约机制,特别是管理人(财产监督人)、债权人委员会以及法院的监督制约。于德国法上,财产监督人发挥着至关重要的作用。通过其顾问性作用、监督性作用和决定性作用的合理发挥,将能有效防止债务人自行管理制度被滥用。尤其是德国《破产法》第 277 条有关须经财产监督人同意的行为的规定将可以达到上述效果。[28] 德国联邦最高法院在 2018 年 4 月 26 日的判决中亦指出,债务人自行管理中的财产监督人不仅须基于《破产法》第 274 条第 1 款的援引依照《破产法》第 60 条第 1 款对其违反监督义务的行为负责,而且如若依照《破产法》第 277 条第 1 款第 1 句的规定,法院决定债务人的特定行为须经财产监督人同意方能生效,而财产监督人同意了债务人的行为,则在破产财团债务无法得到(足额)清偿情况下,其亦须依据《破产法》第 277 条第 1 款第 3 句以及第 61 条的规定承担相应责任。

如若只有监督者承担责任,而作为决策者的管理层却可免除相关责任,则显然是不适当的。并且公司管理层不仅将享有公司法意义上的权限,亦将行使非源自公司法的,本属于破产管理人的部分职权,所以亦应构建相应的责任承担规则。德国联邦最高法院 2018 年 4 月 26 日的判决一针见血地指出了上述关键性问题,并表达了如下观点:(1)监督亦无法完全防止债务人公司管理层在自行管理情况下可能给程序参与人造成的损害。对破产程序参与人利益保护的关键在于债务人公司管理层亦须如破产管理人那样依据《破产法》第 60、61 条承担相应责任。(2)通过责任承担来实现自行管理情况下债务人公司与一般破产程序中债务人公司责任承担的同等化。(3)通过责任承担来确

---

[28] Hess/Ruppe, NZI 2002, 577, 578 f.; Körner, NZI 2007, 270, 273; Bales, NZI 2008, 216, 221.

保自行管理人审慎行事，甚至通过潜在法律责任风险使得公司管理层审慎决定是否申请债务人自行管理。简言之，责任的设定不仅符合“权责一致”的基本原则，而且亦可促使行权者为了相关者利益审慎行权，达到预防震慑的效果。此外，德国联邦最高法院在2018年4月26日判决中对各种求偿路径进行了详尽分析，并得出结论：“不存在其他适当的法律手段来填补上述的立法空白，而只能通过适用破产法上责任承担规定方能填补上述的立法空白。”

于此仍值得一提的是，按美国学者的观点，债务人自行管理机构的信义义务应首先指向债权人，其次才是出资人。并且越来越多的观点认为破产之后的信义义务只应指向债权人。另一种观点认为，在重整中债务人的信义义务指向对象不仅仅是公司、公司的股东，而是整个破产财产本身。自行管理的债务人对于该破产财产有请求权的主体，包括债权人、职工、税务、股东都有信义义务。[29] 实际上，在《重整促进法》立法讨论过程中，即有德国学者指出，于企业破产之时，债权人即被视为企业财产的真正所有者，因此债务人自行管理机构理应对债权人负责，对债权人承担忠实勤勉义务，且这一义务在破产法视域下涉及的范围理应更广。[30] 相信结合上述德美两国学者的观点，应可对德国联邦最高法院2018年4月26日判决的“留白”进行进一步解读和诠释。

㉙ 参见高丝敏：《我国破产重整中债务人自行管理制度的完善——以信义义务为视角》，载《中国政法大学学报》2017年第3期，第62页。

㉚ Hirte, ZGR 2010, 224, 231 ff.; Jaffé, ZHR 2011, 38, 46; Eidenmüller, ZHR 2011, 11, 19.

第六章　自然人破产程序

判例一　抚养费债务人启动自然人破产程序的义务

关键词：破产申请义务；抚养费债务人；剩余债务免除

案件编号：BGH，Urteil vom 23. 02. 2005 – XII ZR 114/03

案件检索：NJW 2005，1279

相关法条：德国《破产法》第 286 条及以下，第 304 条及以下，德国《民法典》第 1603 条第 2 款，《民事诉讼法》第 323 条第 2 款

（一）判决要旨

只要自然人破产及剩余债务免除程序对抚养费债务人而言是被允许的，且是适当的，则其在缺乏清偿能力的情况下原则上应负有启动自然人破产及剩余债务免除程序的义务，从而使未成年人抚养费可以相对于债务人其他债务得到优先支付。但当债务人在个案情况下举证证明这一义务对于其而言是无法接受的，则不负有该义务。

（二）案件事实

原告出生于1990年5月23日，其还有一个1987年1月3日出生的哥哥。被告（抚养费债务人）为两人的父亲。被告与原告的母亲离婚后出售了原本夫妻共有的房产，但出售价款无法足额清偿房屋贷款，因此两者约定各自承担剩余债务的一半，也即5万德国马克。由此，被告须每月偿还375德国马克直至2006年年底。

依据Bad Saulgau地方法院于2001年8月8日作出的生效判决，被告须自2001年7月起每月向原告支付244.2德国马克的抚养费，向原告的哥哥支付288.8德国马克的抚养费。Bad Saulgau地方法院作出上述判决的计算依据为被告2548德国马克的月收入，375德国马克的月还贷额以及其个人生活必要支出费用1640德国马克。其后，由于原告（被告的二儿子）将于2003年1月满12岁，所以起诉要求将他的每月抚养费提高到杜塞尔多夫抚养费标准目录表的第三等级。地方法院支持了上述诉讼请求。其计算依据为该抚养费债务人每月收入1285欧元，其中840欧元是债务人基本生活所需费用，剩余的445欧元由原告及其哥哥（至2005年1月方才成年）每人每月获得222.5欧元的抚养费。此外，法院并未从被告收入中扣除被告负担的每月191.73欧元（375德国马克）的还贷金额。被告对此判决向州高等法院提出上诉，州高等法院驳回其上诉。被告遂向本院提起上诉。

（三）裁定理由

Ⅰ.

作为上诉法院的州高等法院基于“抚养费债务人启动自然人破产及剩余债务免除程序义务”适用前提条件的问题受理了被告的上诉。上诉法院认为，如若债务人（将）缺乏清偿能力，为了改善其抚养费支付能力，其有义务在此情况下申请启动自然人破产及剩余债务免除程序。而在此情况下，其所负担的每月还贷金额将不会被作为必要费用扣除。本案中，被告即由于法院判决的抚养费支付金额而陷入支付不能的境地。并且本案中亦不存在剩余债务免除的障碍，而债务人亦可依据《破产法》第4a条的规定申请相关破产程序费用延期至剩余债务免除宣告时支付,甚至基于其支付能力获得相应的诉讼费用救济。此外,《破产法》第 287 条规定的剩余债务免除考察期亦只略长于被告抚养费支付的期限。被告虽将会由于启动自然人破产和剩余债务免除程序受到经济上的行动限制,但其可免除对 6000 欧元贷款债务的偿付,从而可改善其抚养费支付能力。尽管在破产程序启动后,抚养费债权人于破产程序启动前未获支付的抚养费将失去《民事诉讼法》第 850d 条规定的优先支付地位,而在破产程序中作为普通债权受偿,但破产程序的启动将平等清偿所有扶养费债权,因此这亦无法成为反驳债务人承担启动破产程序义务的理由。

Ⅱ.

1. 上诉法院的出发点是正确的,也即支持了原告依据杜塞尔多夫抚养费标准目录将抚养费提高到第三等级的诉讼请求。由于年龄增长而提高抚养费支付额即满足了《民事诉讼法》第 323 条第 2 款意义上判决变更的适用前提条件(Wendl/Thalmann Das Unterhaltsrecht in der familienrichterlichen Praxis 6. Aufl. § 8 Rdn. 159,160 a;Göppinger/Wax/Vogel Unterhaltsrecht 8. Auflage Rdn. 2406)。此外,《民法典》第 1612a 条第 4 款亦规定了未成年人抚养费基本标准每两年一调,而上述杜塞尔多夫抚养费标准目录亦据此加以调整。尽管未成年人抚养费政策只是法院作出相关裁判的辅助,而无法单独满足《民事诉讼法》第 323 条规定的变更之诉的要求,但未成年人抚养费基本标准以及杜塞尔多夫抚养费标准目录的调整,实际上亦反映了由于生活成本及劳动报酬变化而导致抚养费权利人与义务人之间经济关系变迁这一基本事实。抚养费权利人在基于杜塞尔多夫抚养费标准目录的调整而提出抚养费支付额的变更诉请的同时,亦是在主张与此标准目录调整相应的生活成本及劳动报酬发生变化的基本事实(Senatsurteil vom 23. November 1994-XII ZR 168/93-FamRZ 1995,221,222)。

2. 被告作为抚养义务人依据《民法典》第 1603 条第 2 款的规定承担一种加重的抚养义务,也即尽一切可能的方式来同时满足其子女的生活所需。这些方式应包括启动破产程序从而使其待履行的抚养费债务相较于其他债务具有优先清偿的地位。

a）尽管法院判决要求抚养义务人支付抚养费限制了《基本法》第2条第1款所确保的行为自由，但这一限制为宪法基本价值秩序所允许，且与《基本法》第6条第1款的规定相适应。由此，法院判决的抚养费的支付并不会对义务人造成不适当的负担。只有当所确定的抚养费数额超过了适当性界限时，抚养费支付对义务人财务支配自由的限制才会违背宪法基本价值秩序，并无法通过《基本法》第2条第1款的合宪性审查（BVerfGE 57，361，381；BVerfG FamRZ 2001，1685）。而《民法典》第1603条第1款的规定即是上述适当性原则的具体体现。依据该款规定，考虑到相关主体须承担的其他义务，如若扶养费的支付将危及义务人本身适当生活所需，则其将无须承担扶养费支付义务。然而，这一基本原则亦受到《民法典》第1603条第2款规定的限制，亦即相关主体应将其可供支配的资金相应用于其自身及其未成年子女的生活费用支出。这一抚养费支付请求权适用的基本前提条件仍然是义务人的支付能力，因此法院应在个案中查明，相关义务人是否有能力支付相应的抚养费（BVerfG FamRZ 2001，1685）。基于此，本庭一直认为，由于抚养费债务人依据《民法典》第1603条第2款所承担的上述加重义务，其亦须承担严格化的谋生义务，即其必须尽一切可能充分利用其劳动力以获取收入，从而得以支付未成年人的抚养费（Senatsurteile vom 18. Oktober 2000-XII ZR 191/98-FamRZ 2001，1065，vom 17. März 1999-XII ZR 139/97-FamRZ 1999，843，844，vom 15. Dezember 1993-XII ZR 172/92-FamRZ 1994，372，374，vom 9. Juli 1980-IVb ZR 529/80-FamRZ 1980，1113，1114）。

b）尽管如此，本庭反对“未成年人抚养费债权拥有优先受偿性”的观点（Senatsurteil vom 9. Mai 1984-IVb ZR 74/82-FamRZ 1984，657，658 f.）。从宪法角度考量，亦不得为了使义务人支付抚养费而使其陷入更严重的负债境地（Senatsurteil vom 7. Dezember 1988-IVb ZR 15/88-FamRZ 1989，272 f.）。然而，在《破产法》对自然人破产及剩余债务免除程序作出规定之后，上述判决观点即不再能被毫无限制地加以延续适用。其关键理由在于:如今抚养费债务人可以先行偿付抚养费债务,而通过申请启动自然人破产和剩余债务免除程序免除对其他第三方的债务。基于《破产法》第 35 条及以下条款以及第 40 条有关破产财产的规定,以及第 89 条第 1、2 款有关执行禁止的规定,债务人即可在破产程序期间保留《民事诉讼法》第 850c 条规定的禁止扣押收入 (Wendl/Gutdeutsch aaO § 5 Rdn. 122 a ff. ;Luthin/Margraf Handbuch des Unterhaltsrechts 10. Aufl. Rdn. 1327 ff. ; Kalthoener/Büttner/Niepmann Die Rechtsprechung zur Höhe des Unterhalts 9. Aufl. Rdn. 113 b ff. ,113 d;Weisbrodt FamRZ 2003,1240,1241;Melchers FamRZ 2001,1509;OLG Celle FamRZ 2003,1116)。并且破产程序正式启动前未得到清偿的未成年人抚养费将不再可通过强制执行的方式获得清偿,且亦将经由剩余债务免除程序而被豁免(OLG Naumburg ZInsO 2003,1002 und OLG Koblenz FamRZ 2002,31)。在此法律背景下,抚养费债务人即可优先支付抚养费,而不会陷入更严重的负债境地。而对于抚养费债务人是否基于《民法典》第 1603 条第 2 款规定的加重义务而承担启动自然人破产及剩余债务免除程序义务的问题,则应基于对债务人所有事实情况的全面分析,并基于对债务人及抚养费债权人的综合利益权衡来加以判定。

3. 破产程序的正式启动以存在破产原因为前提,而依据《破产法》第 16 条及以下的规定,破产原因包括支付不能、行将支付不能以及资不抵债。而依据《破产法》第 18 条第 1 款的规定,在行将支付不能的情况下,只有债务人有权申请破产,并须证明存在持续性的资金缺口,附上其债务总额以及资产和未来一到两年的收入清单(Kirchhof in HK 3. Aufl. § 18 InsO Rdn. 8 f.)。在本案中,根据现有的事实情况,被告不仅存在行将支付不能,而且已出现《破产法》第 17 条意义上的支付不能。并且根据双方当事人的陈述,目前亦不存在理由可以拒绝债务人的剩余债务免除申请。而只有在经过六年考察期后方能明确最终是否能获得法院剩余债务免除的裁决(Pape ZInsO 2004,647,649 f.)。此外,对于依据《破产法》第 4a 条提交的破产费用延期支付的申请,法院亦只就剩余债务免除的拒绝理由进行概况性审查(BGH Beschluss vom 16. Dezember 2004-IX ZB 72/03)。简言之,本案中尚不存在可拒绝债务人剩余债务免除申请的明显理由。

4. 进一步而言,如若自然人破产及剩余债务免除程序对于债务人而言是被允许且适当的,且通过启动程序将可优先支付抚养费,则其就负有启动自然人破产及剩余债务免除程序的义务,除非其举证证明这一义务在个案中对其而言是无法接受的(OLG Hamm FamRZ 2001, 441; OLG Dresden FamRZ 2003, 1028; OLG Karlsruhe FamRZ 2004, 656)。而在本案中不存在这些可排除义务承担的特殊情况。

a)在被告作为债务人启动破产程序后,其将负担相关的程序费用,预估约为3000欧元。尽管如此,被告可依据《破产法》第4a条申请破产费用的延期支付。而依据《破产法》第4b条的规定,债务人在宣告剩余债务免除之后亦只在《民事诉讼法》第115条第1、2款规定的范围内承担相应的偿还义务。就此而言,由启动自然人破产程序而产生的费用对于债务人而言并非不适当,且由此亦可断定程序的启动对于债务人而言是可接受的。

b)在自然人破产及剩余债务免除程序中,法院将依据《破产法》第313条第1款、第292条的规定指定财产监管受托人。而财产监管受托人的任命将会对债务人的经济自主性产生较大限制(Melchers/Hauß aaO Rdn. 131 ff.)。犹如相对于一般破产程序中的破产管理人,债务人在自然人破产程序中亦须对财产监管受托人承担告知及协作的义务。尤其是依据《破产法》第313条的规定,在自然人破产程序正式启动后,对债务人破产财产的管理处分权限将交由财产监管受托人享有。且债务人如若想获得剩余债务免除,则应依据《破产法》第287条第2款的规定向财产监管受托人让与其在破产程序期间可被扣押的劳动收入债权。显然,在上述程序期间债务人的行为将会受到较大限制。尽管如此,自然人破产及剩余债务免除程序的启动给债务人带来的不利益一般不会超过给其抚养的未成年子女带来的好处。

c)此外,就本案而言,由于被告对原告承担的抚养费支付义务直至2008年5月才结束,因此自然人破产及剩余债务免除程序的持续期间亦不会对被告造成过长时间的约束。如若被告在 2003 年 1 月即启动自然人破产程序,则这一程序将会于 2008 年年底结束,而这只比其负担抚养费支付义务的期间超过了几个月。《民法典》第 1603 条第 2 款意义上的加重义务甚至可延至子女满 21 岁,只要其仍居住在家中,且仍在求学。另一方面,被告须偿还贷款至 2006 年年底,由此,上述自然人及剩余债务免除程序持续期间并非不可接受。

d)破产程序的启动亦会对债务人的其他债权人产生影响。例如,依据《破产法》第 89 条第 1 款的规定,债权人将无法对债务人财产采取执行措施,而依据《破产法》第 187 条及以下的规定,普通债权人亦只能得到按份清偿,并最终基于《破产法》第 286 条及以下条款的规定丧失其债权偿还请求权。然而,此乃立法者创设自然人破产及剩余债务免除程序的必然结果,任何自然人都可在符合条件的情况下申请启动此程序。须提请注意的是,按份清偿及被豁免的债权亦包括在破产程序正式启动前未得到清偿的抚养费债权(Melchers/Hauß aaO Rdn. 142 ff.)。

e)尽管如此,在破产程序正式启动后产生的未成年人抚养费债权可以通过《民事诉讼法》第 850c 条规定的债务人每月禁止扣押收入和《民事诉讼法》第 850d 条第 1 款第 2 句规定的债务人每月生活所必需费用之间的差额得到满足。

基于上述对启动自然人破产及剩余债务免除程序的利弊分析,这一程序启动给原告带来的好处显然大大超过给被告带来的不利益。由此,并鉴于被告依据《民法典》第 1603 条第 2 款须承担的加重义务,由其承担启动自然人破产及剩余债务免除程序的义务应是适当的。因此,被告的上诉未获本案合议庭支持。

判例二 破产自然人的就业义务

关键词:就业义务;剩余债务免除

案件编号:BGH, Beschluss vom 01.03.2018-IX ZB 32/17

案件检索:NJW 2018,1398

相关法条:德国《破产法》第 295 条第 1 款第 1 项

(一)判决要旨

对于非全日制用工的自然人债务人,其在剩余债务免除程序中亦应如同待业者那样努力实现适当的全日制就业。

(二)案件事实

债务人的自然人破产程序于 2010 年 1 月 21 日正式启动,并于 2010 年 10 月 1 日启动了剩余债务免除程序,B1 被任命为财产监督受托人。其后,法院裁定于 2010 年 11 月 9 日终止破产程序,该裁定自 2010 年 12 月 7 日生效。债务人于 2010 年 3 月 1 日起成为 S 有限责任公司的半日制用工人员,该公司的唯一股东及经理为债务人的妻子。至 2014 年年底,其每月收入远低于法定的禁止扣押额,且其负担抚养两个未成年子女。自 2015 年 1 月起,由于每小时报酬的提高及工作小时数的增加,其每月净收入超过了法定的禁止扣押额。自此,其将每月净收入超过了法定禁止扣押额的部分资金转让与财产监督受托人。作为债权人的 B2 于 2014 年 9 月提出申请,以债务人违反法定就业义务为由要求法院拒绝债务人的剩余债务免除请求。破产法院据此拒绝了债务人的剩余债务免除请求,上诉法院亦驳回了债务人的上诉。债务人遂向本院提出上诉,要求驳回 B2 的申请。

(三)裁定理由

由于本案的自然人破产申请于 2009 年 12 月 23 日递交破产法院,因此对本案适用 2014 年 6 月 30 日之前的旧《破产法》版本。

Ⅰ.

上诉法院认为,破产法院的裁定无可指摘。由于债务人并未完全履行其应尽的就业义务,且其所举证的以电话或其他方式提出的求职申请并不能表明其适当履行了求职义务,所以破产法院依据《破产法》第 295、296 条拒绝了其剩余债务免除请求。这一裁定符合法律规定。尽管对非全日制就业债务人的要求区别于待业债务人,但本案债务人在 2009 年至 2014 年只提交了 18 次全职工作求职申请,亦即每年 3

次。对于其而言,每个月提交一次全职工作求职申请应是可能且适当的,且在此情况下,考虑到当地就业市场及求职途径的多样化,其应能获得高于现今工资的全职工作机会。尤其是依据债权人 B2 提供的天然石材加工企业的招工广告,债务人完全有计划获得此工作机会,并取得更高的收入。并且债务人违反就业义务的行为亦对债权人受偿造成了不利影响。

Ⅱ.

1. 依据《破产法》第 296 条第 1 款第 1 句的规定,如若债务人在破产程序终止至正式宣告剩余债务免除期间存在义务违反行为,且对债权人受偿造成了不利影响,则依债权人申请,法院将拒绝债务人剩余债务免除请求。

a)《破产法》第 295 条第 1 款第 1 项规定,债务人在考察期内应适当履行就业义务;如若其待业,则应努力争取就业,并不得拒绝适当工作机会。原则上,只要债务人在考察期内从事与其受教育程度及能力相适应的工作,则其就履行了上述就业义务(Uhlenbruck/Sternal, InsO,14. Aufl., § 295 Rn. 12;FK-InsO/Ahrens,9. Aufl., § 295 Rn. 30)。适当就业不仅意味着应有的劳动付出,而且意味着应获得适当的报酬(BGH,Beschluss vom 1. Dezember 2011-IX ZB 112/11,NZI 2012,87 Rn. 3)。而对于待业的债务人而言,其应努力争取就业机会,并不得拒绝适当的工作机会。如若债务人无法找到与其受教育程度、能力、年龄以及健康状况相适应的工作,则其亦应尝试陌生的工作领域,甚至去境外工作,或者在必要情况下从事非全日制工作或零工。通常情况下,债务人应在联邦劳工署的相关机构登记,并与该机构为其确定的联系人保持联系以获得工作机会。此外,其亦应积极认真的自行寻找工作机会,关注招聘启事,进行应聘。作为参考基准,在存在相应应聘机会的情况下,债务人的求职频率应为每周两到三次。尽管如此,就业频次无法一概而论,而应在具体案件中考虑到地区、行业以及个人的情况进行个案分析。对于从事独立经营活动的债务人而言,如若其在考察期内无法通过独立经营活动获得与从事受雇工作相等同的收入,则其应在从事此独立经营活动的同时如同待业债务人那样争取适当的就业机会,从而避免被认定为存在过错(BGH, Beschluss vom 7. Mai 2009-IX ZB 133/07, NZI 2009, 482 Rn. 5; vom 19. Mai 2011, aaO Rn. 7; vom 10. Mai 2012-IX ZB 203/10, nv Rn. 2)。这一规则亦适用于从事非全日制工作的债务人(BGH, Beschluss vom 14. Januar 2010-IX ZB 242/06, NZI 2010, 228 Rn. 5)。原则上,适当的就业应是指从事全日制工作(Uhlenbruck/Sternal, InsO, 14. Aufl., § 295 Rn. 13; FK-InsO/Ahrens, 9. Aufl., § 295 Rn. 61 f.)。犹如待业或从事独立经营活动的债务人,从事非全日制工作的债务人亦应争取适当的全日制工作机会。其亦应在联邦劳工署的相关机构登记,并积极寻找全日制工作,从而履行其应尽的就业义务(HK-InsO/Waltenberger, 8. Aufl., § 295 Rn. 9)。由此,与上诉法院的观点不同,本案合议庭认为,从事非全日制工作的债务人亦应承担与待业债务人相同的就业义务,即努力争取适当的全日制工作。

b)基于《破产法》第295条第1款第1项的规定拒绝债务人剩余债务免除请求还应以债务人违反就业义务导致债权人利益受损为前提。于此不能仅主张抽象的债权人利益受损,而应举证证明实际存在的利益减损,亦即提交就业义务违反和遵守情况下债权人的受偿对比分析表。进一步而言,应存在超过禁止扣押部分的收入金额,且这一金额因就业义务的违反而有所减损。换言之,如若债务人放弃或拒绝的就业机会无法提供超过禁止扣押部分的收入金额,则其虽存在违反就业义务的行为,但并未给债权人受偿造成减损(BGH, Beschluss vom 22. Oktober 2009-IX ZB 160/09, NZI 2009, 899 Rn. 11; vom 14. Januar 2010-IX ZB 78/09, ZVI 2010, 203 Rn. 14)。并且如若债务人由于年龄或其他原因而无法在就业市场获得相较于独立经营更高收入的工作,则其亦不会被拒绝剩余债务免除请求(BGH, Beschluss vom 22. April 2010-IX ZB 253/07, ZInsO 2010, 1153 Rn. 8; vom 2. Dezember 2010-IX ZB 160/10, ZVI 2011, 92 Rn. 7; vom 19. Mai 2011-IX ZB 224/09, NZI 2011, 596 Rn. 8)。此外,如果债务人违反就业义务的行为导致了破产财团债权人受偿的减损,如导致了国库程序费用受偿的减损,则亦将认定其义务违反导致了债权人利益受损(BGH, Beschluss vom 21. Juni 2012-IX ZB 265/11, ZVI 2013, 78 Rn. 8)。综上所述,至关重要的是,债务人适当履行就业义务的行为本可为债权人受偿带来相较于现今状况下更多的受偿资金(BGH, Beschluss vom 4. Februar 2016-IX ZB 13/15, NJW 2016, 1449 Rn. 9)。

c)如若确定存在债务人违反就业义务的行为,且给债权人受偿带来了不利影响,则债务人须提供证据证明其对此并不存有过错。债务人并不能主张,财产监督受托人或破产法院并未告知其适当履行就业义务的具体要求,因此其无过错。准确而言,债务人如若想获得剩余债务免除,就必须自己尽力获得就业机会。并且在剩余债务免除程序中,财产监督受托人的职责仅限于依据《破产法》第 292 条接受债务人转让的资金并将之分配给债权人,其无义务查明债务人在从事独立经营活动情况下依据《破产法》第 295 条第 2 款应转让的金额,亦无义务对此进行审查监督。同样,破产法院亦无上述义务(BGH, Beschluss vom 17. Januar 2013-IX ZB 98/11, NZI 2013, 189 Rn. 23)。简言之,对于债务人在考察期内义务的履行,基本上只由其自行负责。

2. 在本案中,上诉法院正确指出了债务人从事非全日制工作行为并未完全履行其《破产法》第 295 条第 1 款第 1 项意义上的就业义务。上诉法院亦正确指出债务人在本案中未积极认真地谋求全日制工作,其只进行了平均每年三次的求职尝试。据此,上诉法院认为,债务人本可获得一月净收入为 1783. 85 欧元的工作。

另一方面,债务人主张:其无权,实际上亦不可能在其非全日制工作之外再从事其他工作。但正如上诉法院所指责的那样,债务人在本案中并未尽力争取适当的全日制就业。此外,破产法院之前的裁定已明确要求其举证证明其何时何地提交了求职申请。而债务人在 2010 年至 2014 年间只进行了 16 次有证据证明的求职申请(2010 年 1 次,2011 年 6 次,2012 年至 2014 年每年 3 次)。债务人亦主张,基于身体状况其无法从事天然石材加工行业的工作。就此,上诉法院认为,本案所涉及的天然石材加工行业的工作职位实际上并不涉及重体力劳动。并且本案合议庭认为,债务人亦未提供其所主张的不适于从事相关工种的身体状况证明。上诉法院亦通过公开渠道及相关工会提供的集体劳动合同查明,像债务人这样具有相应知识和就业经验的个体应能获得1783.85欧元的月净收入。由此,上诉法院认为债务人应至少每月提交一次求职申请,而且其本可获得相应就业机会。

进而,上诉法院亦认识到债务人义务违反行为造成了债权人受偿利益减损,并援引了破产法院对此所制作的详细的受偿对比分析表。基于此受偿对比分析表,破产财团本可获得额外的2500欧元资金,而这至少能部分支付破产程序的相关费用,从而避免国库利益受损。

此外,本案中的债务人亦未举证证明其不存在过错。如上所述,债务人并不能期待财产监督受托人或破产法院告知其如何履行其就业义务,其自己应明确其所从事的非全日制工作并无法确保其完全履行《破产法》第295条第1款第1项意义上的就业义务。财产监督受托人或破产法院的未告知并不能成为其免责事由,其亦未提供证据证明财产监督受托人、破产法院或某律师向其提供了错误的法律告知。

综上所述,上诉法院认定事实清楚,适用法律正确,本案合议庭驳回上诉。

判例三 从事独立经营活动债务人的剩余债务免除

关键词:独立经营;拟制报酬;义务违反

案件编号:BGH, Beschluss vom 04.02.2016-IX ZB 13/15

案件检索:NJW 2016,1449

相关法条:德国《破产法》第295条第2款、第296条

(一)判决要旨

1.在剩余债务免除程序中,如若自然人债务人从事独立经营活动,则债权人只需要举证债务人未向财产监督受托人转让其在非独立

经营情况下从事相关行业可获得的收入金额,即达到其基于义务违反而产生债权人清偿利益受损的确信。

2. 破产法院基于《破产法》第 296 条第 2 款第 1 句的规定对包括债务人在内的相关主体就拒绝剩余债务免除而进行的听证,应严格区别于《破产法》第 296 条第 2 款第 2 句意义上的由债务人就义务履行情况提供的说明。

3. 如若法院依据《破产法》第 296 条第 2 款第 3 句的规定以债务人未在合理期限内提交"已适当履行义务"的宣誓性证言为由拒绝剩余债务免除,则法院必须在此之前基于《破产法》第 296 条第 2 款第 2 句的规定要求由债务人就义务履行情况提供说明,且要求债务人通过宣誓性证言确保特定陈述事项的真实性。

(二)案件事实

本案债务人已婚,并有一个于 2001 年 7 月 18 日出生的女儿。其自 2004 年 2 月 1 日起即从事保险经理人的独立经营活动。基于债务人的破产申请,其自然人破产程序于 2005 年 4 月 29 日正式启动,且法院于 2008 年 8 月 17 日依债务人申请裁定启动了剩余债务免除程序,并任命 B1 为财产监督受托人。2006 年 9 月 26 日法院裁定终止了债务人的自然人破产程序。在剩余债务免除考察期内,债务人并未向财产监督受托人转让任何收入资金。其妻子于此期间作为受雇的教育工作者获得每月 1100 欧元的净收入。根据相关保险机构 H 的陈述,夫妻二人均对外从事保险经理人的独立经营活动。

2011 年 4 月 15 日,债权人 B2 向法院提交申请,要求拒绝债务人的剩余债务免除请求。B2 主张:债务人本可通过与其独立的保险中介经营活动相应的雇佣合同获得相应收入。并且由于债务人独立经营其保险经纪工作室,其妻并未从事保险经纪活动,因此假定的债务人通过雇佣合同关系获得的保险经纪收入应单独归债务人所有。即便将上述保险经纪工作室视为债务人妻子所有,债务人也应被视为是该工作室的经理而获得相应收入。早在 1995 年,债务人即作为受雇的保险职业经纪人获得了每月 5000 德国马克的毛收入。综上所述,债务人违反了

《破产法》第 295 条第 2 款规定的义务。

破产法院基于缺乏具体事实依据驳回了 B2 的申请，州法院基于 B2 的上诉申请不被法律允许而未予受理，并同时明确应正式宣告债务人的剩余债务免除。B2 遂向本院提出上诉。

（三）裁定理由

Ⅰ.

上诉法院认为，B2 所提供的证据及陈述并未证明其已确信《破产法》第 296 条第 1 款第 1 句规定的前提条件已得到满足。对于债务人的义务违反及由于义务违反造成的债权人受偿损失，B2 均未提供充分证据证明其已达到确信的程度。并且 B2 一直从债务人妻子处获得对其债权的相应受偿，由此其亦应举证证明其债权受偿是如何受到减损的，但其对此并未举证证明。

Ⅱ.

本判决适用《破产法》2014 年 6 月 30 日之前的版本。

1. 上诉法院正确指出，依据《破产法》第 296 条第 1 款第 3 句的规定，B2 应确信存在债务人义务违反行为并由此导致债权受偿减损。如若债权人提交的证据显示，债务人义务违反导致了债权人极有可能遭受具体数值化的经济利益减损，则满足了法律要求的确信程度（BGH，Beschluss vom 12. Juni 2008-IX ZB 91/06，VuR 2008，434 Rn. 3；vom 22. September 2011-IX ZB 133/08，ZInsO 2011，2101 Rn. 7）。根据本案合议庭曾经作出的判决，即便债务人的义务违反行为仅导致了破产财团债权人的受偿利益减损，如破产费用受偿的减损，也存在《破产法》第 296 条第 1 款第 1 句意义上的债权受偿利益减损（BGH，Beschluss vom 21. Juni 2012-IX ZB 265/11，ZInsO 2012，1581 Rn. 8）。于此至关重要的是，债权人基于提交的事实证据确信，如若债务人适当履行义务，其将获得相较于现状更多的受偿。

对于《破产法》第 295 条第 2 款规定之情形，也即在债务人从事独立经营活动的情况下，只要债权人举证债务人未向财产监督受托人转让其在非独立经营情况下从事相关行业可获得的收入金额，即可证明其确信存在义务违反而导致清偿利益受损(BGH,Beschluss vom 7. Mai 2009-IX ZB 133/07,ZInsO 2009,1217 Rn. 5;vom 19. Mai 2011-IX ZB 224/09,ZInsO 2011,1301 Rn. 7;vom 10. Oktober 2013-IX ZB 119/12,ZInsO 2014,47 Rn. 8,11)。换言之,只要债权人确信债务人可获得与其独立经营活动相对应的雇佣合同,且债务人基于此合同能获得相应报酬,而此报酬超出《民事诉讼法》第850c条规定的禁止扣押额的部分亦多于在债务人从事独立经营活动情况下的超出部分,则此确信亦将促成对义务违反导致受偿减损的确信。在从事独立经营活动的债务人在剩余债务免除考察期完全未向财产监督受托人支付任何金额的情况下,债权人只要证明债务人可获得雇佣合同所带来的报酬超过了《民事诉讼法》第850c条规定的禁止扣押额,则已证明其确信存在义务违反而导致受偿减损。于此无关紧要的是,提出申请的债权人是否因债务人的义务违反而受偿减损。而是只要债务人的义务违反造成了债权人整体受偿利益的减损,则法院即应拒绝剩余债务免除。于本案之情况,债权人只要确信,基于债务人本可获得的雇佣合同,财产监督受托人将取得相较于现今情况更多的用于清偿的资金。这一情况即足以表明存在《破产法》第296条第1款第1句意义上的义务违反导致受偿减损(Wenzel in Kübler/Prütting/Bork,InsO,2014,§296 Rn. 13)。

2. 基于上述标准,上诉法院不应基于缺乏"债权人的确信"而不予受理债权人B2的上诉。并且上诉法院并未就"上诉人确信"的问题查明相关事实,也即债务人是否本可获得与其独立经营活动相类似的、适当的雇佣合同,并由此取得报酬,进而向财产监督受托人转让相关资金。如若债务人本可获得相应雇佣合同,进而取得报酬并向财产监督受托人支付相关资金,即产生了债权人受偿利益减损。对债权人受偿利益减损的判定并不取决于债务人妻子是否向债务人的债权人提供了清偿。并且实际的情况是,债务人妻子的清偿是为了履行其自己应尽的义务。早在2001年债务人的妻子即与B2达成庭内和解协议,即其须向B2分期偿还相关债务。此外,亦不存在证据证明债务人妻子的清偿行为是为了偿还B2对债务人所享有的债权。且不论该如何认定债务人妻子的清偿行为,债务人对《破产法》第 295 条第 2 款规定义务的违反已造成了对其他债权人受偿利益的减损。这一点已足以构成对“《破产法》第 296 第 1 款第 1 句意义上受偿减损”的确信。

3. 上诉法院的判决亦不存在其他正当理由。

a) 本案债权人 B2 已遵守了《破产法》第 296 条第 1 款第 2 句对拒绝剩余债务免除申请提交的期限要求。对于债务人违反《破产法》第 295 条第 2 款规定义务而拒绝剩余债务免除的申请期限原则上从达成债务人可扣押财产转让协议时起算(BGH, Beschluss vom 10. Oktober 2013-IX ZB 119/12, ZInsO 2014, 47 Rn. 7)。基于此计算,在本案中违反《破产法》第 295 条第 2 款规定义务而拒绝剩余债务免除的申请期限至 2011 年 4 月 29 日终止,而 B2 于 2011 年 4 月 18 日向法院提交了申请,因此符合法定期限要求。

b) 尽管如此,由于上诉法院在二审中并未查明“债权人是否充分确信存在违反《破产法》第 295 条第 2 款规定义务之情形”,因此本案合议庭对本案尚无法作出裁判。

4. 由于《破产法》第 296 条第 2 款第 3 句适用的前提条件在本案中亦未得到满足,所以本案合议庭亦无法基于此规定作出裁决。

a) 依据《破产法》第 296 条第 2 款第 3 句的规定,如若债务人无充分理由而未在法院设定的期限内按要求提交《破产法》第 296 条第 2 款第 2 句意义上的宣誓性证言,则法院可拒绝债务人的剩余债务免除申请。然而,这一拒绝剩余债务免除事由适用的前提是,法院在此之前基于《破产法》第 296 条第 2 款第 2 句的规定依债权人申请要求债务人就义务履行情况提供说明,且要求债务人通过宣誓性证言确保特定陈述事项的真实性(MünchKomm - InsO/Stephan, 3. Aufl., § 296 Rn. 24; HmbKomm - InsO/Streck, 5. Aufl., § 296 Rn. 18; FK - InsO/Ahrens, 8. Aufl., § 296 Rn. 70)。于此须加以区别的是《破产法》第 296 条第 2 款第 1 句规定的在正式宣布剩余债务免除前对包括债务人在内的相关主体所进行的听证(MünchKomm - InsO/Stephan, aaO Rn. 20; FK - InsO/Ahrens, aaO Rn. 63)。如若法院既未要求债务人就义务履行情况提供说明,亦未要求债务人通过宣誓性证言确保特定陈述事项的真实性,则不可适用《破产法》第 296 条第 2 款第 3 句的规定拒绝债务人剩余债务免除请求。

b)在本案中,法院并未要求债务人就义务履行情况提供说明,而只是向债务人及财产监督受托人送达了 B2 于 2011 年 4 月 15 日提交的拒绝剩余债务免除申请,并要求债务人及财产监督受托人于两周内出具意见。于此涉及的仅仅是《破产法》第 296 条第 2 款第 1 句意义上的对债务人的听证。这与本案合议庭 2009 年 5 月 14 日判决所涉案例情况完全不同。在这一案件中,法院明确要求债务人就义务履行情况提供完整准确的说明(IX ZB 116/08,ZInsO 2009,1268)。此外,在本案中,法院亦未要求债务人就特定事项的真实性提供宣誓性证言。尽管 B2 在 2011 年 5 月 31 日致信法院,请求债务人就其所出具说明的真实性提供宣誓性证言,但这一要求只是概况性涉及《破产法》第 296 条第 2 款第 1 句意义上的债务人听证反馈意见。其后法院亦只是将此信函送达债务人,并要求债务人在三个星期内就其反馈意见提供宣誓性证言。由于此概况性的要求并不符合法律对法院引导程序的任务设定,且在本案中法院并未列明债务人提供宣誓性证言所涉及的具体事项,因此无法适用《破产法》第 296 条第 2 款第 3 句的规定拒绝债务人的剩余债务免除请求。

5. 综上所述,上诉法院认定事实不清,适用法律错误。本案合议庭撤销原判决,发回重审。对于本案的重审,本庭作出如下提示:

a)对于债权人确信存在义务违反而致受偿减损的问题,法院应重点审查债权人在《破产法》第 296 条第 1 款第 2 句规定的期限内所主张的拒绝剩余债务免除的事由。在《破产法》第 296 条第 1 款第 2 句规定的期限终止后,债权人不得再主张其他拒绝剩余债务免除的事由(BGH, Beschluss vom 19. Mai 2011 - IX ZB 224/09, ZInsO 2011, 1301 Rn. 21)。

b)在债权人主张存在违反《破产法》第 295 条第 2 款规定义务的情况下,只要债权人提供证据证明债务人极有可能获得类似雇佣合同并取得超过法定禁止扣押数额的报酬,则满足了法律要求的确信程度。与之相对,对于查明存在违反《破产法》第 295 条第 2 款规定义务无关紧要的是,债务人是否可基于其独立经营活动获得利润,或者说是否可获得更高的利润(BGH, Beschluss vom 19. Mai 2011-IX ZB 224/09, ZInsO 2011, 1301 Rn. 6; vom 17. Januar 2013-IX ZB 98/11, ZInsO 2013, 405 Rn. 10; vom 26. Februar 2013-IX ZB 165/11, ZInsO 2013, 625 Rn. 7)。依据德国《破产法》第 295 条第 2 款的规定,如若债务人从事独立经营活动,其就有义务向财产监督受托人转让其通过类似雇佣合同可获得的报酬中超过法定禁止扣押数额的部分,即便其通过独立经营活动并未取得相应收入。此规定实际上就化解了债务人独立经营活动是否成功的问题,毕竟从事独立经营活动并不能确保稳定收入来源。但这显然亦以存在相应的工作机会为前提(BGH, Beschluss vom 26. Februar 2013)。由此,债权人不仅应提供存在这样工作机会及相应报酬数额的具体事实,而且应对此事实达到法定确信程度。在一定情况下,债务人所从事的独立经营活动所取得的收入亦能反映债务人基于雇佣合同从事与其独立经营活动相同工作时所能取得的报酬。

判例四　基于《破产法》第 300 条第 2 款拒绝剩余债务免除

关键词:剩余债务免除;拒绝事由;破产犯罪

案件编号:BGH, Beschluss vom 26.06.2014-IX ZB 80/13

案件检索:NZI 2014, 817

相关法条:德国《破产法》第 290 条、第 297 条、第 300 条第 2 款

(一)案件事实

2005 年 4 月 19 日,法院正式启动了债务人的自然人破产程序,其后于 2007 年 3 月 6 日启动了剩余债务免除程序,并任命 B1 为财产监督受托人。2007 年 4 月 11 日,法院裁定终止自然人破产程序。在考察期满后,法院于 2011 年 4 月 21 日决定就是否正式宣布剩余债务免除

进行书面听证,并设定了意见反馈截止期限为 2011 年 5 月 26 日。在此期限内,B2-10 共 9 名债权人申请拒绝债务人剩余债务免除请求。法院据此于 2012 年 3 月 28 日拒绝了债务人的剩余债务免除请求。其后,债务人提出上诉,但未获得上诉法院支持,其遂向本院再次提出上诉。

(二)裁定理由

Ⅰ.

上诉法院认为,债务人已因故意拖延破产申请而被处以了刑事罚金,且此犯罪行为等同于《刑法典》第 283 条及以下条款规定的与破产相关的犯罪行为,因此可参照适用《破产法》第 290 条拒绝债务人剩余债务免除要求。

Ⅱ.

上诉法院的裁决理由存在如下法律错误:

1. 在自然人破产程序终止及剩余债务免除考察期结束后,对于最终剩余债务免除的裁决应适用《破产法》第 297 条以及第 300 条第 2 款,而不再适用《破产法》第 290 条(BGH, Beschluss vom 11. April 2013-IX ZB 94/12, NZI 2013, 601 Rn. 8)。此外,无论是基于《破产法》第 290 条第 1 款,还是依据《破产法》第 297 条以及第 300 条第 2 款拒绝债务人剩余债务免除请求,都须以债权人提出相应申请为前提。并且法院不得依据申请人未主张的拒绝事由拒绝债务人的剩余债务免除请求(BGH, Beschluss vom 8. Februar 2007 - IX ZB 88/06, ZInsO 2007, 322 Rn. 6, 8; vom 21. Januar 2010-IX ZB 67/09, ZInsO 2010, 391 Rn. 11)。然而,在本案中,上述债权人提出拒绝剩余债务免除申请所依据的事实是财产监督受托人于 2011 年 5 月 2 日所出具报告中指出的债务人隐匿收入的问题。于财产监督受托人出具报告之时,债务人尚未被判处上述刑罚,由此财产监督受托人亦无法就此进行陈述。就上述债权人提出的拒绝剩余债务免除事由,上诉法院并未加以查明,而只是基于地方法院所确认事实作出裁决。

2. 进一步而言,上诉法院据以拒绝债务人剩余债务免除请求的事由在本案中并不成立。依据《破产法》第 297 条第 1 款的规定,如若债务人在结算期日至破产程序终止时,或于考察期间内基于《刑法典》第283条至第283c条规定被处以刑罚,则须拒绝债务人的剩余债务免除请求。然而,在本案中,对于债务人的犯罪判决是在考察期于2011年4月19日结束后,于2011年9月29日才作出,且于2011年10月13日方才生效。因此,这一刑事判决不能成为拒绝剩余债务免除请求的理由(BGH,Beschluss vom 11. April 2013,aaO)。此外,本案合议庭之前的判决已明确《破产法》第290条第1款第1项中涉及的罪名是闭合性的,不可被扩展(BGH,Beschluss vom 13. Januar 2011-IX ZB 199/09,NZI 2011,149 Rn. 5;BGH,Beschluss vom 18. Februar 2010-IX ZB 180/09,NZI 2010,349 Rn. 8)。这一规则同样适用于《破产法》第297条所涉及的罪名。

综上所述,上诉法院的裁决适用法律错误,认定事实不清,本案合议庭裁定撤销原裁定,发回重审。并且上诉法院须在重审中查明债权人所主张的拒绝剩余债务免除请求的事由。

判例五　剩余债务免除的提前正式宣告

关键词:剩余债务免除;提前正式宣告;程序费用

案件编号:BGH,Beschluss vom 22.09.2016-IX ZB 29/16

案件检索:NJW 2017,75

相关法条:德国《破产法》第300条第1款第2句第1项

(一)判决要旨

在不存在未受偿破产债权及破产财团债权的情况下,只有债务人清偿了程序费用,而非仅仅获批延期支付程序费用,其才可提前获得最终剩余债务免除的宣告。

(二)案件事实

债务人于2014年10月10日提交了破产程序及剩余债务免除申请,其自然人破产程序于2014年11月14日正式启动,且债务人获批延期支付程序费用。债务人所负债务共计29,490.54欧元,分属10位债权人,但无一债权人申报债权。破产财团价值共计0欧元。2015年8月4日法院裁定终止自然人破产程序,当时待支付的破产程序费用为1318.80欧元。其后,债务人于2015年8月10日申请提前获得正式剩余债务免除宣告,但地方法院拒绝了此申请。债务人向州法院提出上诉,亦被州法院驳回,其遂向本院提出上诉。

(三)裁定理由

Ⅰ.

上诉法院认为,在获批程序费用延期支付但却未缴清程序费用的情况下,如若正式宣告自然人债务人获得剩余债务免除将有违《破产法》第300条第1款第2句第1项的规定。立法者的本意应是,即便在债务人获批程序费用延期支付的情况下,只要其未缴清程序费用,其就无法获得剩余债务免除的正式宣告。然而,不得不提请注意的是,在无债权人申报债权的情况下,自然人破产程序及剩余债务免除程序将会毫无意义地空转而徒增程序费用,而国库对于程序费用的求偿利益即便在提前正式宣告债务人获得剩余债务免除的情况下亦可通过《破产法》第4b条的规定得到适当维护。尽管如此,这仍有赖于立法者接受上述论据并对《破产法》第300条第1款第2句第1项的规定进行适当修改调整。

Ⅱ.

本案合议庭认为,在仅仅获批延期支付程序费用,但未清偿程序费用的情况下,债务人并无法依据《破产法》第300条第1款第2句第1项提前获得正式剩余债务免除宣告。

1.依据《破产法》第300条第1款第1句的规定,当对债务人的行为考察期满,并对程序参与人听证之后,法院将决定是否正式宣告债务人获得剩余债务免除。与此同时,《破产法》第300条第1款第2句第1项规定,如若程序中无债权人申报债权或已申报的债权已得到清偿,且债务人亦偿付了破产财团债务及程序费用,则法院可在考察期满前依债务人申请决定是否正式宣告债务人获得剩余债务免除。在本案中,并无债权人申报债权,且无破产财团债务。

2. 然而,由于债务人并未偿付 1318.8 欧元的程序费用,因此其提前获得剩余债务免除正式宣告的申请无法获得批准。《破产法》第 300 条第 1 款第 2 句前半句对于程序费用清偿的要求构成了《破产法》第 300 条第 1 款第 2 句后半句第 1~3 项所规定的提前获得剩余债务免除正式宣告的基本前提条件。而按照立法者的本意,本案中债务人所获批的程序费用延期支付并无法等同于程序费用的清偿。

a) 在 2014 年改革前《破产法》第 299 条框架下,本院即曾作出一系列判决,并明确:如若在结算期日前无债权人申报债权,且债务人已清偿了破产财团债务及程序费用,则法院可在结算期日正式宣告债务人获得剩余债务免除;而在结算期日后,如若债务人已清偿了所有债务及程序费用,则可依债务人申请在考察期满前正式宣告债务人获得剩余债务免除(BGH, Beschluss vom 17. März 2005 - IX ZB 214/04, WM 2005, 1129, 1130; vom 8. November 2007 - IX ZB 115/04, Rn. 5; vom 29. Januar 2009 - IX ZB 290/08, Rn. 2 f.; vom 29. September 2011 - IX ZB 219/10, WM 2011, 2106 Rn. 7)。本案合议庭一直将程序费用清偿作为债务人提前获得剩余债务免除正式宣告的前提条件(BGH, Beschluss vom 29. September 2011, aaO Rn. 7)。即便债务人获批了程序费用的延期支付,这一要求亦未改变(BGH, aaO Rn. 10, 11)。立法者在剩余债务免除程序改革时亦基于程序适当性的考量而将这一判决要旨纳入了《破产法》第 300 条第 1 款第 2 句第 1 项的规定(BT - Drucks. 17/11268, S. 30)。

b) 依据《破产法》第 300 条第 1 款第 2 句前半句的规定,并基于立法者在立法理由中对我院改革前在《破产法》第 299 条框架下一系列判决的援引,可以得出的结论是:《破产法》第 300 条第 1 款第 2 句后半句第 1 项所规定的提前获得剩余债务免除正式宣告的基本前提条件是债务人清偿了程序费用(HK - InsO/Waltenberger, InsO, 8. Aufl., § 300 Rn. 17; MünchKomm - InsO/Stephan, 3. Aufl., § 300 Rn. 23; FK - InsO/Ahrens, 8. Aufl., § 300 Rn. 9; Wenzel in Kübler/Prütting/Bork, InsO, 2/2015, § 300 Rn. 15, 16; Weinland in Ahrens/Gehrlein/Ringstmeier,

InsO, 2. Aufl., § 300 nF Rn. 4; Uhlenbruck/Sternal, InsO, 14. Aufl., § 300 Rn. 12; HmbKomm-InsO/Streck, 5. Aufl., § 300 Rn. 5)。而实务界及学术界亦有观点认为,如若债务人虽未清偿程序费用,但获批了程序费用的延期支付,其仍可提前获得剩余债务免除的正式宣告(AG Essen VuR 2012, 196; AG Göttingen, ZInsO 2015, 1357 ff.; Erdmann, ZInsO 2007, 873, 875; Pape, ZInsO 2007, 1289, 1305; Schmidt/Henning, InsO, 19. Aufl., § 300 nF Rn. 11; ders. ZInsO 2007, 1253, 1258; FK-InsO/Kohte, aaO § 4b Rn. 9; ders VuR 2012, 197)。此种观点显然违背了《破产法》第 300 条第 1 款第 2 句第 1 项的明文规定。

aa)立法者在《破产法》第 300 条第 1 款第 2 句前半句的规定中已明确将程序费用清偿设定为《破产法》第 300 条第 1 款第 2 句后半句第 1~3 项规定的剩余债务免除提前正式宣告的前提条件。并且获批程序费用的延期支付显然不能等同于程序费用的清偿。此外,依据《破产法》第 300 条第 1 款第 2 句第 3 项的规定,如若债务人在破产程序启动后的五年内清偿了程序费用,则其于程序经过五年之时亦可提前获得剩余债务免除的正式宣告。于此情况下,债务人甚至不需要达到《破产法》第 300 条第 1 款第 2 句第 2 项规定中要求的债权人最低清偿比例,从而可促使债务人启动程序并通过自我适当努力提前获得剩余债务免除的正式宣告。基于《破产法》第 4b 条第 1 款第 2 句以及《民事诉讼法》第 115 条第 2 款的规定,债务人只在获得剩余债务免除正式宣告后的四年内对获批延期支付的程序费用清偿负责,因此,立法者应是希望通过上述规定使债务人提前清偿获批延期支付的程序费用,从而减轻财政负担(BT-Drucks. 17/11268, S. 30)。并且这一规定实际上亦符合《破产法》第 53 条对程序费用优先支付的规定(BT-Drucks., aaO)。

bb)由于程序费用的清偿是债务人提前获得剩余债务免除正式宣告的基本前提,因此在个案中债务人须对程序费用清偿问题承担举证责任(BT-Drucks. 17/11268, S. 31)。只有当债务人清偿了程序费用,其才可依据《破产法》第 300 条第 1 款第 2 句第 1~3 项的规定提前获得剩余债务免除的正式宣告。对于本案所涉及的《破产法》第 300 条第 1 款第 2 句第 1 项的规定,亦是如此。

综上所述,由于本案债务人缺乏清偿程序费用的资金,因此本院驳回其上诉请求。

判例六　剩余债务免除正式宣告的撤销

关键词:告知协作义务;撤销

案件编号:BGH,Beschluss vom 08.09.2016-IX ZB 72/15

案件检索:NJW 2016,3726

相关法条:德国《破产法》第 303 条第 1 款

(一)判决要旨

在已正式宣告剩余债务免除,而破产程序仍继续进行情况下,只要债务人故意或基于重大过失违反了其告知及协作义务,则可撤销对债务人剩余债务免除的正式宣告。

(二)案件事实

在本案中,债务人申请启动自然人破产及剩余债务免除程序,该程序于 2007 年 2 月 8 日正式启动,B2 被任命为财产监督受托人,B1 为债权人。2013 年 5 月 2 日,法院正式宣告债务人剩余债务免除,但破产程序仍在进行中。其后,债权人 B1 指责债务人未及时告知住所变更,并隐瞒了可归入破产财产的收入及个人资产。因此,B1 申请撤销对债务人剩余债务免除的正式宣告,破产法院拒绝了此申请,上诉法院亦驳回其上诉。B1 遂向本院提出上诉。

(三)裁定理由

本裁决适用《破产法》2014 年 6 月 30 日之前的版本。

Ⅰ.

上诉法院认为,在剩余债务免除正式宣告后仍继续的破产程序中,由于并不存在《破产法》第 295 条规定的义务,所以并不能基于对该条规定义务的违反，而依据《破产法》第 303 条第 1 款的规定撤销债务人剩余债务免除的正式宣告。于本案中，并不存在“立法空白”。

Ⅱ.

上诉法院的裁决理由存在重大的法律适用错误。

1. 在本案中，上诉人指责债务人于 2007 年 2 月 8 日至 2013 年 2 月 8 日的考察期内存在违反《破产法》第 290 条第 1 款第 5、6 项规定义务的情形。就此，上诉法院正确指出，《破产法》第 303 条第 1 款适用的前提条件在本案中并未得到满足，且亦无法参照适用此规定。

a)《破产法》第 303 条第 1 款规定，如若其后发现债务人存在义务违反行为，且由此造成了对债权人受偿的严重损害，则可撤销对债务人剩余债务免除的正式宣告。于此所涉及的义务违反实乃《破产法》第 295 条规定的义务，这些义务只有在依据旧《破产法》第 291 条启动剩余债务免除程序（Ankündigung der Restschuldbefreiung）后才会产生，[①] 并在考察期内被监督履行（BGH, Beschluss vom 3. Dezember 2009 – IX ZB 247/08, BGHZ 183, 258 Rn. 19; vom 16. Februar 2012 – IX ZB 209/11, NZI 2012, 330 Rn. 7; vom 11. April 2013 – IX ZB 94/12, NZI 2013, 601 Rn. 6）。而于旧法下，债务人在剩余债务免除正式宣告后，即便破产程序仍在进行中，其也并不承担任何义务，因此亦不存在违反《破产法》第 295 条所规定义务的可能。更为关键的是，旧法并未规定，债权人可基于《破产法》第 290 条规定的拒绝启动剩余债务免除程序的理由申请撤销剩余债务免除的正式宣告。

b）此外，本案亦无法参照适用《破产法》第 290、303 条的规定。

aa）早在 2009 年 12 月 3 日的裁决中，本院即探讨了在剩余债务免除正式宣告后破产程序继续进行的情况下，《破产法》第 303 条第 1 款的类推适用。于此所涉及的问题是，债务人在剩余债务免除正式宣告后是否即不必再履行《破产法》第 97 条规定的告知及协作义务。本院此裁决认为，由于债务人在考察期已履行了法定相关义务，且在破产程

---

① 在 2014 年的剩余债务免除程序改革中，德国《破产法》第 291 条已被删除，亦即已不存在由法院“Ankündigung der Restschuldbefreiung”这一程序阶段。

序正式启动的六年后并无太多情形需要债务人进行告知及提供协作,因此上述的潜在风险微乎其微。亦为关键的是,在必要情况下,法院可依据《破产法》第98条的规定要求债务人履行特定义务。尽管如此,考虑到个案中债务人在剩余债务免除正式宣告后不配合履行义务的潜在风险,亦可考虑类推适用《破产法》第303条的规定(BGH, Beschluss vom 3. Dezember 2009, aaO Rn. 24。反对此判决的文献有:FK - InsO/Ahrens, 8. Aufl., § 300 Rn. 68; Schmidt/Henning, InsO, 19. Aufl., § 303 Rn. 9; Schmerbach, NZI 2010, 54, 55)。立法者接受了上述本院观点,并通过2013年7月15日的《剩余债务免除程序优化及债权人权利强化法案》(Gesetz zur Verkürzung des Restschuldbefreiungsverfahrens und zur Stärkung der Gläubigerrechte vom 15. Juli 2013, BGBl. I S. 2379)在《破产法》第303条第1款中增加一项作为第3项对此作出了明确规定。依此规定,如若债务人在获得剩余债务免除正式宣告后未在仍继续进行的破产程序中履行应尽的告知及协作义务,则依债权人申请,可撤销对其剩余债务免除的正式宣告。

bb)类推适用以存在非预设性的"立法空白"为前提。是否存在这样的非预设性"立法空白"须基于立法的出发点及目的,并结合个案的具体情况进行综合判定,否则任何"立法者的沉默"都将会被视为非预设性的"立法空白",从而通过类推适用被填补(BGH, Beschluss vom 20. November 2014-IX ZB 16/14, NZI 2015, 128 Rn. 16)。

cc)于本案中,就债务人违反《破产法》第290条第1款规定的义务而言,并不存在非预设性的"立法空白"。

(1)在考察期满后,即便破产程序仍在进行中,法院亦须就债务人是否最终获得剩余债务免除作出裁决(BGH, Beschluss vom 3. Dezember 2009 - IX ZB 247/08, BGHZ 183, 258 Rn. 14; vom 12. Mai 2011-IX ZB 229/10, ZInsO 2011, 1126 Rn. 6)。并且法院必须在裁决前召集债权人、债务人以及财产监督受托人进行听证,这一听证程序可以债权人会议或《破产法》第5条第2款规定的书面方式进行(BGH, Beschluss vom 3. Dezember 2009, aaO Rn. 28; vom 12. Mai

2011,aaO Rn. 7)。在本案中,法院于2013年1月22日决定采取书面听证方式,并要求各债权人于2013年2月22日前提出异议。

(2)依据旧《破产法》第290条第1款的规定,债权人可在结算期日提出拒绝剩余债务免除的申请(BGH,Beschluss vom 20. März 2003-IX ZB 388/02,NJW 2003,2167,2168 f.)。对于依据旧《破产法》第290条第1款提出的拒绝剩余债务免除的申请而言,结算期日犹如休止符。如若债权人在此之前发出了旧《破产法》第290条第1款意义上拒绝剩余债务免除申请的意思表示,则尚不能导致剩余债务免除申请被拒绝(BGH,Beschluss vom 20. März 2003,aaO S. 2168)。同样,《破产法》第290条第1款意义上拒绝剩余债务免除的理由如若在结算期日后提出,亦只能在正式宣告剩余债务免除裁决过程的异议程序中才会被顾及。这尤其适用于债权人在结算期日后才发现债务人相关违法行为的情形(BGH, Beschluss vom 25. Oktober 2007, aaO; vom 23. Oktober 2008,aaO;vom 5. Februar 2009-IX ZB 185/08,NZI 2009,256 Rn. 6 f.;vom 12. Februar 2009-IX ZB 158/08,NZI 2009,327 Rn. 6;vom 14. Mai 2009-IX ZB 33/07,NZI 2009,523 Rn. 5;vom 3. Februar 2011-IX ZB 228/08,NZI 2011,193 Rn. 3;vom 10. Februar 2011-IX ZB 237/09,ZInsO 2011,837 Rn. 6 f.)。然而在结算期日或等同于结算期日的听证日之后,或者在书面听证的期限届满后,即便债权人事后获知债务人相关违法行为,其也不再能依据《破产法》第290条第1款的规定提交相应的拒绝申请,亦不能基于《破产法》第290条第1款规定的拒绝理由要求法院依据《破产法》第303条的规定撤销剩余债务免除的正式宣告。

(3)2014年7月1日生效的新版《破产法》通过第297a条的规定化解了结算期日休止符效应的问题。该条明确规定:“如若在结算期日后方才发现存在《破产法》第290条第1款规定的拒绝理由,则法院亦可依债权人申请拒绝债务人的剩余债务免除申请。”立法者在立法理由中明确指出,在旧法框架下若干未公开案件中,由于债权人并未于法院裁定启动剩余债务免除程序前获知可拒绝债务人剩余债务免除的事由,因此某些应拒绝债务人剩余债务申请的案件却得以继续进行。(Regierungsentwurf für ein Gesetz zur Verkürzung des Restschuldbefreiungsverfahrens und zur Stärkung der Gläubigerrechte vom 31. Oktober 2012, BT-Drucks. 17/11268, S. 29)。就此而言,《破产法》第 290 条第 1 款的规定原本是立法者有意为之,而立法者希望通过新增的《破产法》第 297a 条的规定改变原本的法律状况。

dd)从《基本法》第 14 条第 1 款保护债权人受偿利益的角度出发,亦无法得出须参照适用《破产法》第 290、303 条规定的结论。《破产法》第 286 条及以下的规定已经在《基本法》第 14 条第 1 款所保护的债权利益、《基本法》第 2 条第 1 款所保护的债务人人格利益以及社会国家基本原则之间进行了适当平衡(BGH, Urteil vom 25. Juni 2015-IX ZR 199/14, NZI 2015, 858 Rn. 8 f.)。

2. 然而,本案的关键点在于,上诉法院忽视了债权人 B1 的申请不仅涉及债务人在考察期满前所存在的义务违反行为,而且涉及债务人在剩余债务免除正式宣告后于破产程序中仍存在的不履行告知及协作义务的情况。

a)债权人 B1 主张,债务人在考察期内故意或基于重大过失违反了其旧《破产法》第 290 条第 1 款第 5 项所规定的义务。此外,其亦指责债务人在剩余债务免除正式宣告后,于破产程序中仍故意或基于重大过失继续违反此义务。就此,B1 举证指出:债务人在剩余债务免除正式宣告后向法院隐瞒了其 2011 年及 2012 年的部分收入,且未向法院报告其于 2012 年已迁居瑞士。

b)《破产法》第 97 条所规定的告知及协作义务存在于破产程序的始终。即便债务人获得了剩余债务免除的正式宣告,但只要破产程序未终止,则此义务就仍继续存在(BGH, Beschluss vom 3. Dezember 2009-IX ZB 247/08, BGHZ 183, 258 Rn. 24)。但剩余债务免除的正式宣告亦一定程度限制了告知及协作义务的范围。例如,在剩余债务免除正式宣告后,债务人新取得的财产或收入即不再在破产程序中被纳入破产财产(BGH, Beschluss vom 3. Dezember 2009, aaO Rn. 30 ff.,

Beschluss vom 13. Februar 2014-IX ZB 23/13, NZI 2014, 312 Rn. 5 ff.; BGH, Beschluss vom 22. April 2010-IX ZB 196/09, NZI 2010, 577 Rn. 9)。

c)然而,在剩余债务免除正式宣告后,破产程序终止前,如若债务人故意或基于重大过失违反其应尽的告知及协作义务,则只要有债权人于破产程序终止前提出拒绝申请,就可参照适用《破产法》第303条第1款的规定撤销剩余债务免除正式宣告。于此则存在非预设性的"立法空白"。立法者根本没想到会出现破产程序尚未终止而债务人已获得剩余债务免除正式宣告的情况,因此并未对债务人于此情况下下义务违反行为的法律后果作出有效应对。尽管本案合议庭曾在判决中指出,法院可基于《破产法》第98条的规定采取相应措施,且在破产程序正式启动六年后对债务人履行告知及协作义务的需求亦相对较小(BGH, Beschluss vom 3. Dezember 2009-IX ZB 247/08, BGHZ 183, 258 Rn. 24),但并非毫无必要,尤其是对于正处于破产程序却身居国外的债务人(BGH, Beschluss vom 25. Februar 2016-IX ZB 74/15, NZI 2016, 365 Rn. 16)。对于参照适用亦为重要的是,对比裁判所涉及之法律事实与立法规定之事实构成要件具有相似性,由此可推定的是,基于相同构成要件所进行的利益权衡,立法者亦会对裁判所涉及情况作出同一立法规定(BGH, Urteil vom 26. Februar 2015-IX ZR 172/14, NZI 2015, 340 Rn. 31)。本案即是如此。亦可证明这一观点的是,立法者在2014年的改革中意识到了这一立法空白并通过现行《破产法》第303条第1款第3项的规定填补了这一空白,而其背后的立法考量亦与本院曾经的判决理由不谋而合(BGH, Beschluss vom 26. Februar 2015, aaO)。

综上所述,本案合议庭撤销原裁决,并依据《民事诉讼法》第577条第4款发回重审。在重审中,上诉法院应查明债务人是否存在义务之违反,以及是否可据此参照适用《破产法》第303条第1款撤销债务人剩余债务免除的正式宣告。

评析

一、德国自然人破产及剩余债务免除程序概述

德国《破产法》中 Verbraucherinsolvenzverfahren 直译应为消费者破产程序，但于我国通常被称为自然人破产程序。原来德国自然人破产程序适用于所有不从事或仅从事微型独立经济活动的自然人。但后来通过司法实践发现，某些从事微型独立经济活动的自然人的债权债务关系也可能十分复杂，不适宜适用简化的自然人破产程序。因此德国在 2001 年对自然人破产程序的适用范围作出了修改。依据修改后的德国《破产法》第 304 条第 1 款的规定，自然人破产程序只适用于不从事或曾从事独立经济活动的自然人。债务人如曾从事独立经济活动的，其财产关系必须明了清楚，并且不得存在针对其的劳动关系债权。该条第 2 款同时规定，只有当提出破产申请时债务人的债权人数少于 20 人，才满足"财产关系明了清楚"的条件。而如果债务人负有劳动债务，则在德国会涉及社会保障机构和财政机构的债权，那么债权债务关系就有可能比较复杂，所以也不宜适用自然人破产程序。② 而依据德国《破产法》第 286 条的规定，剩余债务免除程序适用于一切自然人。换言之，对于那些无法适用自然人破产程序的自然人而言，亦可在普通破产程序中提出剩余债务免除的申请。

然而，有德国学者认为，德国《破产法》第 304 条第 2 款的规定只是一个必要而非充分条件，一个债权人数少于 20 人的债务人其财产关系也可能十分复杂，如债权债务关系存在重大争议。③ 此外，债务人的债权人人数超过 20 人也并不意味着其财产关系就一定不明了清楚。另一方面，债务人为了能适用自然人破产程序，可能会优先清偿其基于劳

---

② Begr. zum Regierungsentwurf eines Gesetzes zur Änderung der Insolvenzordnung, BT-Drucks 14/5680, S. 14.

③ Foerste, Insolvenzrecht, 7. Auflage, S. 320, Rdnr. 638.

动关系而产生的债务或通过清偿一些小额债务来满足债权人少于20人的要求，而这显然不符合破产法中债权人公平受偿的基本原则；而某些债权人亦有可能通过购买债权，减少债权人人数，使债务人只能适用自然人破产程序，进而控制债务清偿方案通过情况。[④] 由此，笔者认为，由于自然人破产程序是针对那些债权债务关系比较简单清晰的自然人而设置的特别的、简化的破产程序，因此对其适用范围只要作出一概括性的规定即可，即针对"曾从事独立经济活动的自然人"只规定其"财产关系明了清楚"即可，而无须对其债权人人数等方面作出特别规定，否则反而会画蛇添足。

在存在破产原因（支付不能或行将支付不能）的前提下，自然人可提交破产申请。依据德国《破产法》第287条第1款的规定，剩余债务免除的申请必须和破产申请同时提交。或者至迟在法院依据德国《破产法》第20条第2款的规定告知债务人可申请剩余债务免除后的两个星期内提交剩余债务免除申请。通常而言，债务人都会在提交破产申请的同时提交剩余债务免除的申请，以获得在将来免除剩余债务的机会。其后，自然人破产及剩余债务免除程序主要由五个阶段组成：

1. 在债务人提交破产申请之前应尝试与债权人达成债务清偿的庭外和解。在债权人提交破产申请而随后债务人也提交破产申请的情况下，债务人也有义务尝试与债权人达成债务清偿的庭外和解。并且依据德国《破产法》第287条第1款的规定，债务人如果想获得剩余债务的免除，也必须自己提出破产申请，这也就意味着，如果想获得剩余债务的免除就必须经过庭外债务和解的程序。须提请注意的是，因为庭外和解程序是当事人的一种意思自治，所以并不需要债务人完全确信自己缺乏清偿能力，也即"缺乏清偿能力"并非进入庭外债务清偿程序的必备前提条件。[⑤] 如果这一和解成功，破产程序将不再进行。只有在债务清偿庭外和解失败的情况下，债务人才可依据德国《破产法》第305条在附加庭外和解失败证明和债务清偿方案的情况下提交启动破

④ Häsemeyer, Insolvenzrecht, S. 740, Rdnr. 29. 06.

⑤ Uhlenbruck, NZI 2000, 15.

产程序申请。此外,依据德国《破产法》第 305a 条的规定,只要一个债权人在庭外清偿和解程序开始后对债务人的财产实施了强制执行措施,那么债务人庭外和解的努力就视为失败。

2. 自然人破产程序的第二个阶段是债务清偿的庭内和解程序。依据德国《破产法》第 306 条第 1 款第 2 句的规定,这一期间不应超过三个月。在这一程序中,由法院主持债权人和债务人就债务清偿方案达成合议,债权人的同意可以明示或者推定的方式作出。德国《破产法》第 306 条第 2 款同时规定了这一程序中可采取的临时保全措施,如禁止对债务人财产实施强制执行。法院在收到债务人提交的债务清偿计划及财产负债一览表后,还须将上述文件送达债权人目录中列明的各债权人,并告知债权人在一个月内对上述材料发表意见。由于破产法院无须对债务人提交的文件进行实质审查(如债权人目录),而由债权人自己审查,这也从一定程度上减轻了法院的工作负担。⑥ 依据德国《破产法》第 307 条第 2 款第 1 句的规定,在此程序中,债务人的沉默通过法律拟制视为对债务清偿计划的同意。当债权人通过债务人清偿方案时,债务人关于启动破产程序和剩余债务免除程序的申请则依据德国《破产法》第 308 条第 2 款的规定被视为收回。此外,在这一程序中,只要被认定的债权人中一半以上同意债务清偿计划,并且表示同意的债权人所持债权额超过认定的债权额总数的一半,那么法院即可依债权人或者债务人申请强制批准债务清偿方案(德国《破产法》第 309 条第 1 款第 1 句)。但如若有债权人提出异议,且其没有适当参与到债务清偿和解程序中,或者其将因债务清偿方案从经济角度而言被置于比启动破产程序更加恶劣的处境时,法院则不得行使强制批准权(《破产法》第 309 条第 1 款第 2 句)。显然这一规定与德国《破产法》第 245 条有关重整计划强制批准的规定具有一定的相似性。形成鲜明对比的是,在庭内债务清偿和解程序中,如若破产法院依自由裁量认定不可能达成庭内债务清偿和解,其可不进行庭内债务和解程序而直接进入程序的第三个阶段——自然人破产程序(德国《破产法》第 306 条第 1 款

---

⑥ Häsemeyer, Insolvenzrecht, S. 750, Rdnr. 29. 23.

第 3 句)。

3. 在债权人和债务人就债务清偿方案无法达成合议,且无法依据德国《破产法》第 309 条的规定强制批准的情况下,程序即转入正式的自然人破产程序。在债务人向破产法院提交剩余债务免除申请的情况下,其还须依据德国《破产法》第 287 条第 2 款的规定在剩余债务免除申请中附加以下意思表示,即债务人须将自己劳动收入中的可扣押的部分或替代此收入部分的资金在破产程序开始后的 6 年行为考察期内让与法院指定的债务人财产监管受托人。对于债务人剩余债务免除的申请,破产法院须依据德国《破产法》第 287 条第 4 款的规定听取债权人的意见,并审查是否存在德国《破产法》第 287a 条第 2 款规定的申请不被允许的情形,以及德国《破产法》第 290 条规定的可拒绝剩余债务免除请求的情形。如果不存在上述情形,则法院将裁定债务人剩余债务免除申请符合法律要求,其将在履行《破产法》第 295 条规定义务,且不存在第 290、297~298 条情形的情况下获得剩余债务免除(德国《破产法》第 287a 条第 1 款第 1 句)。而如若法院将驳回债务人的剩余债务免除申请,则依据德国《破产法》第 287a 条第 2 款第 2 句的规定,法院应允许债务人于法院启动自然人破产程序前撤回破产申请。在自然人破产程序正式启动后,法院将指定破产管理人。如若法院其后终止破产程序,则须在终止裁定中同时指定一名财产监督受托人。相对于破产管理人,财产监督受托人的职权受到了更多的限制。值得注意的是,2013 年 7 月 15 日颁布、2014 年 7 月 1 日生效的《剩余债务免除程序优化及债权人权利强化法案》(以下称为 2014 年《剩余债务免除程序改革法》)取消了原先第 312~314 条的简化自然人破产程序的规定。

4. 剩余债务免除程序的关键阶段为债务人行为的 6 年考察期。在 2001 年之前,剩余债务免除程序中债务人行为考察期间为 7 年,但通过 2001 年 10 月 26 日的德国《破产法》改革法,债务人行为考察期间被缩短为 6 年。并且在 2001 年修改之前,这一考察期从破产程序终止日开始计算,而依据现行德国《破产法》第 287 条第 2 款的规定,债务人 6

年的行为考察期间从破产程序正式启动时就开始计算。在债务人行为考察期间，依据德国《破产法》第294条的规定，仍然适用债权人平等对待原则，亦禁止强制执行债务人财产。此外，债务人必须履行德国《破产法》规定的一系列义务。而债务人财产监管受托人必须履行德国《破产法》第292条规定的职责。债权人会议也可以依据德国《破产法》第292条第2款的规定让财产监管受托人承担额外职责。如若债务人存在义务违反行为，则依据德国《破产法》第296条第1款第1句的规定，破产法院将依债权人或者财产监管受托人的申请拒绝给予债务人剩余债务免除。同时《破产法》第296条第1款第2句规定了债权人须在获知债务人义务违反行为后的1年内提出拒绝申请。债权人亦可依据德国《破产法》第297条的规定主张债务人存在特定刑事犯罪行为而要求拒绝剩余债务免除。通过2014年《剩余债务免除程序改革法》，德国立法者还新增了德国《破产法》第297a条规定了结算期日后获知拒绝事由情况下拒绝申请提出的问题。此外，财产监管受托人可依据德国《破产法》第298条的规定，基于债务人未及时支付报酬的行为而要求法院拒绝剩余债务免除请求。

5. 当债务人行为考察期满，并且在这一期间未出现拒绝给予债务人剩余债务免除的情形，那么破产法院将依据德国《破产法》第300条第1款第1句的规定最终宣布债务人获得剩余债务免除。此外，债务人亦可在德国《破产法》第300条第1款第2句规定的三种情形下提前获得剩余债务免除。剩余债务免除的效力可以对抗所有破产债权人。如果最终给予债务人剩余债务免除后，债务人在行为考察期内曾故意违反德国《破产法》第295条规定的义务，并由此对债权清偿造成了严重不利影响，那么债权人可依据德国《破产法》第303条在一年之内向法院申请撤销对债务人剩余债务的免除。

二、剩余债务免除程序中的义务——司法能动与立法完善

1. 抚养费债务人启动剩余债务免除程序的义务

就破产法的规定而言，自然人并无义务去启动破产程序。但在德国联邦最高法院2005年2月23日判决所涉及的案例中，如果抚养费

债务人须支付每月还贷额，其就无法足额支付两个儿子的抚养费。[7]因此德国联邦最高法院在2005年2月23日的判决中认为，被告由于依据德国《民法典》第1603条第2款规定的严格抚养义务应该利用一切可预见的可能性以确保未成年人抚养费的足额支付。这其中原则上也包括启动破产程序，以使未成年人抚养费债务人可以不顾及其他债务而优先支付其两个儿子每月的抚养费。在破产程序开始后，破产程序启动后到期的抚养费债权将被视为新债权加以对待处理，其只能通过债务人的非破产财产得到受偿，亦即债务人收入中禁止扣押的部分在扣除债务人每月生活必需费用后将全部用于当月未成年人抚养费的支付，[8]且由于其不属于破产债权，也不会受剩余债务免除的影响。与之相对，债务人的其他债务则只能由其每月收入中超过禁止扣押收入的部分（亦即破产财产）来受偿。此外，在破产程序中，依据德国《破产法》第100条的规定，扶养费可以从破产财产中支付。是否以及在多大范围内由破产财产支付债务人及其家庭成员扶养费应由债权人会议决定。在德国联邦最高法院2005年2月23日判决公布之后，大多数学者表示赞同，[9]并将这一判决视为解决相关问题的重要里程碑，[10]但也有学者提出了质疑。[11]

启动自然人破产程序义务的法律基础乃德国《民法典》第1603条第2款，且如德国联邦最高法院在判决中所言，这一义务的承担亦须以进行全面的利益权衡为前提，且须利大于弊。换言之，这一义务的承担不仅应存在法律基础，而且须存在合理性基础。按照德国联邦最高法

---

⑦ 扶养费包括对配偶的扶养费、对父母的赡养费、对子女的抚养费以及对其他近亲属的扶养费等。由于德国法律一般只对扶养费问题进行笼统的规定，而德国《民法典》第1603条第2款的规定只适用于未成年人抚养费。

⑧ 相对于未成年子女及视同未成年子女的成年子女，抚养费债务人只能主张确保其必需的生活费用，而其他扶养费债权人，如配偶，却可依据德国《民法典》第1603条第1款主张确保其适当的生活费用，显然适当的生活费用要高于必要的生活费用。

⑨ Niepmann, MDR 2005, 785, 786. Schürmann, FamRZ 2005, 887, 888. Wohlgemuth, FamRZ 2005, 2035, 2036.

⑩ Hauß, FamRZ 2006, 306.

⑪ Krause, FamRZ 2005, 1725.

院的观点,这一义务承担的合理性不仅在于1999年德国《破产法》明确了自然人剩余债务免除程序,而且在于2002年德国《民事诉讼法》修改促成的债务人禁止扣押收入额的提高以及2001年德国《破产法》修改引入的第4a条规定的破产费用延期支付。由此,通过启动自然人破产和剩余债务免除程序,一方面使破产程序开始后到期的抚养费在破产程序中得到一种优先的支付地位;另一方面,通过剩余债务免除程序可以豁免未支付的第三方债务而不会使债务人陷于更严重的负债境地。尽管德国联邦最高法院在此判决中指出启动剩余债务免除程序往往对于抚养费债务人而言是可接受的,但亦有德国学者进一步提醒,破产程序对债务人经济活动影响的可接受性必须在个案中进行全面的分析才能得出结论。[12] 并且通过司法能动细化具体情形和评价标准也是法院的职责所在。[13] 例如,启动破产程序会对债务人的个人信誉造成严重的不良影响,或者可能会因启动破产程序被撤销执业证,或者可能会因启动破产程序导致缔结的合同被解除,那么启动破产程序对于抚养费债务人而言就是不可接受的。[14] 又如,考虑到剩余债务免除程序的期间,如果抚养费债务人只需再支付一年的抚养费,那么对其而言,最佳的方式可能还是与第三方债权人达成债务延期偿还的协议而首先支付抚养费(因为这关系到子女的基本生存保障),而不是启动剩余债务免除程序。[15]

未成年人抚养费债务人所负担的启动剩余债务免除程序的义务实际上是一种非真正义务(Obliegenheit)。与一般义务相反,非真正义务不可以被要求履行,不履行这一义务的法律后果就是由义务人承担由此产生的法律上的不利益。[16] 如其未履行这一义务,即未向法院申请启动剩余债务免除程序,那么对相关法律关系的处理将视同其已申请启动剩余债务免除程序。对其未成年人抚养费支付额的计算也将依上

---

⑫ Melchers/Hauß, Unterhalt und Verbraucherinsolvenz, S. 45, Rdnr. 131.

⑬ Melchers, FamRZ 2003, 1769, 1770.

⑭ Schürmann, FamRZ 2005, 887, 888.

⑮ Hauß, BGHReport 2005, 713, 715.

⑯ Melchers, FamRZ 2003, 1769, 1770.

述方式加以确定,即按在已启动剩余债务免除程序情况下对未成年人抚养费的处理方式进行。[17] 诚如德国学者所言,启动剩余债务免除程序创造了一种双赢的局面,唯独债务人的第三方债权人,特别是贷款银行被置于了一种不利的地位,[18]但这种劣势地位只是剩余债务免除程序以及德国《民事诉讼法》相关规定所产生的必然结果。[19] 并且对贷款银行而言,其贷款于一定情况下无法被收回也是可以预见的,属于合理的商业风险范畴。

须提请注意的是,在 2005 年 2 月 23 日判决作出时的法律框架下,破产程序开始前未履行完毕的扶养费债权作为普通债权将通过其后的剩余债务免除程序被豁免。有鉴于此,并考虑到普通债权在破产程序中的受偿率往往较低,就有德国学者指出,在未付扶养费债权数额较高的情况下,债权人将处于一种极为不利的地位。对此,德国学者 Trendelenburg 还提出了一种折中的解决方案。她将扶养费债权人划分为未成年人抚养费债权人和成年人扶养费债权人。因为子女往往没有自己的独立收入,并且对父母的资金依赖性较强,所以子女原则上应受到特殊的保护,由此未成年人抚养费债权不应被涵盖到剩余债务的免除效果中。与此相对,由于成年人扶养费债权数额往往较高,并且其对扶养费债务人资金的依赖性较低,所以程序开始前到期的成年人扶养费债权应可通过剩余债务免除程序被豁免。[20] 实际上,2014 年《剩余债务免除程序改革法》亦于此方面有所举措。经其修改后的德国《破产法》第 302 条第 1 项明确规定由于故意违反扶养费支付义务产生的扶养费债权不可通过剩余债务免除程序被豁免。德国立法者希望通过这一规定一方面促成扶养费债务人积极履行其义务,另一方面亦可减轻扶养费预付机构的负担。尽管如此,笔者认为,从未成年人利益保护角度出发,我国可将未成年人抚养费债权明确规定为不可豁免债权。于

---

⑰ Krause, FamRZ 2005, 1725, 1726.

⑱ Hauß, MDR 2003, 575, 576.

⑲ Niepmann, MDR 2005, 785, 786.

⑳ Trendelenburg, Restschuldbefreiung, S. 61 f., 223 ff., 275 ff.

此仍值得一提的是，德国《破产法》第 302 条规定，因故意侵权产生的债权、罚款或罚金债权以及债务人提供的用于支付破产费用的无息贷款均为不可豁免债权，税收债权亦不可被豁免，但其前提为债务人因此税收债务而依据《税收管理条例》第 370、373、374 条被判处了刑罚。

2. 债务人于剩余债务免除程序中的就业义务

于自然人破产及剩余债务免除程序中，至关重要的是就业义务。德国联邦最高法院在 2005 年 2 月 23 日判决中亦指出，从上述抚养费债务人的加重义务出发亦可推导出，抚养费债务人负有一种严格化的就业义务，其必须尽可能充分利用其劳动力获取收入报酬，从而能足额支付抚养费。实际上德国联邦最高法院早先的一系列判决即已明确：由于未成年子女相对成年子女或配偶更加无助，更加需要加以特殊保护，所以抚养费债务人必须更加努力工作以赚取报酬，甚至在必要情况下接受低工资的工作、临时性的工作，特殊情况下甚至有必要改变工作岗位或为谋职而更换住所地。[21] 德国学者甚至认为，在紧急情况下，如果债务人的正常收入无法足额支付未成年人抚养费，并且其健康状况允许，其就有义务去从事兼职以赚取足够的未成年人抚养费。[22]

于 2014 年《剩余债务免除程序改革法》修订之前，就业义务即被规定在德国《破产法》第 295 条第 1 款第 1 项中。2014 年的改革则进一步明确和强化了自然人债务人在剩余债务免除程序中的就业义务。新增的德国《破产法》第 287b 条明确规定了债务人可扣押收入转让期限开始之日至破产程序终止之日的就业义务，而德国《破产法》第 295 条第 1 款第 1 项则针对破产程序终止之日至债务人可扣押收入转让期限结束之日的就业义务，并且德国《破产法》第 290、296 条亦明确了违反此义务即拒绝剩余债务免除的法律后果。分别在两条中规定就业义务，一方面体现了立法者希望通过 2014 年改革将破产程序阶段与剩余债务免除程序阶段进行区分，另一方面亦表明了对就业义务的进一步强化。德国联邦最高法院 2018 年 3 月 1 日及 2016 年 2 月 4 日的两项

---

[21] BGH, NJW 1980, 2414; NJW 1982, 1590; NJW 1994, 1003.

[22] Melchers/Hauß, Unterhalt und Verbraucherinsolvenz, S. 27 ff., Rdnr. 78 ff.

裁决实际上亦体现了司法界对就业义务履行的严格态度。对于非全日制用工的自然人债务人,尽管其并非待业,但德国联邦最高法院认为其亦应努力争取全日制就业,从而获取更高额报酬,甚至对其求职频率提出了明确要求,并认为财产监督受托人或破产法院的未告知并不能成为其免责事由。对于独立从事经营活动的债务人而言,德国《破产法》第 295 条第 2 款则成为一项有效震慑武器,也即债务人须至少向财产监督受托人转让其在非独立经营情况下从事相关行业可获得的收入金额。德国联邦最高法院在 2016 年 2 月 4 日的裁决中进一步指出,只要债权人就债务人未向财产监督受托人转让其在非独立经营情况下从事相关行业可获得的超过法定禁止扣押数额的收入举证,即可证明其确信存在义务违反而导致其清偿利益受损。德国联邦最高法院在 2018 年 3 月 1 日的裁决中亦提及,财产监督受托人并无义务查明债务人在从事独立经营活动情况下依据《破产法》第 295 条第 2 款应转让的金额,亦无义务对此进行审查监督。简言之,剩余债务免除申请者不仅无法通过"不劳而获"的方式获得剩余债务免除,亦无法以"守株待兔"的方式以较少代价获得剩余债务免除,其必须从事与其受教育程度、能力、年龄以及健康状况相适应的工作,在待业状况下亦应竭尽全力找到这样的工作,在半就业或从事独立经营活动的情况下亦应取得或转让适当的收入金额。

除了就业义务,在德国自然人破产及剩余债务免除程序中债务人还承担着如实告知与协作义务、平等对待债权人的义务、接受遗产(赠)对半交付义务等。受篇幅所限,于此无法一一阐述,感兴趣的读者可参阅德国《破产法》第 290 条第 1 款第 5 项、第 294 条、第 295 条第 1 款。依据《破产法》第 290 条及 296 条第 1 款第 1 句的规定,如若债务人存在义务违反行为,且对债权人受偿造成了不利影响,则依债权人申请,法院将拒绝债务人剩余债务免除的请求。

三、立法空白的司法应对与立法局限的司法遵从

德国联邦最高法院早在 2009 年 12 月 3 日的裁决中即指出,即便破产程序尚未终止,法院亦须在考察期满后对剩余债务免除的正式宣告作出裁定。德国联邦最高法院2016年9月8日的裁决又涉及了这一种例外情况，且问题更加复杂。在此裁决中，德国联邦最高法院认为，立法者根本没想到会出现破产程序尚未终止而债务人已获得剩余债务免除正式宣告的情况，由此就产生了“获得剩余债务免除正式宣告后破产程序中义务违反并无法律后果应对”的立法空白。通过援引上述2009年的裁决，在结合个案详尽分析基础上，德国联邦最高法院认为，可参照适用德国《破产法》第303条撤销剩余债务免除正式宣告裁决。在2014年剩余债务免除程序改革之前，德国《破产法》第303条第1款只规定：“如若在剩余债务免除正式宣告后发现债务人存在故意违反法定义务的情形，且造成了债权人受偿的重大损失，则可依债权人申请撤销剩余债务免除正式宣告。”通过2014年的改革，德国立法者在《破产法》第303条第1款中增加一项作为第3项对德国联邦最高法院2016年9月8日裁决所涉及的问题作出了明确规定：“如若在剩余债务免除正式宣告后，债务人基于故意或重大过失违反了其依照本法须承担的告知及协作义务，则债权人亦可申请撤销剩余债务免除正式宣告。”于2016年的裁决中，德国联邦最高法院虽适用旧法，但似乎又参照了新法的规定。然而，鉴于德国联邦最高法院2009年12月3日裁决的存在，则应该是立法者接受了联邦最高法院的此观点。由上述可见，德国联邦最高法院面对非预设性的“立法空白”时，其所作出的有效司法应对，而这种司法应对亦可促成立法的不断完善。

另一方面，德国联邦最高法院在2016年9月22日的裁决中亦表现出审慎克制的一面。其明确指出，德国《破产法》第300条第1款第2句对于剩余债务免除提前正式宣告的适用前提为程序费用的完全清偿，这既是其一直以来的观点，也是为立法者所接受的观点。即便债务人获批了程序费用的延期支付，债务人亦无法依据《破产法》第300条第1款第2句第1项获得提前的正式剩余债务免除宣告。当然这一裁决或立法亦透射着社会利益的考量。德国联邦最高法院在2016年9月22日的裁决对此亦毫不讳言，立法者亦在立法理由中有所提及：通过将“清偿程序费用”设定为前提条件可促使债务人提前清偿延期支付的程序费用,从而减轻财政负担。于此值得一提的是,德国《破产法》第300条第1款第2句第1~3项的规定是通过2014年的改革新增的,从而形成了剩余债务免除正式宣告的层次性。于德国《破产法》第300条第1款第2句第1项规定之外,该句第2项还规定了于程序满三年时"清偿比例达到35%"情况下剩余债务免除的提前正式宣告,该句第3项还规定了于程序满五年时剩余债务免除的提前正式宣告。就现行法而言,德国《破产法》第300条第1款第2句第1~3项规定的适用基本前提均是债务人完全清偿了程序费用。

德国联邦最高法院审慎克制的一面亦体现在其2014年6月26日的裁决中。其在该裁决中明确指出,在旧法下,于考察期结束时,法院对于最终剩余债务免除的裁决应适用《破产法》第297条以及第300条第2款,而不再适用《破产法》第290条,因此,上诉法院"参照适用《破产法》第290条拒绝债务人剩余债务免除要求"的做法是错误的。并且法院不得依据申请人未主张的拒绝事由拒绝债务人的剩余债务免除请求。然而,值得注意的是,2014年的剩余债务免除程序改革已将德国旧《破产法》第300条第2款移至现行法第300条第3款,并增加了对《破产法》第290条第1款拒绝事由的援引,从而弥补了这一法律瑕疵。是否仅由于刑事判决在考察期届满之后才作出即可阻却法院拒绝剩余债务免除,仍值得再斟酌。尽管这是一份"迟到"的判决,但毕竟此案中债务人基于拖延破产申请被处以了刑罚。简言之,这一判决实际上引发了留待探讨的问题,即在"迟延破产申请"抑或"迟到的判决"情况下,是否可拒绝或撤销剩余债务免除。

亦值得注意的是,正如2016年9月22日裁决中所提及的,实务界及学术界亦有观点认为,如若债务人虽未清偿程序费用,但获批了程序费用的延期支付,其仍可提前获得剩余债务免除的正式宣告。上诉法院的观点则更发人深思:"在无债权人申报债权的情况下,自然人破产程序及剩余债务免除程序将会毫无意义地空转而徒增程序费用,而国库对于程序费用的求偿利益即便在法院提前正式宣告债务人获得剩余债务免除的情况下亦可通过《破产法》第4b条的规定得到适当维护。

尽管如此,仍有赖于立法者接受上述论据并对《破产法》第 300 条第 1 款第 2 句第 1 项的规定进行适当修改调整。"或许,立法改进正是源自这种由学术界至司法界,自下(下级法院)而上(最高法院)抑或自上而下的不断探讨反思。

图书在版编目(CIP)数据

德国联邦最高法院典型判例研究. 破产法篇 / 何旺翔著. -- 北京 : 法律出版社, 2019
(德国联邦法院典型判例研究丛书 / 方小敏, 邵建东主编)
ISBN 978-7-5197-3916-4

Ⅰ. ①德… Ⅱ. ①何… Ⅲ. ①破产法-判例-研究-德国 Ⅳ. ①D951.6

中国版本图书馆 CIP 数据核字(2019)第 212725 号

德国联邦最高法院典型判例研究·破产法篇
DEGUO LIANBANG ZUIGAO FAYUAN DIANXING PANLI YANJIU · POCHANFA PIAN

何旺翔 著

责任编辑 孙东育 王 珊
装帧设计 马 帅

出版 法律出版社
总发行 中国法律图书有限公司
经销 新华书店
印刷 三河市龙大印装有限公司
责任校对 王晓萍
责任印制 陶 松

编辑统筹 学术·对外出版分社
开本 710 毫米×1000 毫米 1/16
印张 18.25
字数 247 千
版本 2019 年 11 月第 1 版
印次 2019 年 11 月第 1 次印刷

法律出版社 / 北京市丰台区莲花池西里 7 号(100073)
网址 / www.lawpress.com.cn
投稿邮箱 / info@lawpress.com.cn
举报维权邮箱 / jbwq@lawpress.com.cn
销售热线 / 400-660-8393
咨询电话 / 010-63939796

中国法律图书有限公司 / 北京市丰台区莲花池西里 7 号(100073)
全国各地中法图分、子公司销售电话:
统一销售客服 / 400-660-8393/6393
第一法律书店 / 010-83938432/8433 西安分公司 / 029-85330678 重庆分公司 / 023-67453036
上海分公司 / 021-62071639/1636 深圳分公司 / 0755-83072995

书号:ISBN 978-7-5197-3916-4 **定价**:78.00 元